GRUNDRISSE DES RECHTS

Kurt Seelmann · Rechtsphilosophie

# Rechtsphilosophie

von

DR. JUR. KURT SEELMANN
o. Professor an der Universität Hamburg

C. H. BECK'SCHE VERLAGSBUCHHANDLUNG
MÜNCHEN 1994

Die Deutsche Bibliothek – CIP-Einheitsaufnahme

*Seelmann, Kurt:*
Rechtsphilosophie / von Kurt Seelmann. – München : Beck, 1994
(Grundrisse des Rechts)
ISBN 3 406 38366 1

ISBN 3 406 38366 1

Druck der C. H. Beck'schen Buchdruckerei Nördlingen
Gedruckt auf säurefreiem,
aus chlorfrei gebleichtem Zellstoff hergestellten Papier.

*Karl-Heinz Ilting*
*in memoriam*

# Vorwort

Viele haben zum Entstehen dieses Buches beigetragen. Zu danken habe ich insbesondere den Hamburger Kollegen Wolfgang Bartuschat, Horst Dreier, Hans-Joachim Koch, Klaus Michael Kodalle (jetzt Universität Jena), Michael Köhler, Stefan Smid (jetzt Universität Halle-Wittenberg) und Ulrich Steinvorth, die über Fakultätsgrenzen hinweg eine rechtsphilosophisch produktive Atmosphäre an der Hamburger Universität befördert haben. Gesprächen oder gemeinsamen Veranstaltungen mit ihnen konnte ich manche Anregung entnehmen. Mein Dank gilt weiter dem Istituto Italiano per gli Studi Filosofici unter seinem Präsidenten Avv. Gerardo Marotta. Mehrere Aufenthalte an diesem weltweit einzigartigen Institut und die Teilnahme an seinen internationalen philosophischen Kolloquien waren sehr hilfreich. Viel verdanke ich auch den Gesprächen mit Wilfried Hinsch, John Rawls, Michael Sandel und Thomas M. Scanlon während eines Forschungssemesters an der Harvard-University. Für die Ermöglichung des Aufenthalts in Cambridge/Mass. sei der Thyssen-Stiftung gedankt. Meine Mitarbeiter(innen) Angela Augustin, Roger Dubbel-Kristen, Anette Grünewald und Frank Sollondz haben nicht nur vielfache technische Hilfestellung geleistet. Ihr Insistieren auf Verständlichkeit sowie mancher ergänzende Vorschlag werden der Lesbarkeit zugute kommen. Meine Sekretärin, Frau Ute Ehrk, hat den häufigen Veränderungen des Manuskripts gegenüber eine im besten Sinn stoische Haltung bewiesen und immer die nötige Übersicht bewahrt. Den Fragen der Studentinnen und Studenten meiner Vorlesungen ist es schließlich zu verdanken, wenn dieses im ersten Anlauf eher „für Kollegen" geschriebene Buch nunmehr als Einführung taugt.

Diese Auflage widme ich dem Andenken meines philosophischen Lehrers in den Saarbrücker Jahren, Karl-Heinz Ilting, dessen allzu früher Todestag sich 1994 zum zehnten Mal jährt. Er hat darauf bestanden, die Fragen und auch die Antworten der rechtsphilosophischen Tradition(en), einschließlich der von Kant und der des deutschen Idealismus, ernst zu nehmen, sich dabei aber mit Hilfe eines durch die analytische Philosophie geschärften Blicks vor „Verhexungen“ durch die Sprache zu hüten.

Hamburg, im Januar 1994 Kurt Seelmann

# Inhaltsverzeichnis

# Abkürzungsverzeichnis

| | |
|---|---|
| a. a. O. | am angegebenen Ort |
| Abt. | Abteilung |
| a. E. | am Ende |
| a. F. | alte Fassung |
| Allg. | Allgemeiner |
| Am. Soc. Review | American Sociological Review |
| ARSP | Archiv für Rechts- und Sozialphilosophie |
| Art. | Artikel |
| Aufl. | Auflage |
| Bd. | Band |
| bearb. v. | bearbeitet von |
| bes. | besonders |
| BFH | Bundesfinanzhof |
| BGB | Bürgerliches Gesetzbuch |
| BGH | Bundesgerichtshof |
| BGH St | Entscheidungen des Bundesgerichtshofes in Strafsachen |
| BVerfGE | Entscheidungen des Bundesverfassungsgerichts |
| BVerwG | Bundesverwaltungsgericht |
| BVerwGE | Entscheidungen des Bundesverwaltungsgerichts |
| c. | capitulum |
| ca. | circa |
| cap. | capitulum |
| D. | Digesta Iustiniani (Digesten) |
| ders. | derselbe |
| d. h. | das heißt |
| dist. | distinctio |
| dt. Übers. | deutsche Übersetzung |
| engl. | englisch |
| EStG | Einkommensteuergesetz |
| etc. | et cetera |
| f./ff. | folgende |
| f. | für |
| FS | Festschrift |
| GewO | Gewerbeordnung |
| GG | Grundgesetz |
| GS | Gedächtnisschrift |

| | |
|---|---|
| Hrsg. | Herausgeber |
| hrsg. v. | herausgegeben von |
| i. e. S. | im engeren Sinne |
| insbes. | insbesondere |
| i. S. | im Sinne |
| i. w. S. | im weiteren Sinne |
| JA | Juristische Arbeitsblätter |
| Jb. f. RSoz. u. RTh. | Jahrbuch für Rechtssoziologie und Rechtstheorie |
| Jhds. | Jahrhunderts |
| JuS | Juristische Schulung |
| JW | Juristische Wochenschrift |
| JZ | Juristenzeitung |
| Kap. | Kapitel |
| Komm. | Kommentar |
| KrimJ | Kriminologisches Journal |
| KritJ | Kritische Justiz |
| lib. | liber |
| m. E. | meines Erachtens |
| MEW | Marx/Engels Werke |
| m. N. | mit Nachweisen |
| N. F. | Neue Folge |
| NJW | Neue Juristische Wochenschrift |
| nu. | numerus |
| NVwZ | Neue Zeitschrift für Verwaltungsrecht |
| o. ä. | oder ähnliches |
| o. Anm. | oben Anmerkung |
| OVG | Oberverwaltungsgericht |
| pr. | principium |
| PVS | Politische Vierteljahresschrift |
| q. | quaestio |
| Rn. | Randnummer(n) |
| RSoz. | Rechtssoziologie |
| Rz. | Randziffer |
| S. | Seite(n) |
| s. a. | siehe auch |
| s. o. | siehe oben |

| | |
|---|---|
| sog. | sogenannte |
| StGB | Strafgesetzbuch |
| tom | tomus |
| u. a. | und andere bzw. unter anderem |
| u. U. | unter Umständen |
| v. | von |
| v. Chr. | vor Christus |
| vgl. | vergleiche |
| vol. | volume(n) |
| WA | Weimarer Ausgabe |
| z. B. | zum Beispiel |
| ZfP | Zeitschrift für Politik |
| ZfRSoz. | Zeitschrift für Rechtssoziologie |
| ZRP | Zeitschrift für Rechtspolitik |
| ZStW | Zeitschrift für die gesamte Strafrechtswissenschaft |

# Einführende Literatur

## 1. Lehrbücher und Grundrisse

*Adomeit, Klaus,* Rechts- und Staatsphilosophie, Band I: Antike Denker über den Staat, 2. Aufl. Heidelberg 1992

*Baruzzi, Arno,* Freiheit, Recht und Gemeinschaft. Grundfragen einer Rechtsphilosophie, Darmstadt 1990

*Brieskorn, Norbert,* Rechtsphilosophie, Stuttgart, Berlin, Köln 1990

*Coing, Helmut,* Grundzüge der Rechtsphilosophie, 5. Aufl. Berlin 1993

*Engisch, Karl,* Einführung in das juristische Denken, 8. Aufl. Stuttgart 1983

*Engisch, Karl,* Auf der Suche nach der Gerechtigkeit: Hauptthemen der Rechtsphilosophie, München 1971

*Gast, Wolfgang,* Rechtsverständnis – Nachdenken über das Recht. Ein Lehrbuch, Berlin 1983

*Hattenhauer, Hans,* Die geistesgeschichtlichen Grundlagen des deutschen Rechts, 3. Aufl. Heidelberg 1983

*Henke, Wilhelm,* Recht und Staat. Grundlagen der Jurisprudenz, Tübingen 1988

*Henkel, Heinrich,* Einführung in die Rechtsphilosophie, 2. Aufl. München 1977

*Hofmann, Hasso,* Rechtsphilosophie, in: Koslowski (Hrsg.), Orientierung durch Philosophie, Tübingen 1991, S. 118ff.

*Kaufmann, Arthur,* Rechtsphilosophie im Wandel. Stationen eines Weges, 2. Aufl. Köln u. a. 1984

*Kaufmann, Arthur und Hassemer, Winfried (Hrsg.),* Einführung in die Rechtsphilosophie und Rechtstheorie der Gegenwart, 5. Aufl. Heidelberg 1989

*Koller, Peter,* Theorie des Rechts. Eine Einführung, Wien, Köln, Weimar 1992

*Marcic, René,* Rechtsphilosophie: Eine Einführung, Freiburg i. Br. 1969

*Naucke, Wolfgang,* Rechtsphilosophische Grundbegriffe, 2. Aufl. Frankfurt a. M. 1986

*Radbruch, Gustav,* Rechtsphilosphie. Nach dem Tode des Verfassers besorgt und biographisch eingeleitet von Erik Wolf und Hans P. Schneider, 8. Aufl. Stuttgart 1973

*Roellecke, Gerd,* Rechtsphilosophie oder Rechttheorie?, Darmstadt 1988

*Ryffel, Hans,* Grundprobleme der Rechts- und Staatsphilosophie: Philosophische Anthropologie des Politischen, Neuwied, Berlin 1969

*Sauer, Wilhelm,* Einführung in die Rechtsphilosphie: für Unterricht und Praxis, 2. Aufl. Berlin 1961

*Schramm, Theodor,* Einführung in die Rechtsphilosophie, 2. Aufl. Köln, Berlin, Bonn, München 1982

*Smid, Stefan,* Einführung in die Philosophie des Rechts, Zur Vorbereitung auf den Grundlagenschein und die Prüfung im Wahlfach „Rechtsphilosophie und Rechtssoziologie", München 1991

*Zippelius, Reinhold,* Rechtsphilosophie. Ein Studienbuch, 2. Aufl. München 1989

## 2. Zeitschriften

Archiv für Rechts- und Sozialphilosophie
Rechtsphilosophische Hefte
Rechtstheorie

Literaturnachweise zu Einzelbereichen finden sich am Anfang der jeweiligen Paragraphen dieses Buches. Es wird dringend empfohlen, auch die dort angegebenen Quellen und nicht nur die Sekundärliteratur zu lesen.

# Einleitung

Rechtsphilosophie befaßt sich heute zumeist mit zwei Fragestellungen: einmal versucht sie zu klären, worum es sich bei „Recht" eigentlich handelt, wie dieses Phänomen näher zu bestimmen ist (dazu unten Teil A). Zum anderen geht sie der Frage nach, ob es irgendwelche Kriterien des Richtigen gibt, die nicht schon einer von einem staatlichen Gesetzgeber erlassenen Norm oder richterlicher Entscheidungspraxis entnommen werden können, ob sich also sinnvoll von „vorpositivem" oder „überpositivem" Recht sprechen läßt (dazu unten Teil B). Die Frage nach nichtpositiven Richtigkeitskriterien umfaßt auch das Problem, ob und ggf. wie sich die Verbindlichkeit, sei es staatlich erlassener Normen, sei es, falls es derlei gibt, auch „vor"- oder „überpositiver" Normen begründen läßt. Also schon wer über Geltungskriterien positiven Rechts nachdenkt, selbst wenn er die Geltung dieses Rechts nur auf eine gewisse Wahrscheinlichkeit irgendwelcher Nachteile, z. B. staatlicher Sanktionen, im Fall des Zuwiderhandelns gegen Normen zurückführt, muß sich näher mit solchen nichtpositiven Richtigkeitskriterien beschäftigen. Daß sich die zweite Fragestellung aus der ersten ergibt, wird der Lauf der Argumentation zeigen.

Die erste Frage, die Frage danach, „was Recht eigentlich ist", die Einordnung also des Rechts in die Gesamtheit kultureller Phänomene, dürfte für jeden Menschen eine wichtige Frage seines Alltagsverständnisses sein. Schließlich ist jeder tagtäglich mit Recht konfrontiert – ob er nun einkauft, einen Handwerker arbeiten läßt, Schadensersatz fordert, eine Versicherungsleistung in Anspruch nimmt, heiratet, oder vom Staat Sozialhilfe oder Subventionen entgegennimmt, Steuern, Gebühren oder Geldbußen bezahlt oder auch Straftaten begeht oder anzeigt. Für den, der sich beruflich dem Umgang mit Recht verschrieben hat, den Juristen, bedeutet die Frage nach dem Recht noch mehr: eine Voraussetzung seines

Selbstverständnisses. Von offensichtlich höchst praktischer Bedeutung für alle ist der zweite Fragenkomplex: Kann es denn in einem Staat mit weltanschaulicher Neutralität noch irgendeine inhaltliche Begründung für die Verbindlichkeit von Normen geben? Gibt es gute Gründe, eine Norm zu akzeptieren oder sich selbst gar dann durch diese Norm für verpflichtet zu halten, wenn dies ersichtlich Nachteile zur Folge hat? Und läßt sich gar ein bestimmter Inhalt von Normen als richtig ausweisen – kann man rational z. B. eine bestimmte Verteilung von Gütern oder Auferlegung von Pflichten als „gerecht" begründen?

Nicht nur die Begründbarkeit nichtpositiver Richtigkeitskriterien (unten Teil B), sondern selbst die Existenz von Recht (unten Teil A) sind im Lauf der Geschichte immer auch auf unterschiedliche Weise in Frage gestellt worden. Eine Rechtsphilosophie, die sich nicht nur als Hilfswissenschaft der Jurisprudenz versteht, muß diese Grundsatzdebatte aufgreifen. Beide Teile suchen deshalb den Zugang zu ihrem Thema über dessen Infragestellung.

Der Text soll zuallererst Fragen wecken und eine Anregung zu einem ersten Nachdenken über solche Fragen geben. Er macht mit einigen heute auf solche Fragen gegebenen Antworten vertraut und versucht zu zeigen, wie die Antworten und selbst die Fragestellungen nur aus bestimmten Traditionen des Philosophierens über Recht ihre Bedeutung gewinnen und verstanden werden können. Historisch informierte Rechtsphilosophie muß deshalb einerseits das Rad nicht immer neu erfinden. Sie trägt sich aber andererseits auch mit Skepsis gegenüber der Vorstellung eines die Zeiten übergreifenden immerwährenden Gesprächs über dieselben Themen: selbst Themen haben ihre Geschichte und Wörter wandeln ihre Bedeutung. Man muß die „großen Texte" aus allen Zeiten kennen. Aber man muß sie in ihrem historischen Kontext kennen, so wie manche heutigen Fragen nur im heutigen kulturellen Kontext Sinn ergeben. Historische Klärung *und* aktueller Diskussionsstand waren deshalb bei aller Kürze in gleicher Weise einzubeziehen.

Im Text wird der Versuch unternommen, für den Anfänger verständlich zu formulieren und Überschaubarkeit zu gewährleisten, dem Fortgeschrittenen aber Hilfen zum Weiterforschen – auch durch ausgewählte Literaturhinweise in den Fußnoten – zu geben. Kenner werden manches Thema und manche Argumentationsnuance vermissen. Sie mögen bedenken, daß hier nur eine Leiter gereicht werden soll, an deren Ende der Leser und die Leserin hoffentlich selbst in der Lage sind, mehr zu entwickeln als nur eine Rekapitulation des Gelesenen.

# A. Was ist Recht?

## § 1 Die „Alternativendebatte" oder: Recht ist nicht selbstverständlich

**Literatur:** *Adorno,* Negative Dialektik, Frankfurt a.M. 1973; *Augustinus,* De Civitate Dei, dt. Übers. v. *Thimme,* Der Gottesstaat Bd. II, Zürich 1955; *Blankenburg* u.a., Vorwort zum Jb. f. RSoz. u. RTh. Bd. 6 (1980); *Hegel,* Phänomenologie des Geistes (1807), Werke Bd. 3, Edition Moldenhauer/Michel, Frankfurt a.M. 1970; *Kranz* (Hrsg.), Die Fragmente der Vorsokratiker, 18. Aufl., Zürich 1989; *Lambert,* Franciscan Poverty. The doctrine of the absolute poverty of Christ and the apostles in the franciscan order 1210–1323, London 1961; *Marx,* Grundrisse der Kritik der politischen Ökonomie, Rohentwurf von 1857/58, MEW Bd. 42, Berlin 1983; *Proppe/Krapp,* Außergerichtliche Verfahren – Alternative zur Ziviljustiz?, JA 1990, S. 65ff.; *Röhl,* Rechtssoziologie, Köln 1987; *Voigt* (Hrsg.), Abschied vom Recht?, Frankfurt a.M. 1983; *Unger,* The Critical Legal Studies Movement, Harvard Law Review 96 (1983), S. 561ff.

Wenn eine halbwegs fruchtbare Antwort auf die Frage „Was ist Recht?" ein *Resultat* von Philosophie ist, kann sie nicht am Anfang stehen, schon gar nicht am Anfang einer bloßen Einführung in die Rechtsphilosophie. Doch wer erst anfängt, sich mit der Rechtsphilosophie vertraut zu machen, braucht doch eine erste Annäherung an den Begriff des Rechts. Wenn Spinoza (1632–1677) Recht hat mit der Behauptung „omnis definitio est negatio", so soll damit behauptet werden, daß eine Grenzziehung (de-finitio) nur durch Unterscheidung von dem gelingt, was jenseits der Grenze liegt. Wenn wir über das, was „Drama" oder „Held" bedeuten könnte, besser Bescheid wissen, seit wir uns mit dem „Antidrama" und dem „Antihelden" beschäftigen – könnte da nicht ein Zugang zu dem, was wir unter „Recht" verstehen, mit einer Beobachtung von Kritik am Recht beginnen? Wer über Alternativen im Recht und zum Recht nachdenkt – und derlei ist keine Erscheinung allein der Gegenwart – der stößt sich offensichtlich an bestimmten Erscheinungsformen, die typisch sein könnten für das, 1 was wir „Recht" nennen. Die „Alternativendebatte" eröffnet so ein (sehr vorläufiges) Verständnis davon, was „Recht" ausmacht. Nur insoweit soll sie auch zunächst interessieren. Eine kritische Auseinandersetzung mit der Rechtskritik erfolgt erst später (unten § 4).

2 Kritik am Recht tritt historisch nicht nur als Kritik an bestimmten rechtlichen Normen oder Entscheidungen, nicht nur als Kritik an einzelnen rechtlich geregelten Herrschaftsformen oder Mängeln des Juristenstandes auf. Es gibt auch immer wieder eine Kritik am Recht in dem Sinn, daß das Recht als solches in Frage gestellt wird. Die Grenze zu einem Infragestellen nur bestimmter – als typisch angesehener – Aspekte des Rechts (wie etwa justizförmiger Verfahren, richterlicher Entscheidungen) ist fließend. Dennoch soll der Schwerpunkt der folgenden Überlegungen weniger bei der Debatte über „alternative Rechtsformen" als vielmehr bei der über „Alternativen zum Recht" liegen.

3 Auch hier sind die Erscheinungen freilich vielfältig: Das Recht wird selten als gesellschaftliches Regelungsinstrument, als Denk- und Verhaltensmuster generell und für alle Lebensbereiche in Frage gestellt. Häufig gelten die Vorbehalte gegen rechtliche Regelungen nur für bestimmte Personengruppen (z. B. kulturelle Eliten, religiöse Orden) oder Lebensbereiche (z. B. Religion, insbesondere das Verhältnis des Menschen zu Gott; Wirtschafts- und Eigentumsordnung; einvernehmliche menschliche Beziehungen).

Werfen wir zunächst einen Blick auf die Geschichte der Rechtskritik, aus der heraus allein die Rechtskritik der Gegenwart verständlich wird.

### 1. Die Kritik am Recht in Antike, Mittelalter und Neuzeit

4 In den Epochen der europäischen Geistesgeschichte, die wir trotz aller inzwischen entstandenen Zweifel an einer solchen Epochisierung doch immer noch Antike, Mittelalter und Neuzeit nennen, stehen unterschiedliche Typen von Kritik am Recht im Vordergrund.

5 So wird in der Literatur der Antike das Recht bisweilen als hinderlich für die Durchsetzung der Interessen des Einzelnen em-

pfunden. Im Mittelalter kritisiert man Gerechtigkeit nicht selten im Verhältnis zu höher bewerteten Prinzipien wie (in erster Linie göttlicher) Gnade und Liebe. Typisch für die neuzeitliche Rechtskritik scheint, daß rechtlich geregelte gesellschaftliche Beziehungen mitunter als bloßer Ausdruck einer bestimmten (negativ bewerteten) Herrschafts- oder Wirtschaftsordnung kritisiert werden, daß, mit anderen Worten, das Recht als eine bestimmte menschliche Interaktionsform kritisch vor dem Hintergrund anderer möglicher menschlicher Interaktionsformen betrachtet wird[1].

Die folgenden Hinweise geben nur einige Beispiele. Hervorgehoben werden – bei weitgehender Wahrung der historischen Abfolge – wirkungsgeschichtlich besonders bedeutsame Thesen.

### a) Rechtskritik in der Antike

Rechtskritik in der Antike begegnet vor allem in der griechi- 6
schen Literatur[2]. Bei dem Sophisten Gorgias (483–375 v. Chr.) finden wir ein Lob der rhetorischen Tätigkeit, deren „richtige Redeweise" den hergebrachten Regeln des *nomos* ebenso wie der Gerechtigkeit verbürgenden *dike* entgegengehalten werden. Dem Recht wird – anders als der Rhetorik – die Fähigkeit abgesprochen, die jeweils aktuell relevanten Aspekte eines Problemfeldes zu berücksichtigen. Bei dem Sophisten Kallikles (möglicherweise eine nur von Platon erdachte Person) und Trasymachos – ein Zeitgenosse des peloponnesischen Krieges (431–404 v. Chr.) – gibt es dann gegensätzliche Auffassungen über die Nutznießer des *nomos:*

---

[1] Zu dieser Trias von Gründen vgl. die entwicklungspsychologischen Überlegungen von *Kohlberg,* From Is to Ought, in: *Mischel* (Hrsg.), Cognitive Development and Epistomology, New York/London 1971, bes. S. 164f.

[2] Die Texte auf die hier im folgenden Bezug genommen wird, sind, *Gorgias,* Rede auf die Gefallenen des Peloponnesischen Krieges, bei: *Kranz* (Hrsg.), Die Fragmente der Vorsokratiker, II B 6; *Platon* (427–347 v. Chr.), Gorgias, 482d–484b, 491e, dt. Übers. v. Schleiermacher, bearb. v. Kurz, Werke Bd. 2, hrsg. v. Eigler, Darmstadt 1973, S. 377–381, 401; Protagoras, 337b, dt. Übers. v. Schleiermacher, bearb. v. Hofmann, Werke Bd. 1, hrsg. v. Eigler, Darmstadt 1977, S. 155; Politeia, 338c, 343c–344b, dt. Übers. v. Schleiermacher, bearb. v. Hofmann, Der Staat, Werke Bd. 4, hrsg. v. Eigler, Darmstadt 1971, S. 39ff.; 55–59.

Für Kallikles sind es die Schwächlinge, die Gesetze erlassen, um die starken Menschen einzuschüchtern – die Natur hingegen beweise, daß der Sieg der Stärkeren über die Schwächeren gerecht sei. Natur und Gesetz stünden sogar meist zueinander im Widerspruch. Der Tendenz nach finden sich solche Ausführungen auch bei dem Sophisten Hippias (verbürgt sind die letzten vier Jahrzehnte des 5. Jahrunderts v. Chr.), bei dem der *nomos* ein Tyrann für den Menschen ist und vieles gegen die Natur erzwingt – die Weisen sollten deshalb eher ihrer Natur folgen. Anders Trasymachos, wonach man nur das dem Überlegenen Zuträgliche gerecht nenne. Wer sich (als Schwacher) gerecht verhalte, sei deshalb immer im Nachteil. Das bei Kallikles und Trasymachos deutliche Motiv der Rechtskritik – sich rechtlich zu verhalten schade dem Einzelnen (sei es dem Starken, sei es dem Schwachen) – tritt in der gelehrten Auseinandersetzung um das Recht später nur noch selten so offen zutage.

### b) Aspekte der Rechtskritik des Mittelalters von Augustinus bis zur Reformation

7 Von wirkungsgeschichtlich erheblicher Bedeutung war das Werk des Kirchenvaters Augustinus (354–430) De Civitate Dei (Vom Gottesstaat)[3]. Augustinus lehrt die Existenz zweier menschlicher Gemeinschaften: einer civitas dei (Gottesstaat), die aus den Menschen besteht, die sich an der Gottesliebe orientieren, und einer civitas terrena (irdischer Staat), deren Mitglieder sich an der irdischen Selbstliebe orientieren. Beide sind im Erdendasein ineinander verwoben und äußerlich nicht zu unterscheiden. Lediglich die genannte Orientierung weist die einzelnen Menschen der einen oder der anderen Gemeinschaft zu.

8 Die civitas terrena ist nun einerseits das Reich des Bösen: Ihre irdische Abstammung führt sie auf Kain zurück, aber über den irdischen Bereich hinaus gehören ihr auch die gefallenen Engel an – insofern ist sie sogar teuflisch. Andererseits aber bedarf der Teil

---

[3] Zum Folgenden vgl. *Augustinus,* De Civitate Dei, 12. Buch, Kap. 28; 14. Buch, bes. Kap. 1, 4, 28; 15. Buch, Kap. 17, dt. Übers. v. Thimme, S. 109ff., 158, 164ff., 214ff., 254ff.

der civitas dei, der sich noch auf der irdischen Pilgerfahrt befindet, doch des irdischen Friedens, den die Gesetze der civitas terrena schaffen. Irdische Rechtsprechung erhält so den Charakter eines notwendigen Übels, dessen Elend bei Augustinus eingehend geschildert wird. Denn der irdische Friede ist unvollkommen, er ist bloß ein Trost im Elend. Würde auch Gott jedem zukommen lassen, was er verdiente, so wäre ewiger Tod die Konsequenz. Es ist Gottes unverdiente Gnade, die einige davor rettet.

9 Dieser „naturrechtlich argumentierende Anarchismus"[4] des Augustinus erfuhr später vielerlei Interpretationen, häufig auch politisch sehr durchsichtige. Aber egal, ob man die Kirche für die civitas dei ausgab oder, im „politischen Augustinismus", dem weltlichen Staat religiöse Weihe zu geben suchte – die Zurücksetzung weltlicher Gerechtigkeit hinter eine durch Gottesliebe und göttliche Gnade gebildete Gemeinschaft blieb ein gängiger Topos.

10 Kritik am Recht findet sich weiter im franziskanischen Armutsstreit im 13. und 14. Jahrhundert. Dieser franziskanische Armutsstreit war eine der wichtigsten Kontroversen über die Bedeutung des Rechts im Verhältnis zur christlichen Lehre in der mittelalterlichen Kirche. Wenngleich der Verzicht auf persönliches Eigentum schon in der Regel Benedikts[5] für Ordensmitglieder verpflichtend war, gab es doch in der Folgezeit immer wieder Bewegungen, die Eigentum – auch für die Kirche insgesamt – für unvereinbar mit der Nachfolge Christi hielten. Die Gründung des Franziskanerordens (eines „Bettelordens") sollte solche Kritik innerkirchlich auffangen. Franz von Assisi (1181–1226), der Ordensgründer, mußte seine strenge Ordensregel vor Papst Honorius III. verteidigen. Es entstand ein Konflikt über die Eigentumsproblematik, der schließlich Anfang des 13. Jahrhunderts eine theoretische Dimension erhielt[6]. In einer der Selbsteinschätzung des Franziskanerordens

---

[4] *Flasch,* Augustinus. Einführung in sein Denken, Stuttgart 1980, S. 394.

[5] *Benedikt von Nursia* (um 480–537), gründete 529 das Kloster Montecassino; er gilt als Begründer des abendländischen Mönchstums.

[6] Zum franziskanischen Armutsstreit insbesondere *Lambert,* Franciscan Poverty. The doctrine of the absolute poverty of Christ and the apostles in the franciscan order 1210–1323; *Grossi,* Usus facti – La nozione di proprietà nella

freundlich gesonnenen Bulle von 1279 hatte Papst Nikolaus III. festgestellt, die Franziskaner hätten (einzeln ebenso wie als Orden) auch an den von ihnen genutzten oder sogar verbrauchten Gegenständen (wie etwa ihren Speisen) kein Eigentum, sondern – ebenso wie Christus und seine Apostel – einen „simplicem facti usum", einen der rechtlichen Zuordnung gänzlich entzogenen bloß faktischen Gebrauch – eine Einschätzung, die 1312 von Papst Clemens V. im wesentlichen übernommen wurde.

**11** Vernichtende Kritik an einer solchen Konstruktion übte nur zehn Jahre später ein Jurist auf dem Papstthron, Johannes XXII. Es widersprach seinem juristischen Verständnis, daß der Gebrauch von Eigentum für immer abgesondert werden könne. Wer ein Ei oder einen Käse esse – so Johannes ganz plastisch –, der müsse doch wohl eine entsprechende Rechtsposition innehaben. Für die von den armen Bevölkerungsschichten der Städte gestützten „Spiritualen" im Franziskaneroden war dies freilich eine Grundsatzfrage, in der sie keineswegs schnell klein beizugeben bereit waren, und es entzündete sich daraus ein langer literarischer Streit, der in der Folge auch vielfach von politischen Kontroversen überlagert wurde (etwa Streitigkeiten zwischen Kaiser und Papst, in denen eine Reihe prominenter Franziskaner auf kaiserlicher Seite standen).

**12** Im franziskanischen Armutsstreit waren – und dies macht seine Brisanz auch in den Augen der Kirchenleitung aus – Reichtum und Armut keine bloßen wirtschaftlichen Differenzierungen mehr. Die freiwillig gewählte Armut konnte vielmehr auch als Kontrastbild zu denjenigen Formen menschlichen Zusammenlebens interpretiert werden, für welche die Kategorien des Rechts standen.

**13** In der Reformationszeit des frühen 16. Jahrhunderts entbrennt sodann der schon die Frühkirche beschäftigende Streit um die Bedeutung des alttestamentarischen Gesetzes im Verhältnis zum Erlösungswerk Christi mit neuer Schärfe. Während für die vorrefor-

---

inaugurazione dell' età nuovo, Quaderni Fiorentini 1 (1972), S. 287ff.; *Seelmann,* Die Lehre des Fernando Vasquez de Menchaca vom dominium, Köln/Berlin/Bonn/München 1979, S. 98ff.

matorische Kirche ebenso wie für die katholische Kirche nach dem Konzil von Trient das Gebot einer möglichst weitgehenden Harmonisierung von „Gesetz“ und Evangelium galt, war für die Anhänger Luthers und später für die protestantischen Kirchen deren Unterscheidung ein zentraler Diskussionspunkt. Luther (1483–1546) selbst hatte den Keim für die Kontroversen dadurch gelegt, daß er zwar das Gesetz (d. h. bei Luther nicht nur die Gebote des Alten Testaments, sondern alle religiösen Forderungen, auch sofern sie im Neuen Testament enthalten sind) und ein Leben nach dem Gesetz nicht für erforderlich zur Rechtfertigung des Menschen vor Gott hielt und darauf bestand, Christus sei kein Gesetzgeber (sonst höre die Gnade auf, Gnade zu sein)[7]; daß er andererseits aber doch das Gesetz mit der Begründung verteidigte, bei Abschaffung des Gesetzes könne man nicht mehr wissen, wer Christus sei, da er doch das Gesetz erfüllt habe. Die von Luther bekämpften Antinomisten waren radikaler: Sie bezweifelten die Gültigkeit der Gebote des Alten Testaments für Christen, ja generell die Existenz von Geboten in der christlichen Religion der Gnade.[8] Christus wird von ihnen gerade als derjenige herausgestellt, der das Gesetz und ein Denken in rechtlichen Kategorien überwunden habe.

Insgesamt läßt sich also sagen, daß für die mittelalterliche Dis- **14**
kussion bis hinein in das 16. Jahrhundert dem Recht nicht selten höher bewertete Prinzipien, insbesondere die göttliche Gnade, gegenübergestellt werden. Dabei sind diese gegenüber Recht und Gerechtigkeit höher bewerteten Prinzipien solche, die gewissermaßen von außen, aus einer göttlichen Sphäre, in den Bereich des menschlichen Lebens hineinreichen. Pointiert könnte man formulieren, daß gegenüber einer eher egozentrischen Rechtskritik in der Antike die Rechtskritik des Mittelalters exzentrische Züge aufweist.

---

[7] Vgl. bes. Luthers Thesen 60ff. gegen die Antinomer, in: Disputationen gegen die Antinomer, WA (Weimarer Ausgabe) Bd. 39 I, Weimar 1926, S. 357 sowie die 1. Disputation gegen die Antinomer, a. a. O., S. 359–417.

[8] Zum ganzen Streit vgl. *Iwand,* Glaubensgerechtigkeit und Luthers Lehre, S. 51ff. (56ff.), in: *ders.,* Glaubensgerechtigkeit Bd. II, München 1980.

### c) Rechtskritik in der Neuzeit

**15** Anders als die bisher besprochenen Typen von Kritik am Recht stellt die Kritik der letzten fünf Jahrhunderte stärker auf andere, u. U. vorzugswürdigere Arten menschlichen Zusammenlebens ab und weniger auf Vorzüge für Einzelinteressen oder auf den Einbruch höherer Prinzipien in die Sphäre des Rechts.

**16** Daß bei der rechtlichen Diskussion oder Klärung z. B. eines sozialen Konflikts von vielerlei abgesehen wird, worauf es den Beteiligten besonders ankommt, ist eine Beobachtung, die juristische Laien immer wieder machen. Der Philosoph Hegel (1770–1831) hat diesen Aspekt als einer der ersten rechtsphilosophisch abgehandelt und insbesondere in seinen jungen Jahren als Ausgangspunkt für die Kritik am „Rechtszustand" genommen[9]. Zwei Diskussionszusammenhänge waren hier bedeutsam: das Verhältnis der griechischen polis-Sittlichkeit zum römischen Rechtsdenken und – ein uns aus früheren Kontroversen bereits bekannter Problemkomplex – das Verhältnis des alttestamentarischen Gesetzes zur christlichen Liebe.

**17** Die Griechen lebten nach Hegels Interpretation in einer unmittelbaren Einheit mit ihrer Gemeinschaft; das Heraustreten einzelner Individuen aus ihrer natürlichen Verbundenheit mit dem „lebendigen Volksgeist" gehört für Hegel bereits zur Verfallsgeschichte des griechischen Geistes. Bei den Römern sieht er dann das Allgemeine „in die Atome der absolut vielen Individuen zersplittert". Die Individuen sind Personen für einander, werden als gleich anerkannt, aber das heißt: anerkannt nur in demjenigen Aspekt ihrer Individualität, in dem sie sich auch wirklich von einander nicht unterscheiden, also als Rechtssubjekte. Nicht mehr ein inneres Band gemeinsamer Überzeugungen, gemeinsamer Traditionen, gemeinsamer Aufgaben hält die Menschen zusammen, sondern die wechselseitige Anerkennung als Rechtssubjekte.

---

[9] Vgl. *Hegel,* Phänomenologie des Geistes (1807), C. (BB) VI. A. c. Der Rechtszustand, Werke Bd. 3, Edition Moldenhauer/Michel, S. 355 ff., aber auch die Passagen zu griechischem und römischem Geist in Hegels Geschichts- und Religionsphilosophie.

Recht abstrahiert also gerade von dem, was das Leben des einen Individuums von dem des anderen unterscheidet; als Rechtssubjekte sind sie unabhängig von charakterlichen Eigenschaften, Bedürfnissen, Interessen, sozialer Stellung, politischer und wirtschaftlicher Macht gleich. Der auf diese Weise vernachlässigte, dem Zufall anheim gegebene Inhalt verselbständigt sich aber im römischen Gott-Kaiser, für Hegel nichts anderes als die Konsequenz des römischen „Rechtszustands". Freilich will auch Hegel kein Zurück zur unmittelbaren Sittlichkeit, sondern sucht nur die negative Seite einer als notwendig erscheinenden Entwicklungsstufe aufzuzeigen.

Daß Hegel mit seiner Rechtskritik auch in einer bestimmten **18**
theologischen Tradition steht[10], wird noch deutlicher in seiner Stellungnahme zu Gesetz und Liebe. In erster Linie ist es nun nicht mehr die (göttliche) Gnade, sondern (neben der Liebe Christi) die Liebe der Menschen untereinander, die Hegel dem Gesetz entgegenstellt. Hegel versucht am Beispiel der Bergpredigt zu zeigen, inwiefern Jesus etwas Höheres als den Gesetzesgehorsam aufzeige. Gesetze, so Hegel, sind eine „Vereinigung Entgegengesetzter in einem Begriff", der seinerseits im Gegensatz zur Wirklichkeit stehe (wenn etwas sein *soll,* so ist es eben noch nicht). Gesetze setzen auch einen Gegensatz zur Neigung voraus. Diese Abstraktion im Festhalten einer von zwei Seiten überwinde Jesus' Liebes„gebot", das deshalb gar kein Gebot im eigentlichen Sinne sei. Jesus zeigt, so Hegel, etwas auf, was den Gehorsam gegen Gebote entbehrlich mache: Liebe als „Modifikation des Lebens", die der Wirklichkeit nicht als ein Sollen gegenübergestellt werden muß (und, darin gibt Hegel Kant Recht, gar nicht geboten werden könnte)[11].

Hegels Abstraktions-Kritik am Recht wird verschärft und auf **19**
das Verhältnis des Rechts zur Ökonomie zugespitzt durch Karl Marx (1818–1883). Für ihn ist Recht seiner Natur nach Anwen-

---

[10] Dazu *Graf,* Artikel „Gesetz", VI. „Neuzeit", in: *Gerhard Krause/Gerhard Müller* (Hrsg.), Theologische Realenzyklopädie Bd. XIII, Berlin/New York 1984, S. 102ff. (109ff.).

[11] *Hegel,* Der Geist des Christentums und sein Schicksal (1798–1800), Werke Bd. 1, Edition Moldenhauer/Michel, Frankfurt a. M. 1971, S. 274ff.

dung eines gleichen Maßstabs auf ungleiche Individuen[12]. Die Gleichheit und Freiheit, die das Recht garantiere, sei Gleichheit und Freiheit im Austausch von Waren – als Warentauschende seien die Menschen *gleich,* bei allen sonstigen Unterschieden, und insofern der Austausch von Waren ohne Zwang vorsichgehe, auch *frei.* Das Rechtssubjekt sei also das warentauschende Individuum. Da aber die Ware Arbeitskraft mehr Wert schaffe, als sie selbst wert sei und als deshalb für sie ausgegeben werde, produziere eben diese Gleichheit die Ungleichheit – und nicht etwa eine „ungerechte" Entlohnung sei Schuld an der Ungleichheit, wie andere Sozialisten meinten. Es handelt sich für Marx um die „Verwirklichung der Gleichheit und Freiheit, die sich ausweisen als Ungleichheit und Unfreiheit". Anatole France hat diese Problematik auf die griffige Formel gebracht, das Recht in seiner erhabenen Majestät verbiete es Armen wie Reichen gleichermaßen, unter Brücken zu schlafen, Brot zu stehlen und an Ecken betteln zu gehen[13]. Es war diese Art von Rechtskritik des späten 19. und frühen 20. Jahrhunderts, welche die Diskussion über den „Sozialstaat" entfacht hat.

### 2. Heute erörterte Gründe für die Suche nach Alternativen

**20** Die Diskussion über Alternativen zu Konfliktlösungen mit Hilfe des Rechts leidet häufig darunter, daß die Art von Konfliktlösungen, die man sich von den Alternativen erhofft, nicht hinreichend bestimmt wird. Im folgenden soll gleichwohl versucht werden, zwischen Forderungen nach Alternativen zum Recht

---

[12] Zu Marx' Kritik am Recht im hier umschriebenen Sinn vgl. bes. Randglossen zum Programm der deutschen Arbeiterpartei (Kritik des Gothaer Programms), MEW Bd. 19, Berlin 1962, S. 15 ff. (21); Das Kapital, 1. Buch, 4. Kapitel, 3., MEW Bd. 23, Berlin 1962, S. 181 ff; Grundrisse der Kritik der politischen Ökonomie, Rohentwurf von 1857/58, MEW Bd. 42, S. 15 ff. (165 ff.)

[13] Anatole *France,* Die rote Lilie, dt. Übers. München 1925, S. 116. Vgl. demgegenüber *Smid,* Einführung in die Philosophie des Rechts, München 1991, S. 149, der diese Produktion außerrechtlicher Ungleichheit durch rechtliche Gleichheit für notwendig und unverzichtbar hält.

und Forderungen nach Alternativen im Recht trotz fließender Übergänge zu unterscheiden[14].

Bereits die Gründe für die Suche nach Alternativen zum Recht sind mannigfaltig: Die Berufung auf „Recht“ wird als störend für den Bestand bestimmter Gemeinschaften erlebt, Recht wird als zu abstrakt für die wirkliche Lösung von Konflikten oder als Entzug der Konfliktlösungsmöglichkeit für die unmittelbar Beteiligten begriffen, es wird, wenn es auf bestimmte Lebensbereiche übergreift, als freiheitsbedrohend erfahren oder es wird als so gänzlich unbestimmt kritisiert, daß seine Unterscheidung von Phänomenen wie Wirtschaft und Politik als unmöglich erscheint. Eher zu einer Suche nach Alternativen im Recht führen gewisse Vorbehalte gegen gerichtliche Verfahren: Etwa daß diese zu teuer, zu langsam, zu wenig sachnah, zu förmlich oder zu unberechenbar – alles in allem also zu ineffizient und zu formalistisch – seien. 21

### a) Störung für Gemeinschaften

Da gibt es also zunächst die Vorstellung, das Recht zerstöre Gemeinschaften im Sinne von unmittelbar sittlichen Beziehungen, Beziehungen also, die sich durch mehr oder weniger selbstverständliche gemeinsame Ziele definieren. Hegels typisierende Unterscheidung von „griechischer“ und „römischer“ Vergesellschaftung wirkt hier nach. 22

Vielfach wird darauf hingewiesen, daß Beziehungen des sozialen Nahbereichs wie Freundschaft oder Ehe dann bereits in das Stadium ihrer Auflösung eintreten, wenn der eine Teil sich auf eine *Rechts*position beruft[15]. Dieser Antagonismus von Recht und Ge- 23

[14] Zu diesem Umfang der Diskussion vgl. *Blankenburg* u. a., Vorwort zum Jb. f. RSoz. u. RTh. Bd. 6, S. 8ff.; *Abel,* Delegalization, in: Jb. f. RSoz. u. RTh. Bd. 6 (1980), S. 27ff. (29); *Strempel,* Vor- und außergerichtliche Konfliktlösungen als Alternative für die Justiz?, Recht und Politik 1981, S. 56ff.

[15] *Carbonnier,* Flexible droit, 2. Aufl., Paris 1971, S. 30; *Freund,* Le droit comme motif et solution de conflicts, ARSP, Beiheft 8 (1974), S. 47ff. (51); *Ellscheid,* Die Verrechtlichung sozialer Beziehungen als Problem der praktischen Philosophie, in: Neue Hefte für Philosophie 17 (1979), S. 37ff. (42ff.); *Blankenburg,* Recht als gradualisiertes Konzept. Begriffsdimensionen der Diskussion um Verrechtlichung und Entrechtlichung, in: Jb. f. RSoz. u. RTh. Bd. 6 (1980), S. 83ff. (85f.).

meinschaft liegt darin begründet, daß die Berufung auf Recht in solchen unmittelbaren Interaktionsformen den Einbruch einer interaktionsfremden Instanz (eines neutralen Dritten) in die Gemeinschaft zur Folge hat, da derjenige, der sich auf sein Recht beruft, seine Interessen unter Bezugnahme auf Zwangsbefugnisse dieses Dritten, also etwa eines Gerichts, durchzusetzen droht. Durch diese Androhung des Zwangs von dritter Seite ist die unmittelbare, freundschaftlich-spontane Beziehung gestört, zumeist sogar zerstört[16].

**24** Ähnliches gilt aber auch für das Geschäftsleben. Um eine von gegenseitigem Vertrauen getragene längerfristige Geschäftsbeziehung weiter aufrechtzuerhalten, wird der eine Partner nach Möglichkeit rechtliche Schritte gegen den anderen unterlassen. Dem anderen soll um des Erhalts einer guten Beziehung willen der mit einer rechtlichen Behauptung verbundene unangenehme Verdacht des Im-Unrecht-seins nicht zugemutet werden[17]. Mitunter gibt es auch Überlegungen, ob nicht ganze gesellschaftliche Teilbereiche, wie etwa die Wirtschaft, viel besser nach ihren eigenen „Gesetzen" funktionieren und deshalb von rechtlichen Regelungen soweit wie möglich unbehelligt bleiben sollten[18]. Schließlich könnte in manchen Subkulturen die Verrechtlichung eines Konflikts, insbesondere das Einschalten der staatlichen Strafrechtspflege, die Geltung der eigenen Sanktionierungsregeln gefährden oder sogar das Ende der jeweiligen sozialen Beziehung herbeiführen. Wenn sexuelle Gewalt nicht angezeigt wird oder wenn man eine Messerstecherei der Polizei nicht zur Kenntnis bringt, so kann dies die Funktion haben, längerfristige soziale Beziehungen nicht zu gefährden oder

---

[16] Ausführlich dazu *Ellscheid* (o. Anm. 15), S. 46f.; *Ottmann,* Politik und Vertrag. Eine Kritik der modernen Vertragstheorien, Zeitschrift für Politik 33 (1986), S. 22ff. (30). Zur Kritik dieser mit Recht generell verbundenen Gewalt bereits *Benjamin,* Zur Kritik der Gewalt (1921), Gesammelte Schriften Bd. II 1, hrsg. v. Tiedemann/Schweppenhäuser, Frankfurt a.M. 1977, S. 179ff., wo der Gewalt des Rechts antithetisch „Herzenshöflichkeit, Friedensliebe, Vertrauen" gegenübergestellt werden.

[17] Dazu *Macaulay,* Non-contractual relations in business – a preliminary study, Am.Soc.Review 28 (1963), S. 55ff.; *Blankenburg* (o. Anm. 15), S. 85.

[18] Vgl. nur die Beiträge in *Voigt* (Hrsg.), Abschied vom Recht?

bestimmte soziale Mechanismen der Subkultur vor unerwünschter Öffentlichkeit zu verbergen[19].

Freilich greifen solche Vorbehalte gegen das Recht als gemeinschaftszerstörende Instanz nicht selten auch weit über Beziehungen des sozialen Nahbereichs hinaus. Nicht nur der junge Hegel oder Marx oder auch Autoren der 20er und 30er Jahre unseres Jahrhunderts haben „Gemeinschaft“ gegen „Gesellschaft“ auszuspielen gesucht, sondern auch viele Autoren der gegenwärtigen US-amerikanischen Diskussion stellen Gemeinschaft als ein an gewissen Inhalten orientiertes Zusammenwirken den über je individuellen Eigennutz vermittelten rechtlich geregelten Gesellschaftsbeziehungen gegenüber[20]. Auch die Grundgedanken des franziskanischen Armutsstreits sind darin heute noch gegenwärtig. **25**

### b) Abstraktheit

In einem engen Zusammenhang mit der Kritik am Recht als gemeinschaftsverletzend steht der Vorwurf, eine rechtliche Regelung sozialer Beziehungen oder sozialer Konflikte sei zu abstrakt angesichts der Komplexität des wirklichen Lebens. So löse Recht Konflikte nicht, gehe nicht auf ihre Hintergründe oder Wurzeln ein, sondern formalisiere Konflikte nur[21]. Mit seiner Gleichbehandlung aller werde es der je konkreten Individualität der Menschen nicht gerecht, es funktioniere mechanistisch als geradezu bedrohliche anonyme Macht nach einem rigiden Alles-oder-Nichts-Schema. Auch dieser, wie zu sehen war schon im 19. Jahrhundert verbreitete und schon damals auch sozialkritisch gewendete Vorwurf, das Recht bedeute gerade durch seine Gleichbehandlung angesichts der Ungleichheit der Menschen eine Ungleichbehandlung, wird heute noch als Charakteristikum des Recht erfahren[22]. **26**

---

[19] Vgl. *Blankenburg* (o. Anm. 15), S. 91.

[20] Vgl. nur *Sandel,* Liberalism and the Limits of Justice, Cambridge 1982; eine gute Übersicht gibt *Mouffe,* Le Libéralisme Americain et ses critiques, Esprit 1987, S. 100ff.

[21] Zu dieser Kritik *Röhl,* Rechtssoziologie, S. 514ff.

[22] *Adorno,* Negative Dialektik, S. 303ff.

27 Eine besondere Variante dieses Vorwurfs ist die, wonach das Recht auch einen Entzug von Konfliktlösungsmöglichkeiten für die unmittelbar „Betroffenen" bedeute. Auch Konflikte seien ein „Eigentum", ihre Wegnahme „Diebstahl"[23]. Konflikte sind danach eine Partizipationsmöglichkeit von großer Bedeutung. Werden sie der Gesellschaft von „den Juristen" weggenommen, so verliert diese die Gelegenheit zur Klärung von (sozialen) Normen. Die Parteien können nicht mehr entscheiden, was *sie* an einem Fall für relevant halten und nicht mehr erörtern, wer von den Beteiligten Recht hatte[24]. Diese Variante des Abstraktionsvorwurfs rückt bereits näher an die Diskussion über „Alternativen im Recht" heran, da der Vorwurf vom „Diebstahl der Juristen" am „Konflikt-Eigentum" bereits durch geringere Eingriff in das Rechtssystem entschärft werden könnte, etwa im Strafrecht durch eine verstärkte Beachtung der konkreten Täter-Opfer-Beziehung im Prozeß oder eine Verstärkung des Laien-Elements.

**c) Freiheitsbedrohung**

28 Zwiespältig im Hinblick auf die Unterscheidung von „Alternativen zum Recht" und „Alternativen im Recht" ist auch der Vorwurf, Recht bedrohe Freiheit. Der Vorwurf richtet sich nämlich häufig gegen eine „Verrechtlichung" bisher nicht oder nur wenig durch Recht geregelter Lebensbereiche. So erschien z. B. die zunehmende Verstaatlichung und damit Verrechtlichung der „Armenfürsorge" dem Liberalismus des 19. Jahrhunderts als freiheitsbedrohend, heute sind es eher Bereiche wie Schule oder Familie (künstliche Befruchtung, Leihmutterschaft etc.) bezüglich derer kontrovers über den Sinn rechtlicher Verbote diskutiert wird, und damals wie heute ist es die Wirtschaft, die immer wieder ihr Eigenleben gegenüber dem Recht geltend macht[25]. Die Beispiele

---

23 *Christie,* Konflikte als Eigentum, Informationsbrief f. RSoz. 12 (1976), S. 12ff. Zur Rückführung von Konflikten auf die beteiligten Personen auch *Bianchi,* Das Assensus-Modell: Ein Plädoyer für die Wiedereinführung des Innenasylrechtes, KrimJ 1981, S. 104ff. (114f.).

24 *Christie* (o. Anm. 23), S. 17.

25 Zu dieser Diskussion außer dem in Anm. 18 erwähnten Reader die Besprechung von: *Voigt* (Hrsg.), Verrechtlichung. Analysen zu Funktion und

zeigen bereits, daß in diesen Bereichen häufig zweigleisig argumentiert wird: Man befürchtet als Folge der Verrechtlichung eine Beeinträchtigung von Gemeinschaften oder außerstaatlichen Funktionszusammenhängen als solcher, aber eben auch eine Bedrohung der Freiheit des einzelnen, der solchen Lebenszusammenhängen angehört.

Aber nicht nur die zunehmende Dichte rechtlicher Regelungen **29**
in einzelnen Lebensbereichen, sondern auch die quantitative Zunahme von Recht als „Gesetzesflut“ wird offenbar als Freiheitsbeeinträchtigung empfunden. Die Diskussion in diesem Bereich ist inzwischen allerdings so weit fortgeschritten, daß man zwischen Vergesetzlichung, Bürokratisierung und Justizialisierung unterscheidet und sich auch klarmacht, daß ein Weniger an Gesetzen keineswegs Bürokratisierung oder Justizialisierung vermindern, sondern im Gegenteil unter bestimmten Umständen sogar ausufern lassen könnte[26]. „Verrechtlichung“ enthält also immer mehrere Komponenten, deren Wechselwirkung Beachtung fordert, wenn man nicht zu naiv über eine „Zunahme“ von „Verrechtlichung“ sprechen will.

### d) Unbestimmtheit

Große Beachtung findet in der gegenwärtigen Debatte über Kri- **30**
tik am Recht schließlich die These von der „Unbestimmtheit“ (indeterminacy) des Rechts als zentrale Kategorie der „Critical Legal Studies“-Bewegung insbesondere in den USA[27]. Mit „Unbestimmtheit“ ist hierbei nicht nur gemeint, daß Gesetze semanti-

---

Wirkung von Parlamentarisierung, Bürokratisierung und Justizialisierung sozialer, politischer und ökonomischer Prozesse, Königstein/Ts. 1980, bei H. *Dreier,* ZfRSoz 4 (1983), S. 101 ff.; *Habermas,* Theorie des kommunikativen Handelns Bd. 2, Frankfurt a. M. 1981, bes. S. 530 ff.

[26] Dazu *Maus,* Verrechtlichung, Entrechtlichung und der Funktionswandel von Institutionen, in: *Göhler* (Hrsg.), Grundlagen der Theorie politischer Institutionen. Forschungsstand, Probleme, Perspektiven, Opladen 1987, S. 132 ff.

[27] Vgl. nur *Unger,* The Critical Legal Studies Movement, Harvard Law Review 96, S. 561 ff. (564 ff.); *Tushnet,* An Essay on Rights, Texas Law Review 62 (1984), S. 1363 ff. (1371 ff.); *Frankenberg,* Der Ernst im Recht, KritJ 20 (1987), S. 281 ff. (298 ff.).

sche Spielräume aufweisen („ausgelegt" werden müssen), daß sie dem Richter oder Verwaltungsbeamten auch Wertungen abverlangen oder daß mit der Anwendung von Gesetzen Situationseinschätzungen verbunden sind, die recht unterschiedlich ausfallen können (zu diesen Punkten ausführlich unten § 6). Daß in diesem Sinn „Rechtsanwendung" immer auch Rechtsschöpfung ist, daß man dem Gesetz häufig nicht ansehen kann, was als konkrete Fallentscheidung „herauskommen" kann – derlei ist einer rechtstheoretisch und soziologisch aufgeklärten juristischen Methodenlehre längst geläufig.

**31** Schon Kelsen z. B. bezeichnet es – mit viel Sympathie für die „Freirechtsschule" – als eine „Illusion", daß es jeweils eine einzige richtige Auslegung gebe[28] und sieht im Gesetz nur einen „Rahmen" für den Rechtsanwender[29] Die in der US-amerikanischen Diskussion angesprochenen These von der „Unbestimmtheit" ist radikaler: Ergebnisse rechtlicher Entscheidungen seien letztlich überhaupt nicht rechtlich determiniert, sondern durch politische oder wirtschaftliche Interessen; der jeweilige Rechtszustand lasse sich allein als Resultat eines gesellschaftlichen Interessenkampfes verstehen, der besser offen als hinter Rechtsbegriffen versteckt ausgetragen werden sollte. Theoretisch wird diese „Unbestimmtsheits"-behauptung damit begründet, nicht nur einzelne Rechtsnormen seien der Interpretation bedürftig, sondern auch die Interpretationsprinzipien selbst; im Fall der Konkurrenz solcher Prinzipien sei weiter ein rechtliches Metaprinzip als Kollisionsregel nicht ersichtlich.

### e) Ineffizienz und Formalismus

**32** Eindeutig in den Bereich der Alternativen *im* Recht gerät man mit einer Kritik, die speziell gerichtliche Konfliktlösungen, gemessen an unterschiedlichen Effizienzkriterien, als nachteilig ge-

---

[28] *Kelsen,* Juristischer Formalismus und Reine Rechtslehre, JW 1929, S. 1723ff. (1726).

[29] *Kelsen,* Zur Theorie der Interpretation, in: Klecatsky u. a. (Hrsg.), Die Wiener rechtstheoretische Schule, Wien 1963, S. 1369ff.

genüber mehr informellen Konfliktlösungen beurteilt[30]. Formalisierte Gerichtsverfahren erfordern einen nicht unbeträchtlichen Aufwand an Zeit und Geld. Sie bedürfen eines gewaltigen bürokratischen Aufwands, sind im Ergebnis oft unberechenbar und garantieren nicht immer Chancengleichheit.

Gegen gerichtliche Verfahren läßt sich schließlich auch einwenden, daß der *Zugang* zu dieser Art von Verfahren nicht selten mit großen Schwierigkeiten verbunden ist[31]. Zugangsbarrieren zur Justiz waren ein beliebtes Forschungsthema der Rechtssoziologie. Zunächst sind die bereits genannten Effizienzhemmnisse finanzieller und zeitlicher Art natürlich auch Barrieren für den einzelnen beim Zugang zu gerichtlichen Verfahren. Das finanzielle Prozeßrisiko ist nicht nur für den Angehörigen der Unterschicht, sondern gerade auch für den Prozessierer aus der Mittelschicht, der keinen Anspruch auf Prozeßkostenhilfe hat, nicht unbeträchtlich. 33

Ähnliches gilt auch für Sprachbarrieren: Das formalisierte Juristendeutsch eines gerichtlichen Verfahrens bedeutet für alle Konfliktbeteiligten eine wichtige Zugangsbarriere. Freilich ist der Unterschichtangehörige hierbei besonders benachteiligt, da seine Möglichkeiten, sich guter Juristen als Helfer zu bedienen, geringer sind. Diese Benachteiligungen addieren sich für finanziell nicht leistungsstarke Ausländer. Zudem bestehen für Konfliktbeteiligte aus der Unterschicht noch andere spezielle Kommunikationsbarrieren. Der zumeist aus der Mittelschicht stammende Richter hat z. B. ganz andere Wertpräferenzen und deshalb andere Beurteilungskriterien als der Unterschichtangehörige[32]. 34

---

30 Dazu *Röhl* (o. Anm. 21), S. 509ff.; *Proppe/Krapp,* Außergerichtliche Verfahren – Alternative zur Ziviljustiz?, JA 1990, S. 65ff. mit Nachweisen.

31 Vgl. zusammenfassend *Bender/Strecker,* Zugangsbarrieren zur Justiz, in: Jb. f. RSoz. u. RTh. Bd. 4 (1976), S. 377ff.; vgl. auch die Nachweise bei *Röhl,* Gegenwartsströmungen der Rechtssoziologie, Informationsbrief f. RSoz.. 1977, Sonderheft 1, S. 1ff. (99ff.).

32 Besonders hierzu *Bender/Strecker* (o. Anm. 31), S. 381.

### 3. Alternative Konfliktlösungsmodelle

#### a) Das Freundschaftsmodell

35 Alternativen *zum* Recht für das Zusammenleben und die Konfliktlösung werden selten positiv formuliert. Lediglich in Andeutungen kann man lesen, daß damit ein Gemeinschaftsideal im Sinne einer Ziele-, Traditions- und Bedürfnisgemeinschaft assoziiert wird, daß Familie und Freundschaft als Gemeinschaftstypen auf die Gesamtgesellschaft ausgeweitet werden[33]. Häufig verzichtet diese Fundamentalkritik auf positiv formulierte Utopien und versteht ihre Rechtskritik nur als Plädoyer für Spontaneität und ein flexibles Offenhalten von sozialen Entwicklungsperspektiven[34].

36 Etwas konkreter sind die Vorstellungen derer, die nach Alternativen *im* Recht suchen. Insbesondere Vorschläge für alternative Konfliktlösungsmodelle werden aus zwei Bereichen entnommen: aus der ethnologischen Beschäftigung mit einfachen Gesellschaften ohne voll ausgeprägte staatliche Zentralgewalt sowie aus bestimmten heute schon vorhandenen Entwicklungstendenzen in den Industrieländern.

#### b) Palaver o.ä.

37 Die rechtsethnologische Literatur zu nichtgerichtlichen Institutionen der Streitregelung ist sehr umfangreich. Sie beschäftigt sich mit Konfliktlösungsmöglichkeiten in einfachen Gesellschaften Afrikas, aber auch in anderen Ländern der Dritten Welt. Diese Gesellschaften sind zwar heute alle in Staaten beheimatet, die grundsätzlich über ein Gerichtssystem verfügen. Aus verschiedenen Gründen (z. B. zu wenige, zu weit entfernte Gerichte, Ablehnung dieser Gerichte, insbesondere mangels Vertrautheit mit dem materiellen und prozessualen Recht) schlichten diese Gesellschaf-

---

[33] Dazu o. Anm. 20, aber auch *Baruzzi,* Freiheit, Recht und Gemeinwohl. Grundfragen einer Rechtsphilosophie, Darmstadt 1990, bes. S. 211ff.

[34] *Unger* (o. Anm. 27), S. 583ff.

ten aber zumindest bestimmte Arten von Konflikten durch andere Institutionen der Streitregelung[35].

Es handelt sich hierbei meist um Verhandlungen zwischen den Konfliktparteien mit Hilfe eines Vermittlers, dessen Position mehr oder weniger stark ausgebaut ist. Bei diesen „Palavern" werden die Parteien meist von Verwandten, Freunden und anderen Parteigängern begleitet, die in der ungezwungenen Atmosphäre des Gesprächs auch das Wort ergreifen können. Angestrebt wird durch den Vermittler gewöhnlich ein Kompromiß und eine Versöhnung der Streitparteien. Das Verfahren ist kaum geregelt und materiellrechtlich werden Rechtsnormen praktisch nicht von Brauch und Sitte unterschieden. Man beschränkt sich auch in der Behandlung nicht auf die Lösung des unmittelbaren Streitfalls, sondern sucht in Kenntnis der Lebensumstände beider Streitparteien nach den wirklichen Ursachen des Konflikts. Die Lösung soll eine dauerhafte Wiederherstellung der harmonischen Zusammenarbeit im Dorf gewährleisten[36]. Hierfür ist insbesondere Voraussetzung, daß ein Lernprozeß unter den Beteiligten gewährleistet wird, daß nicht einer zum Abweichler gestempelt wird, sondern gerade die Versöhnung unter den Beteiligten von der Gemeinschaft positiv sanktioniert wird. 38

#### c) „Schlichten statt richten"

Beim Blick auf die Industrieländer, insbesondere auf Deutschland, darf zunächst nicht übersehen werden, daß es hier bereits innerhalb der Rechtsordnung Ansätze für Konfliktregelungen, die nicht idealtypisch gerichtlich (d. h. professionalisiert, formalisiert, mit Entscheidung durch Dritte und mit der Chance zwangsweiser Durchsetzung u. s. w.) sind, durchaus gibt. 39

[35] Vgl. dazu *Spittler,* Streitregelung im Schatten des Leviathan. Eine Darstellung und Kritik rechtsethnologischer Untersuchungen, ZfRSoz 1 (1980), S. 4ff. (23ff.); *Röhl* (o. Anm. 21), S. 511.

[36] Vgl. *Hegenbarth,* Sichtbegrenzungen, Forschungsdefizite und Zielkonflikte in der Diskussion über Alternativen zur Justiz, in: Jb. f. RSoz. u. RTh. Bd. 6 (1980), S. 48ff. (55ff.); *Spittler* (o. Anm. 35), S. 9ff.

40 So kennt man im Zivilprozeß ein Institut wie den Vergleich: Der Richter muß sogar in jeder Lage des Rechtsstreits eine gütliche Beilegung versuchen (§§ 279, 495 ZPO). Der Kritik an typisch gerichtlichen Verfahren kommt ein solcher Vergleich insofern entgegen, als der eingeschaltete Dritte nicht nach vorgegebenen Regeln urteilt, sondern die vorhandenen Interessen einvernehmlich auszugleichen sucht.

41 Im Strafverfahren gibt es bei bestimmten Delikten einen Sühneversuch vor einer Vergleichsbehörde, aber auch vergleichsähnliche Absprachen im Prozeß. In den Vereinigten Staaten von Amerika werden unter bestimmten Voraussetzungen Strafverfahren in sog. Mediationsverfahren umgelenkt, bei denen ein amtlich bestellter Vermittler zwischen Täter und Opfer in Form einer Pendeldiplomatie ein Übereinkommen zustandezubringen sucht[37].

42 Gerade in Deutschland gibt es aber auch die Möglichkeit, Konflikte von vornherein außergerichtlich beilegen zu lassen[38]. Bürgerlich-rechtliche Streitigkeiten können nach §§ 1025ff. ZPO statt durch staatliche Gerichte durch private, auf vertragliche Vereinbarungen der Parteien beruhende Gerichte entschieden werden, die sog. Schiedsgerichte. Neben diesen ad hoc für einzelne Streitfälle eingerichteten Schiedsgerichten kennt man in Deutschland aber auch mehrere hundert außergerichtliche Schieds-, Schlichtungs- oder Einigungsstellen, z. B. beim Kfz-Handwerk, bei den Industrie- und Handelskammern oder bei den Ärztekammern. Solche außergerichtlichen Streitschlichtungsstellen arbeiten häufig kostenlos oder gegen nur geringe Kosten, der Zugang zu ihnen ist vergleichsweise einfach, das Verfahren ist wenig förmlich ausgestaltet und, für viele Beteiligte ein wichtiges Argument, sie werden unter Ausschluß der Öffentlichkeit tätig.

43 Rechtssoziologische Untersuchungen zeigen im übrigen, daß es in Deutschland auch eine Art von „Betriebsjustiz“ gibt, d. h. be-

---

[37] Vgl. dazu *Felstiner/Williams*, Mediation as an Alternative to Criminal Prosecution: Ideology and Limitations, in: Jb. f. RSoz. u. RTh. Bd. 6 (1980), S. 195ff.; zum Täter-Opfer-Ausgleich allgemein *Kaiser*, Kriminologie. Eine Einführung in die Grundlagen, 9. Aufl., Heidelberg 1993, S. 636ff.

[38] Zum Folgenden *Proppe/Krapp* (o. Anm. 30), S. 69ff.

stimmte Straftaten von Betriebsangehörigen werden in vielen Betrieben mit Einverständnis des Täters intern sanktioniert und Polizei und Staatsanwaltschaft gar nicht zur Kenntnis gebracht[39].

In der früheren DDR gabe es eine solche Art von Betriebsjustiz unter der Bezeichnung „Konfliktkommissionen" in großem Maßstab. Ähnlich wie die dort sog. „Schiedskommissionen", die für nachbarschaftliche Streitigkeiten zuständig waren, entschieden die „Konfliktkommissionen" über bestimmte Straftaten der kleineren bis mittleren Kriminalität in der Besetzung mit vier juristischen Laien, welche aufgrund ihrer Betriebszugehörigkeit (bzw. nachbarschaftlichen Nähe) die Lebensumstände des jeweils Beschuldigten und das soziale Umfeld der Tat gut kannten[40]. Sie standen dem Lebens- und Arbeitsbereich der Konfliktbeteiligten nahe und sollten aufgrund ihres politischen Erziehungsziels durch Erforschung der Ursachen der Konflikte diese dauerhaft lösen. Sie standen freilich der herkömmlichen Gerichtsbarkeit insofern wesentlich näher, als sie anders als die Schieds-, Schlichtungs- oder Einigungsstellen im Rahmen eines rechtlich geordneten Verfahrens arbeiteten und nicht etwa an der Suche nach einem Kompromiß, sondern an einseitiger Schuldzuweisung ausgerichtet waren. **44**

Es ist schwer vorauszusagen, welche Zukunft nichtgerichtlichen Konfliktlösungen beschieden sein wird. Bisherige Untersuchungen berichten von einer eher geringen Akzeptanz[41]. Das hindert freilich nicht, daß die Rechtssoziologie in diesem Bereich einen wichtigen Forschungsgegenstand gefunden hat. Vorhandene Vorbehalte gegen rechtliche Konfliktregulierungen lassen sich nämlich nur bestätigen oder widerlegen durch Effektivitätsforschung, durch Rechtstatsachenforschung und durch genauere **45**

---

[39] Vgl. dazu *Rosellen/Metzger-Pregizer,* Betriebsjustiz und Strafjustiz als alternative Formen der Normdurchsetzung, in: Jb. f. RSoz. u. RTh. Bd. 6 (1980), S. 219ff.; Lohmann, Betriebsjustiz und Rechtsstaat, Heidelberg 1975.

[40] Dazu *Lohmann,* Die Gesellschaftlichen Gerichte in der DDR, Informationsbrief f. RSoz. 12 (1976), S. 43ff.; *Hegenbarth* (o. Anm. 36), S. 60f.; *Rotter,* Die Gesellschaftlichen Gerichte in der DDR und das Problem der Alternativen zum Recht, in: Jb. f. RSoz. u. RTh. Bd. 6 (1980), S. 462ff.; *B. Müller,* Gesellschaftliche Gerichte in der DDR, NJW 1983, 2297.

[41] *Röhl* (o. Anm. 21), S. 518; *Proppe/Krapp* (o. Anm. 30), S. 70ff.

Kenntnisse über den Gesetzgebungsprozeß und über die Justiz. Diese Seite der Problematik kann hier nicht weiter verfolgt werden.

### 4. Folgerungen für das Verständnis von „Recht“

46 Für die Rechtsphilosophie – und darum geht es hier – ist die Alternativen-Diskussion aus einem anderen Grund von zentraler Bedeutung: Eine Sichtung der Kritik am Recht oder am typisch gerichtlichen Verfahren und ein Überblick über alternative Konfliktlösungsmodelle kann die Eigenart *rechtlicher* Regelungen besonders deutlich machen und mithin, wie zu Beginn erwähnt, einen ersten Zugang zum Verständnis dessen ermöglichen, was „Recht“ bedeuten kann. Unabhängig davon, wie man die Triftigkeit der Rechtskritik beurteilt (dazu unten § 4), haben sich doch einige Charakteristika von Recht herausgeschält – über deren Bewertung damit natürlich auch noch nichts gesagt ist.

47 Recht stellt zunächst einmal auf einen bestimmten Typ von Vergesellschaftung ab, wonach Individuen zueinander in einem potentiellen Interessengegensatz stehen und deshalb einer neutralen Streitentscheidung bedürfen. Auf Interessengleichheit oder gar emotionale Zuwendung beruhende Gemeinschaften bedürfen offenbar in einem geringeren Maße des Rechts oder werden durch die Berufung auf Recht gar beeinträchtigt. Weiter abstrahiert Recht von vielem, was die konkreten Subjekte und die konkrete Situation ausmacht, behandelt in einem bestimmten Umfang auch Ungleiches gleich, generalisiert nach bestimmten Kriterien, arbeitet im allgemeinen Konflikte nicht bis auf ihre Wurzeln auf, sondern *entscheidet* sie. Sodann begrenzt Recht die individuelle Freiheit und erfaßt mit seinen Regelungen Bereiche, die aus der Sicht einzelner von ihnen selbst nicht selten besser geregelt werden könnten. Bei diesen seinen Regelungen enthält das Recht offenbar sehr weite Spielräume, die bei einer Entscheidung im Einzelfall ausgefüllt werden müssen. Hierbei scheint zumindest möglich zu sein, daß die verschiedensten Interessen – auch solche, die man intuitiv als unsachlich bezeichnen würde – Eingang finden. Schließlich

geht Recht in seiner konkreten Anwendung ausgesprochen formalistisch vor und wird wegen der daraus resultierenden Folgen mitunter als ineffizient erlebt.

Soweit die vorläufige Ausbeute, der Vorbegriff, der sich aus der „Alternativendebatte" ergibt.

## § 2 Aspekte des Rechtsbegriffs

**Literatur:** *Alexy,* Begriff und Geltung des Rechts, Freiburg/München, 1992; *J. Austin,* Lectures on Jurisprudence or the Philosophy of Positive Law, 5. Aufl., London 1985; *R. Dreier,* Der Begriff des Rechts, NJW 1986, S. 890ff.; *Ehrlich,* Entgegnung, Archiv für Sozialwissenschaft und Sozialpolitik 41 (1916), S. 844ff.; *Gagnér,* Zur Methodik neuerer rechtsgeschichtlicher Untersuchungen I. Eine Bestandsaufnahme aus den sechziger Jahren, Ebelsbach 1993; *Geiger,* Vorstudien zu einer Soziologie des Rechts (1947); hrsg. v. Maus/Fürstenberg, 2. Aufl., Darmstadt 1970; *Hart,* The Concept of Law, London 1961, dt. Übers. v. von Baeyer, Der Begriff des Rechts, Frankfurt a. M. 1973; *Hegel,* Phänomenologie des Geistes (1807), Werke Bd. 3, Edition Moldenhauer/Michel, Frankfurt a. M. 1970; *Hegel,* Grundlinien der Philosophie des Rechts (1820), Werke Bd. 7, Edition Moldenhauer/Michel, Frankfurt a. M. 1970; *Hobbes,* De cive (1642), Opera Latina vol. 2, Edition Molesworth, 2. Nachdruck Aalen 1966, dt. Übers. v. Frischeisen-Köhler, Vom Bürger, in: *Hobbes,* Vom Menschen/Vom Bürger, hrsg. v. Gawlick, 2. Aufl., Hamburg 1966; *Hoerster,* Verteidigung des Rechtspositivismus, Frankfurt a. M. 1989; *O. W. Holmes,* The Part of the Law, Harvard Law Review 10 (1897), S. 457; *Kant,* Metaphysik der Sitten (1797), Einleitung, Werke Bd. 4, Edition Weischedel, Darmstadt 1956; *Kelsen,* Eine Grundlegung der Rechtssoziologie, Archiv für Sozialwissenschaft und Sozialpolitik 39 (1915), S. 839ff.; *Kelsen,* Reine Rechtslehre, 2. Aufl., Wien 1960; *Larenz,* Methodenlehre der Rechtswissenschaft, 6. Aufl., Berlin/Heidelberg/New York 1991; *Luhmann,* Rechtssoziologie I, Reinbek 1972; *Olivecrona,* Law as Fact, 2. Aufl., London 1971; *Puchta,* Cursus der Institutionen, 1. Buch, Leipzig 1841; *Radbruch,* Gesetzliches Unrecht und übergesetzliches Recht, in: *ders.,* Rechtsphilosophie, hrsg. v. Wolf/Schneider, 8. Aufl., Stuttgart 1973, Anhang, S. 339ff.

Die Alternativen-Debatte setzt ein Vorverständnis vom „typisch Rechtlichen" voraus, das es nun genauer zu überprüfen und zu explizieren gilt.

## 1. Wesensfragen und Sprachanalyse

### a) Alte Definitionen

1 Eine der ältesten Fragen der Rechtsphilosophie, die schon gestellt wurde, als man den Begriff der „Rechtsphilosophie" (er taucht als „Philosophie des Rechts" erst Ende des 18. Jahrhunderts auf) noch gar nicht verwendetete, als die heute so bezeichnete Disziplin vielmehr noch „Naturrecht" hieß, ist die nach dem Begriff oder dem Wesen des Rechts. Man wollte immer schon wissen, was das Recht eigentlich zum Recht macht. Diese Frage ist von jener anderen zu unterscheiden, was in einer konkreten Situation rechtens ist, was also in einer bestimmten Rechtsordnung vom geltenden Recht als die richtige Lösung eines konkreten Falls gefordert wird. Letzteres muß der praktische Jurist sich ständig fragen und er wird zur Beantwortung dieser Frage sich mindestens an drei Adressaten halten können: an den Gesetzgeber, die Rechtsprechung und die Rechtswissenschaft[1].

2 Der sehr viel grundsätzlicheren Frage, was denn „Recht" eigentlich sei, steht der Jurist meist etwas hilflos gegenüber, so wie der Physiker, der ständig mit „Raum" und „Zeit" arbeitet, auf die Frage, was denn Raum und Zeit eigentlich seien, um die Antwort häufig verlegen sein wird.

3 Schon die durchaus praktisch veranlagten römischen Juristen suchten jedoch nach einer Antwort auf die Frage „Was ist Recht". Berühmt geworden ist die Begriffsbestimmung des Juristen Celsus (1./2. Jhd.), die auch in den Digesten des Kaisers Justinian übernommen wurde: „Jus est ars boni et aequi"[2], Recht sei die

---

[1] *Adomeit,* Rechtstheorie für Studenten, 3. Aufl., Heidelberg 1990, S. 5ff., will durch Befragung dieser Adressaten (und zusätzlich der öffentlichen Meinung) die Frage „Was ist ‚Recht'" klären, wobei sich ihm aber unter der Hand das „quid ius" zum „quid iuris" wandelt.

[2] D. 1.1.1. pr. (= Digesten, 1. Buch, 1. Titel, 1. Abschnitt, vor § 1). Die Digesten (oder: Pandekten) sind Teil der seit Ende des 16. Jhds. „Corpus Juris Civilis" genannten Sammlung des römischen Rechts, die 528–534 im Auftrage des Kaisers Justinian I. vorgenommen wurde und seit ihrer Wiederentdeckung Ende des 11. Jhds. eine überragende Bedeutung für die Rezeption des römischen Rechts gewannen.

Kunst, ein gutes und gerechtes Ergebnis zu finden, können wir frei übersetzen. Ähnlich noch sagt es Thomas von Aquin (1225–1274): „Jus est ars qua cognoscitur quit sit justum"[3], Recht sei also die Kunst, zu erkennen, was gerecht sei.

Stellen solche Begriffsbestimmungen für Recht noch auf das im Einzelfall zu erzielende (gerechte) Ergebnis ab, verweisen also weiter auf eine notwendige Definition des Begriffs „gerecht", so finden wir eine sehr viel formalere Definition wieder mehrere Jahrhunderte später bei Kant (1724–1804): „Das Recht ist also der Inbegriff der Bedingungen, unter denen die Willkür des einen mit der Willkür des anderen nach einem allgemeinen Gesetze der Freiheit zusammen vereinigt werden kann"[4]. Nicht mehr das gerechte Ergebnis im Einzelfall, sondern die generelle Abgrenzung von Freiheitssphären steht jetzt im Vordergrund[5]. Aber belassen wir es zunächst bei diesen Beispielen. 4

**b) Harts Klärungsversuch**

Im 20. Jahrhundert hat man auf die Frage, was denn Recht sei, nur noch selten mit einer solchen mehr oder weniger griffigen Definition geantwortet. Die „Analytical Jurisprudence" gibt uns eine Begründung für diese Zurückhaltung. Ihr Hauptvertreter ist heute H. L. H. Hart, dem wir eine kritische Auseinandersetzung mit der „klassischen" Fragestellung nach dem Recht verdanken. Er macht zunächst auf ihre Mehrdeutigkeit aufmerksam: „Questions such as those I have mentioned: ,What is a state?' ,What is law' ,What is a right' have great ambiguity. The same form of words may be used to demand a *definition* or the *cause* or the *purpose* or the *justification* or the *origin* of a legal or a political 5

---

[3] *Thomas von Aquin,* Summa Theologica (1267–1273), II II q. 57, 1 (Buch II., Teil II., Frage („Quaestio") 57, Artikel 1.); dt. Übers. v. Dominikanern und Benediktinern Deutschlands und Österreichs, Die deutsche Thomas-Ausgabe (zweisprachig) Bd. 18, Heidelberg/München/Graz/Wien/Salzburg 1953, S. 6; daneben kannte Thomas noch die Definition: „Ius est ipsa res iusta" (a. a. O.).

[4] *Kant,* Metaphysik der Sitten (1797) Einleitung in die Rechtslehre § B, Werke Bd. 4, Edition Weischedel, S. 337.

[5] Vgl. dazu auch *Tugendhat,* Zur Entwicklung von moralischen Begründungsstrukturen im modernen Recht, ARSP, Beiheft 14 (1980), S. 1ff. (13).

institution"[6]. Häufig würden bei der Frage „Was ist Recht?" eben mehrere dieser Aspekte miteinander vermischt, man fragt möglicherweise zugleich u. a. nach der Definition, dem Ursprung oder dem Zweck von „Recht". Oder, man kann es auch so sagen, die Antwort kann begriffliche (nach der Definition), empirische (nach dem Ursprung) und normative (nach dem Zweck) Fragen zugleich zu beantworten suchen und folglich miteinander vermengen[7].

6 Jedoch, lassen sich diese Fragen voneinander klar trennen? Hat man sich einmal darauf geeinigt, nach einer Definition im engeren Sinn fragen zu wollen, so steht man möglicherweise vor dem Problem, gerade für die Definition etwas über Grund, Zweck, Rechtfertigung oder Ursprung sagen zu müssen – man erkennt dies gut an der zitierten Definition von Celsus, die den Zweck der Herstellung von Gerechtigkeit gerade für die Definition von „Recht" braucht.

7 Doch sieht man einmal von dieser Problematik ab, so stellt sich doch weiter die Frage, was eine Definition überhaupt leisten kann. Sie kann entweder Feststellungen über einen Sprachgebrauch treffen, im Fall des Wortes „Recht" also danach fragen, was im allgemeinen Sprachgebrauch unter diesem Wort verstanden wird. Oder die Definition kann u. U. abweichend vom allgemeinen Sprachgebrauch einen bestimmten (anderen, eventuellen neuen) Sprachgebrauch vorschlagen, der vielleicht klarer oder exakter als der allgemeine Sprachgebrauch ist – eine in den Wissenschaften übliche Vorgehensweise.

8 Hart fragt nach dem allgemeinen Sprachgebrauch. Hier erweist sich nun, daß es häufig auf den Zusammenhang ankommt, in dem ein Wort verwendet wird[8], so daß es also gar nicht sinnvoll ist, nach der Bedeutung eines einzelnen Wortes zu fragen. Man muß vielmehr nach der Bedeutung des Satzes fragen, in dem das Wort vorkommt. Zudem scheidet nach Auffassung von Hart eine Defi-

[6] *Hart,* Definition and Theory in Jurisprudence, Oxford 1953, S. 4.

[7] Vgl. dazu *Hoerster,* Grundthesen analytischer Rechtsphilosophie, in: Jb. f. RSoz. u. RTh. Bd. 2 (1972), S. 115ff. (120).

[8] *Hart* (o. Anm. 6), S. 8, 15.

nition klassischer Art durch „genus proximum" und „differentia specifica" (Beispiel: Elefant ist ein Vierfüßler mit dicker Haut, Stoßzähnen und Rüssel) schon deshalb aus, weil es anders als beim „genus" Vierfüßler in Beziehung auf die „species" Elefant keine allgemeinverständliche und generelle Kategorie gebe, von der Recht ein Mitglied sei[9]. Die „persistent question"[10] („hartnäckige Frage") „Was ist Recht?" löst sich bei Hart so z. B. in drei wiederkehrende Probleme auf: „Wie unterscheidet sich das Recht von den durch Drohungen unterstützten Befehlen, und in welchem Verhältnis stehen Recht und Drohung zueinander? Wie unterscheidet sich die rechtliche von der moralischen Verpflichtung und wie verhalten sich die beiden zueinander? Was sind Regeln und inwiefern hat das Recht etwas mit Regeln zu tun? Zweifel und Verwirrung über diese drei Probleme zu zerstreuen, war das Hauptziel fast aller Spekulationen über die „‚Natur' des ‚Rechts'"[11].

Die von Hart angeführten drei Themenkomplexe betreffen sicher wichtige Aspekte der Frage „Was ist Recht?", wenngleich, wie wir sehen werden, noch nicht alle wichtigen Probleme dieser Frage damit angesprochen sind. Ob Hart oder jemand, der sich ähnlich wie er in einigen wichtigen Aspekten der Frage nach dem Recht nähert, nicht letztlich doch so etwas wie eine „Definition" von „Recht" anbietet oder nur, wie Hart meint, eine „Erläuterung"[12], ist eine schwierige aber praktisch nicht sehr relevante Frage[13]. 9

---

[9] *Hart*, The Concept of Law, London 1961, S. 14, dt. Übers. v. von Baeyer, Der Begriff des Rechts, S. 28.

[10] *Hart* (o. Anm. 9), S. 1, in der dt. Übers. S. 11.

[11] *Hart* (o. Anm. 9), S. 13, in der dt. Übers. S. 27.

[12] *Hart* (o. Anm. 9), S. 17, in der dt. Übers. S. 33. Zu dem Streit vgl. *Eckmann*, Rechtspositivismus und sprachanalytische Philosophie. Der Begriff des Rechts in der Rechtstheorie H. L. A. Harts, Berlin 1969, S. 129ff. mit Nachweisen.

[13] Sie ist nämlich ihrerseits eine Definitionsfrage: Legt man die Bedeutung von „Definition" auf eine Erklärung durch „genus proximum" und „differentia specifica" fest oder faßt man darunter auch Erläuterungen anderer Art?

10 Sicher sprechen die von Hart genannten Gründe gegen die Hoffnung auf eine knappe Regel über den richtigen Sprachgebrauch. Die Analyse eines Begriffs auf der Grundlage des allgemeinen Sprachgebrauchs kann aber – wenn sie den jeweiligen Zusammenhang beachtet, in dem der Begriff verwendet wird – die möglicherweise nicht oder nicht immer bewußten Implikationen des Begriffs ans Licht bringen und so dazu beitragen, daß man das Recht als soziales Phänomen besser versteht. Auf diese Implikationen aber und nicht auf den meist ja bekannten Sprachgebrauch als solchen zielt man gewöhnlich mit der Frage „Was ist Recht?". Zudem ist es, wie wir sahen, durchaus auch legitim, zur Begriffsklärung den üblichen Sprachgebrauch zu korrigieren, wenn er sich als zu wenig klar, genau und in sich stimmig erweist[14]. Auch dies wird im folgenden zu beachten sein.

11 Harts Sprachkritik in therapeutischer Absicht[15] kann also dazu führen, daß man Fragen nach dem „Wesen" des Rechts präziser stellt und sich darauf gefaßt macht, daß die Antwort möglicherweise komplexer ausfällt, als man zunächst vermutet hat.

12 Harts Sprachkritik deckt sich deshalb im Ergebnis mit den Vorbehalten, die schon Hegel zu Beginn seiner „Grundlinien der Philosophie des Rechts" von 1820 gegen eine anfängliche Definition des „Rechts" vorgetragen hat: Daß sich nämlich erst aus einem reichlich komplexen Gedankengang ergeben kann, was es mit dem Recht auf sich hat[16]. Das hat ihn zwar selbst nicht gehindert, mit Definitionen zu arbeiten. Z. B. schreibt er in § 29: „Dies, daß ein Dasein überhaupt Dasein des freien Willens ist, ist das Recht"[17]. Aber diese Aussage ist auch schon ein Resultat vieler gedanklicher Schritte, ohne die man sie gar nicht

---

[14] *Hoerster,* Zum begrifflichen Verhältnis von Recht und Moral, in: Neue Hefte für Philosophie Bd. 17 (1979), S. 77ff. (78).

[15] Vgl. dazu *E. v. Savigny,* Die Philosophie der normalen Sprache (neubearb. Ausgabe), Frankfurt a. M. 1974, S. 177ff.

[16] *Hegel,* Grundlinien der Philosophie des Rechts (1820), § 2, Werke Bd. 7, Edition Moldenhauer/Michel, S. 30ff.

[17] *Hegel,* Grundlinien der Philosophie des Rechts (1820), § 29, (0. Anm. 16), S. 80ff.

verstehen kann. Und ihr folgen weitere gedankliche Schritte, die deutlich machen, daß diese Definition ihrerseits nur einen Aspekt beleuchtet. Nähern wir uns dem Phänomen „Recht" also langsam.

## 2. Das Problem des Rechtspositivismus

Spricht man von Definitionen des Rechts, so gelangt man schnell zum Problem des Rechtspositivismus[18]. Über wenige Begriffe ist in der Rechtsphilosophie mehr gestritten worden, wenige Begriffe waren wie dieser Anlaß zur Emphase beim Pro und Contra. Zwischen denen, die sich selbst Rechtspositivisten nennen, und ihren Gegnern, die man Naturrechtler nennt, tobt ein emotional ungemein belasteter Streit der Weltanschauungen. Auf den ersten Blick erscheint diese Emotionalisierung verständlich. **13**

Da scheinen auf der einen Seite die zu stehen, die das staatlich gesetzte (ponere = setzen) Recht eben für Recht und damit für richtig halten, egal welchen Inhalt es hat, und auf der anderen Seite scheinen die zu stehen, die Kriterien dafür haben, was inhaltlich „von Natur" richtig und deshalb unabhängig von staatlicher Rechtssetzung (wirklich) Recht ist. Der Naturrechtler wirft dann dem Rechtspositivisten vor, dieser wolle wohl auch Hitlers Nürnberger Rassegesetze als verbindlich ausgeben, und der Rechtspositivist hält entgegen, der Naturrechtler wolle wohl die demokratische Mehrheitsentscheidung nur dann gelten lassen, wenn sie sich mit seinen privaten (evtl. konfessionellen, parteipolitischen, ideologischen) Richtigkeitsvorstellungen deckten. Zugegeben, das sind beides keine sehr sympathischen Positionen. Aber sind sie so überhaupt richtig wiedergegeben? **14**

---

[18] Vgl. dazu neuerdings einerseits *R. Dreier,* Der Begriff des Rechts, NJW, S. 890ff. und *Alexy,* Begriff und Geltung des Rechts; andererseits *Hoerster,* Verteidigung des Rechtspositivismus. Zur Vielfalt der Positivismus-Problematik im Recht *Ott,* Der Rechtspositivismus. Kritische Würdigung auf der Grundlage eines juristischen Pragmatismus, 2. Aufl., Berlin 1992.

### a) Der Kern des Problems

**15** Viele Scheinprobleme der Rechtsphilosophie lassen sich vermeiden, wenn man die Problematik des Rechtspositivismus auf ihren wirklichen Kern zurückführt. Dafür ist zunächst wichtig, daß man sich klarmacht, was nach dem Urteil jedenfalls der bedeutendsten Rechtspositivisten des 20. Jahrhunderts, Hans Kelsen (1881–1973) und H. L. A. Hart, mit Rechtspositivismus *nicht* gemeint ist.

**16** Nicht gemeint ist zunächst, Recht sei identisch mit den vom Staat verordneten Gesetzen[19]. Dieser „Gesetzespositivismus" wird im 20. Jahrhundert soweit ersichtlich von niemandem vertreten – daß zum Recht jedenfalls auch Richterrecht und Gewohnheitsrecht gehören, würde heute niemand ernstlich bestreiten. Und auch eine logische Unabhängigkeit von Recht und Moral behauptet kein moderner Rechtspositivist: zu deutlich verweist das positive Recht selbst immer wieder ausdrücklich auf nichtpositivierte Richtigkeitskriterien, z. B. in § 242 BGB („Treu" und „Glauben") oder § 240 Abs. 2 StGB („verwerflich"), zu deutlich auch ist heute, daß Interpretation, Analogie oder gar Rechtsfortbildung ohne Richtigkeitskriterien auch ethischer Art gar nicht auskommen können. Schließlich behauptet kein Rechtspositivist des 20. Jahrhunderts, daß sich aus der Bezeichnung als „Recht" auch notwendig eine Befolgungspflicht für den einzelnen ergebe. Ein Rechtspositivist, der behauptet, die Nürnberger Rassegesetze seien „Recht", will damit gerade *nicht* sagen, man habe solche Gesetze befolgen müssen[20].

**17** Was ist dann aber der Kern des Streits? Es geht, wie schon erwähnt, um eine Definition, nämlich die Definition von „Recht". Nun können Definitionen allein dann „richtig" oder „falsch" sein, wenn sie sich berühmen, dem tatsächlichen Sprachgebrauch zu folgen. Ob es dem tatsächlichen Sprachgebrauch entspricht, daß ein weißes Pferd „Schimmel" genannt wird, läßt sich überprüfen.

---

[19] *Hoerster* (o. Anm. 18), S. 10f.

[20] *Hoerster* (o. Anm. 18), S. 16f.; *H. Dreier,* Die Radbruchsche Formel – Erkenntnis oder Bekenntnis? in: *H. Mayer* (Hrsg.), Staatsrecht in Theorie und Praxis, FS für Robert Walter, Wien 1991, S. 117ff. (132).

Wenn jemand dagegen eine neue Definition vorschlägt, etwa weil ihm diese klarer, deutlicher oder aus irgendeinem Grund praktikabler erscheint als die des allgemeinen Sprachgebrauchs, so läßt sich nicht sagen, daß diese Definition „richtig“ oder „falsch“ sei, es sprechen für oder gegen sie dann nur Praktikabilitätserwägungen.

*Ein* Gesichtspunkt der Praktikabilität könnte bei einer Defini- 18
tion von „Recht“ sein, ob die eine oder die andere Begriffsbestimmung eher die Wirkung entfaltet, solchen Anweisungen des Staates den Gehorsam zu versagen, die nach verbreiteter moralischer Überzeugung „Unrecht“ sind. Eben darüber aber, welche Begriffsbestimmung eher dazu in der Lage sein könnte, läßt sich streiten: Die Gegner des Rechtspositivismus könnten darauf hinweisen, daß Menschen eher dazu neigen, moralisch Verwerflichem den Gehorsam zu verweigern, wenn man ihnen sagt, so etwas sei überhaupt „kein Recht“[21]. Rechtspositivisten halten dagegen, daß gerade diese Geneigtheit, auch einmal den Gehorsam zu verweigern, eher unter solchen Menschen gewahrt sei, die ehrlich zwischen positivem Recht und ihm widersprechenden moralischen Richtigkeitskriterien unterscheiden könnten, da sich dann jeder als Individuum in seinem eigenen Urteil in die Pflicht genommen fühle.

Hart geht etwa davon aus, daß eine nicht hinreichende Unter- 19
scheidung zwischen Recht auf der einen und moralischen Maßstäben auf der anderen Seite die Moral als letzten Maßstab des Verhaltens (und damit auch der Gehorsamspflicht) verdrängen könne[22]. Die Gegner der Rechtspositivisten könnten nun ihrerseits als anderes Argument zugunsten eines weiteren Rechtsbegriffes anführen, daß der *übliche* Sprachgebrauch – auch der Rechtsprechung – durchaus staatliche Gesetze in Ausnahmefällen als „Unrecht“

---

[21] So ausdrücklich *Radbruch* (1878–1949), Gesetzliches Unrecht und übergesetzliches Recht, in: *ders.,* Rechtsphilosophie, hrsg. v. Wolf/Schneider, Anhang, S. 339ff. (346); *Fuller,* Positivism and Fidelity to Law – A Reply to Professor Hart, Harvard Law Revue 71 (1958), S. 630ff. (659f.).

[22] So ausdrücklich *Hart,* Positivism and the Separation of Law and Morals, Harvard Law Revue 71 (1958), S. 593ff., dt. Übers. v. Hoerster in: *Hart,* Recht und Moral, hrsg. v. Hoerster, Göttingen 1971, S. 14ff. (19).

einstufe, daß somit um der allgemeinen Verständlichkeit des Begriffs willen auch der wissenschaftliche Sprachgebrauch sich diesem alltagssprachlichen Sprachgebrauch anzubequemen habe[23]. Sie befürchten auch, eine begriffliche Trennung könne die Rechtsphilosophie „aus dem Zusammenhang mit den konkreten juristischen und rechtsphilosophischen Diskussionen" herauslösen[24].

**20** Die Rechtspositivisten halten dem wiederum die Vorzüge der Klarheit und Exaktheit eines Begriffs entgegen, der dem Definierenden keine Wertungen abverlange[25], und nur eine Beschränkung des Begriffs von „Recht" auf „staatlich gesetzte Normen" enthalte diese Wertneutralität (daß der praktisch tätige Jurist bei seiner Arbeit werten muß, würde ein Rechtspositivist dagegen natürlich nicht bestreiten). Diejenigen dagegen, die Gerechtigkeitsvorstellungen konstitutiv für die Definition von „Recht" sein ließen, liefen Gefahr, angesichts unterschiedlicher Wertungen mit unterschiedlichen Rechtsbegriffen zu arbeiten und damit aneinander vorbeizureden.

### b) „Gesetzliches Unrecht"? Die „Radbruch'sche Formel"

**21** Man sieht, daß unter dem Gesichtspunkt der praktikablen Definition von „Recht" ein positivistischer wie ein nichtpositivistischer Rechtsbegriff Argumente für und gegen sich haben, die sich vergleichsweise sachlich diskutieren lassen. Angesichts der hohen Emotionalisierung des Streits um den Rechtspositivismus muß sich also doch noch eine andere Sorge in der Rechtspositivismus-Debatte verbergen als eine solche über die bloße Adäquanz einer Definition. Die praktischen Zusammenhänge, in denen die Debatte immer wieder aktualisiert wird, sprechen für diese Vermutung.

---

[23] *Neumann,* Positivistische Rechtsquellenlehre und naturrechtliche Methode. Zum Alltagsnaturrecht in der juristischen Argumentation, in: R. Dreier (Hrsg.), Rechtspositivismus und Wertbezug des Rechts, Stuttgart 1990, S. 141ff. (150f.); *Schild,* Abstrakte und konkrete Rechtslehre, in: Rechtsphil. Hefte 1/1992, S. 97ff. (116).

[24] *Kriele,* Recht und praktische Vernunft, Göttingen 1979, S. 9f.

[25] *Hoerster* (o. Anm. 18), S. 11f.

Die Problematik wurde ausführlich in den ersten Nachkriegs- 22
jahren aufgegriffen: im Zusammenhang mit der Frage einer Geltung von bestimmten Nazi-Gesetzen. Es machte nämlich durchaus praktische Unterschiede für die Nachkriegsprozesse, ob man solche Nazi-Gesetze als ungültig ansah oder aber zwar als gültig aber nicht moralisch verpflichtend.

Die Gerichte wurden in den Nachkriegsjahren nicht selten mit 23
Fällen konfrontiert, für deren Entscheidung die Rechtsgültigkeit bestimmter nationalsozialistischer Gesetze ausschlaggebend war, das Gelten von Gesetzen, über deren Ungerechtigkeit ein breiter Konsens bestand. So ging es etwa um die Frage, ob ein Denunziant strafrechtlich belangt werden konnte, der dafür gesorgt hatte, daß sein Opfer wegen einer regimefeindlichen Äußerung zum Tode verurteilt worden war. Konnte sich der Denunziant gegen den Vorwurf eines Tötungsdelikts damit rechtfertigen, daß er nach damaligem Recht rechtmäßig gehandelt habe? Oder waren sogar die Richter wegen Rechtsbeugung zu belangen, obwohl sie für ihre Entscheidung auf entsprechende Gesetze verweisen konnten?

Es geht also um die praktisch erhebliche Frage einer späteren 24
Strafbarkeit der Beteiligten, und ihre Beantwortung scheint von der Art der Definition des Wortes „Recht" abzuhängen. Diese praktische Frage ist aber leicht zu lösen, wenn man nur den Satz „nulla poena sine lege" für ein Grundprinzip des rechtsstaatlichen Strafrechts hält. Im deutschen Recht besitzt dieses Prinzip in Art. 103 Abs. 2 GG sogar Verfassungsrang. Niemand darf also bestraft werden, wenn die Tat zur Tatzeit nicht verboten, vielleicht sogar geboten war[26]. Zu einer rückwirkenden Bestrafung aber würde im Ergebnis die Behauptung führen, bestimmte Nazi-Gesetze seien ungültig gewesen.

Wegen dieses Problems, das sich ja nicht nur bei nationalsoziali- 25
stischem Recht stellt, sondern nunmehr wieder in Zusammenhang mit dem ehemaligen DDR-Recht, das also immer dann relevant wird, wenn erlassene Gesetze aus moralischen Gründen für ver-

---

[26] *Hart* (o. Anm. 9), S. 206, in der dt. Übers. S. 291.

werflich erklärt werden, dürfte angesichts des „nulla poena"-Satzes die rechtspositivistische Position den Vorrang verdienen. Das läßt sich so eindeutig allerdings nur in dem Umfang behaupten, wie das „nulla poena"-Gebot tatsächlich in Frage steht. Das ist im Strafrecht der Fall, aber bedarf auch dort einer genaueren Bestimmung.

**26** Falls es Normen gibt, die zwar als „Gesetze" bezeichnet werden, aber *offensichtlich* gar nicht dem Bereich dessen angehören, was üblicherweise „Recht" genannt wird, so gilt für solche Normen sicherlich nicht der Vertrauensgrundsatz des „nulla poena"-Gebots[27]. Erläßt etwa der Chef einer Einbrecherbande ein „Gesetz", wonach der Beraubte getötet werden dürfe, so wird niemand auf den Gedanken kommen, die gerichtliche Nichtbeachtung dieses „Gesetzes" als Verstoß gegen das „nulla poena"-Gebot zu werten. Die Frage ist nun, ob von staatlichen Organen erlassene „Gesetze" sich u. U. so weit vom üblichen Verständnis von „Recht" entfernen können, daß ihnen wie dem „Gesetz" des Einbrecherchefs kein Vertrauenstatbestand anhaftet.

**27** In extremen Ausnahmefällen könnte dies denkbar sein, und auf einen solchen extremen Ausnahmefall bezieht sich der berühmte Aufsatz von Gustav Radbruch „Gesetzliches Unrecht und übergesetzliches Recht"[28], in welchem er unterscheidet zwischen einem noch so schwerwiegenden Verstoß gegen die Prinzipien der Gerechtigkeit, der am Vorliegen von „Recht" und (wie Radbruch meint) auch an der Gehorsamspflicht nichts ändern könne und auf der anderen Seite solchen Normen, in denen „Gerechtigkeit nicht einmal erstrebt wird"[29]. Würde man dieser Definition folgen, so wäre tatsächlich eine Reihe nationalsozialistischer „Gesetze", die die „Gleichheit" als „Kern der Gerechtigkeit" leugnen, kein „Recht": z. B. die Behandlung einer Gruppe von Menschen als „Untermenschen" und die Versagung von Menschenrechten für

---

[27] Dazu *Ott,* Die Radbruch'sche Formel. Pro und Contra, Zeitschrift f. Schweizerisches Recht, N. F. 107 (1988), S. 335ff.

[28] *Radbruch* (o. Anm. 21), insbes. S. 345f.

[29] *Alexy* (o. Anm. 18), S. 62 macht den „Anspruch auf Richtigkeit" zum Kriterium, sofern es um ganze Rechtsordnungen geht.

sie oder Strafdrohungen, die allein dem Abschreckungsbedürfnis dienen[30]. Dasselbe müßte für Gesetze gelten, die rückwirkend den Mord am politischen Gegner als Exekution legalisieren[31]. Radbruch macht somit deutlich, daß die Definition von „Recht", falls man ihr praktische Bedeutung beilegen will, unter dem Gesichtspunkt des Vertrauensschutzes sich insofern mit dem üblichen Sprachgebrauch decken sollte, als sie die Minimalforderung des *Strebens* nach Gerechtigkeit enthalten sollte.

### c) Der emotionale Rest: die „Subjektivismusthese"

Auch die Frage der Strafbarkeit von positiv-rechtlich zum Tat- **28**
zeitpunkt straflosem Verhalten läßt sich also vergleichsweise sachlich und rational erörtern. Wenn gleichwohl so leidenschaftlich über den Rechtspositivismus diskutiert wird, so dürfte dies deshalb noch einen weiteren Grund haben. Dieser Grund ist vielleicht der wichtigste, und doch erschließt er sich erst, wenn man eine bestimmte gedankliche Assoziation der an der Debatte Beteiligten mitberücksichtigt: Die „Neutralitätsthese" der Rechtspositivisten, die These also, daß der Begriff des Rechts aus Gründen der Praktikabilität der Definition inhaltlich neutral zu bestimmen sei, ist bei vielen Rechtspositivisten verknüpft mit einer „Subjektivismusthese": daß es von den Vorlieben des einzelnen unterschiedene nichtpositive Richtigkeitsmaßstäbe überhaupt nicht gebe[32].

Es ist eben diese These, welche die Gegner des Rechtspositivis- **29**
mus für grundfalsch halten, da sie mit ihrer gegenteiligen Praktikabilitätserwägung nicht selten die Erkennbarkeit objektiver überpositiver Richtigkeitsmaßstäbe assoziieren. Indessen ist die inhaltliche „Subjektivismusthese" vieler Rechtspositivisten nicht notwendig mit deren definitionstheoretischer „Neutralitätsthese" verbunden – sie läßt sich unabhängig von ihr diskutieren und sie muß auch unabhängig von ihr diskutiert werden. Dies wird hier um des systematischen Zusammenhangs willen erst im Teil B geschehen.

---

30 Vgl. *Radbruch* (o. Anm. 21), S. 346f.

31 Vgl. *Fuller* (o. Anm. 21), S. 650f.

32 *Hoerster* (o. Anm. 18) geht sogar davon aus, „die meisten modernen Rechtspositivisten" seien Anhänger beider Thesen.

### 3. Normative und soziologische Rechtstheorien, „Sein“ und „Sollen“

#### a) Der Kelsen-Ehrlich-Streit

30 Wir haben uns dem Begriff des Rechts bisher eher „negativ“ angenähert: Im Versuch, ein erstes Vorverständnis aus kritischen Stellungnahmen zum Recht zu gewinnen (§ 1), im Versuch, über Probleme des Definierens einen Eindruck von der Komplexität des Themas zu bekommen (§ 2.1) und schließlich im Versuch, eine unnötige Überfrachtung des Themas durch eine Präzisierung des Rechtspositivismus-Streits zu vermeiden (§ 2.2). Wir müssen nun langsam damit beginnen, positive Momente der Begriffsbestimmung zu finden.

31 Gelegenheit dazu soll zunächst ein bereits historischer, geradezu „klassischer“ Streit zwischen zwei wichtigen Autoren liefern. Zu Beginn unseres Jahrhunderts wurde mit der damals noch üblichen polemischen Schärfe ein Streit zwischen Eugen Ehrlich (1862–1922) und Hans Kelsen ausgefochten. In einer ausführlichen Rezension zu Ehrlichs „Grundlegung der Soziologie des Rechts“ wirft Kelsen Ehrlich vor, dieser habe Regeln, nach denen gehandelt wird und Regeln, nach denen gehandelt werden soll, nicht hinreichend unterschieden und könne deswegen behaupten, das Recht entstehe aus gesellschaftlich regelmäßigem Verhalten[33]. In der Vorstellung von der Verhaltensregelmäßigkeit liege aber ein anderer Begriff der Regel als in dem der Regel i. S. eines Sollens. Ehrlich erwidert in Verkennung des methodischen Problems, daß sein Begriff der Rechtsnom ja weiter sei als der des (staatlichen) Rechtssatzes; die innere Ordnung einer Gesellschaft werde schon vor jeder staatlichen Direktive durch Rechtsnormen bestimmt[34].

32 Der Streit wurde mit solcher Heftigkeit ausgetragen, weil beide Autoren eine gänzlich unterschiedliche Auffassung davon hatten, worin die wissenschaftliche Beschäftigung mit dem Recht besteht.

---

[33] *Kelsen,* Eine Grundlegung der Rechtssoziologie, Archiv für Sozialwissenschaft und Sozialpolitik 39, S. 839ff., 843.

[34] *Ehrlich,* Entgegnung, Archiv für Sozialwissenschaft und Sozialpolitik 41, S. 844ff.

Für Ehrlich war, da das Recht „eine gesellschaftliche Erscheinung ist", die Soziologie des Rechts „die wissenschaftliche Lehre vom Rechte"[35]. Kelsen dagegen kommt es gerade darauf an, „die juristische Begriffsbildung von gewissen Elementen zu befreien, die soziologischen Charakters sind"[36], da die Rechtswissenschaft für ihn eine normative Wissenschaft ist. Kelsen trennt nämlich scharf zwischen einer Welt kausal bestimmter Ereignisse und einer Welt des Geltens von Normen, zwischen dem „Sein" und dem „Sollen". Das Recht kann nun, nach Auffassung Kelsens, als Norm, als Sollensregel betrachtet werden – und nur als solche kann es Gegenstand der Rechtswissenschaft als einer normativen Wissenschaft sein. Man kann es aber auch als einen Teil der sozialen Wirklichkeit verstehen, als eine Tatsache, und es insoweit zu erforschen sei Aufgabe der Soziologie. Was tatsächlich geschehe, was Menschen also etwa in einer bestimmten Hinsicht regelmäßig tun, und das, was sie von Rechts wegen tun *sollen,* „muß selbst dann noch als etwas formal gänzlich Verschiedenes gelten, wenn der Inhalt der Normen, die bestimmen, was geschehen soll, mit dem Inhalt jener Regeln zusammenfällt, die aussagen, was tatsächlich geschieht"[37].

Da in der Realität, wie Kelsen selbst sagt, Sein und Sollen sich also durchaus in Übereinstimmung befinden können, das nach einer Sollensregel Gesollte mit dem identisch sein kann, was „in der Regel" getan wird, ist die Unterscheidung eine *methodische.* Die Gebiete des Seins und des Sollens können nur je getrennt für sich zum Gegenstand wissenschaftlicher Untersuchungen gemacht werden, weshalb man die Trennung, so wie u. a. Kelsen sie empfiehlt, als Methodendualismus gekennzeichnet hat[38]. 33

Die heute übliche Aufspaltung in eine am Recht als Tatsache orientierte Rechtssoziologie und eine normativ ausgerichtete 34

---

[35] *Ehrlich,* Grundlegung der Soziologie des Rechts, Leipzig 1913, S. 19.

[36] *Kelsen,* Über Grenzen zwischen juristischer und soziologischer Methode, in: *Klecatsky, Marcic, Schambeck* (Hrsg.), Die Wiener rechtstheoretische Schule, Wien/Frankfurt/Zürich 1968, S. 1ff. (5).

[37] *Kelsen* (o. Anm. 33), S. 841.

[38] Zum Methodendualismus eindrucksvoll auch *Radbruch,* Rechtsphilosophie, 3. Aufl., Leipzig 1932, S. 6ff, in: *ders.,* Rechtsphilosophie, hrsg. v. Wolf/Schneider, 8. Aufl., Stuttgart 1973, S. 93ff. Zu den Rechtstheorien des Neu-

Rechtswissenschaft hat in diesem theoretischen Modell ihre Wurzeln. Eine Kardinalfrage für das Selbstverständnis der Rechtssoziologie ist zunächst, worin jenes „Sein“ besteht, das sie zu untersuchen hat. Kelsen selbst, der ja die Rechtssoziologie nicht ablehnt, aber doch von seiner „Reinen Rechtslehre“ scharf unterscheidet, läßt als legitimes Ziel der Rechtssoziologie nur die Erforschung der „Entstehung und Wirkung von Rechtsnormen, diese als sozialpsychische Tatsachen aufgefaßt“[39], gelten. Damit steht für ihn eindeutig fest, daß nur jene gesellschaftliche Verhaltensregelmäßigkeit, die von *Rechtsnormen* bestimmt wird, Gegenstand der Rechtssoziologie sein kann.

**35** Ein großer Teil der Ehrlichschen Rechtssoziologie wäre für Kelsen also gar keine Rechtssoziologie. Ja die Rechtssoziologie hat häufig, mit Hilfe ihrer auf „Anerkennung“ oder „Zwang durch einen eigens dafür eingesetzten Stab“ gründenden Abgrenzungskriterien ihr „Sein“, also ihren Gegenstandsbereich „Recht“, sehr viel weiter interpretiert als die Juristen ihnen zubilligen wollten. Erwähnt sei nur Max Weber (1864–1920), der die „Brüderliche Vermahnung, welche in manchen Sekten als erstes Mittel sanften Zwangs gegen den Sünder üblich war“[40], als Recht und damit Gegenstand der Rechtssoziologie ansieht, ebenso wie den „psychischen Zwang durch die eigentlichen kirchlichen Zuchtmittel“[41].

**36** Die Rechtssoziologie beschränkt sich also nicht nur auf den Seinsaspekt dessen, was der Jurist unter seinem Sollensaspekt behandelt, nämlich der (staatlichen) Rechtsnorm. Sie betrachtet es häufig als eine Folge ihrer Unabhängigkeit als wissenschaftlicher Disziplin, daß sie ihren Forschungsgegenstand selbst bestimmt und daß dieser gewöhnlich umfassender ist als es einer bloßen Hilfswissenschaft für die Jurisprudenz zukäme.

**37** Neben dieser horizontalen Ausweitung des zu erforschenden „Seins“ steht noch eine andere Überschreitung des Seinsbereichs

---

kantianismus vgl. die Übersicht bei *Zippelius,* Das Wesen des Rechts, Eine Einführung in die Rechtsphilosophie, 4. Aufl., München 1978, S. 18ff.

[39] *Kelsen* (o. Anm. 33), S. 875.

[40] *Max Weber,* Wirtschaft und Gesellschaft, 5. Aufl., Tübingen 1980, S. 18.

[41] O. Anm. 40.

von Rechtsnormen. Die Rechtssoziologie untersucht selbstverständlich nicht nur Akte der Rechtsbefolgung, sondern auch (und häufig in erster Linie) Akte des Rechtsungehorsams[42]. Vor allem die Kriminalsoziologie hat (von der Rechtsnorm) abweichendes Verhalten zu ihrem Gegenstand. Daß die Rechtssoziologie damit den Zusammenhang von Recht *und* Unrecht zu ihrem Gegenstand machen mußte, „Recht" als diese Disjunktion bezeichnet, hat mehr als nur terminologische Konsequenzen. Gerade die neuere Rechtssoziologie hat deutlich gemacht, „daß Recht nur dann vollständig verwirklicht ist, wenn es sich gegenüber verwirklichtem Unrecht realisiert"[43], oder kriminalsoziologisch etwas salopp formuliert, daß Verbrechen für den Erhalt der Ordnung notwendig sind. Das Recht ist nur dann wirksam, wenn es ständig seinen Geltungsanspruch gegenüber Unrecht ausdrücklich geltend machen kann. So wird zu einem Problem für die Rechtssoziologie, ob möglicherweise in einem gewissen Umfang von den Instanzen sozialer Kontrolle immer kriminalisiert werden *muß* (Problem der „Marginalisierung").

### b) Die Bedeutung von „Sollen"

Aber gehen wir nun über zum *Sollen* als dem Gegenstand der 38
normativen Rechtswissenschaft (und auch der Rechtsphilosophie). Fragen wir, was das „Sollen" genauer bedeuten kann. Man kann sich gegenüber dieser Frage auf den Standpunkt stellen, das „Sollen" sei nicht näher zu erklären, es sei unserem Bewußtsein vielmehr unmittelbar gegeben[44], es sei ein nicht zu definierender „Denkmodus wie das Futurum und das Präteritum"[45]. Wo man

[42] Daß auch für das philosophische Verständnis des Rechts dessen permanente Reaktion auf Rechtsungehorsam von besonderer Bedeutung ist, belegt eindrucksvoll *Hegel,* Grundlinien der Philosophie des Rechts (1820), bes. § 97., (o. Anm. 16), S. 185f. Dazu *Seelmann,* Hegels Straftheorie in seinen Grundlinien der Philosophie des Rechts, JuS 1979, S. 687ff.

[43] *Zielcke,* Die symbolische Natur des Rechts. Analyse der Rechtssoziologie Niklas Luhmanns, Berlin 1980, S. 108.

[44] *Kelsen,* Reine Rechtslehre, S. 5.

[45] *Simmel,* Einleitung in die Moralwissenschaft I, Berlin 1892, S. 8ff.

dagegen versucht, das „Sollen" näher zu bestimmen, geschieht dies häufig durch das „Wollen". Was aus der Sicht des Wollenden selbst ein Wollen sei, nehme sich aus der Sicht dessen, von dem etwas gewollt wird, als „Sollen" aus. Die Erklärung des „Sollens" als eines Imperativs muß das Wollen eines Befehlenden unterstellen. Man kann das „Sollen" aber auch deuten als eine bestimmte Form des Erwartens von Handlungen anderer. Im Gegensatz zu Erwartungen, die bei Enttäuschung geändert werden, würde sich das „Sollen" als Erwartung dadurch auszeichnen, daß an der Erwartung trotz Enttäuschung im Einzelfall insgesamt doch festgehalten wird.

**39** Das „Sollen" auf ein „Wollen" oder ein „Erwarten" zurückzuführen schöpft nun allerdings dessen Sinn, wie man rasch erkennen kann, nicht aus. Das spezifisch rechtliche „Sollen" als Sinn eines Willensaktes besteht schließlich auch objektiv dann noch weiter, wenn dieser Willensakt nicht mehr existiert – etwa, wenn die Menschen, die einem Gesetzgebungsorgan angehört haben, längst gestorben sind. Der Begriff der „Norm" sucht eben dieses Abgelöstsein des „Sollens" von einem bestimmten „Wollen" oder „Erwarten" zu erfassen.

### 4. Recht als Gesamtheit von Normen

**40** Aus diesem genannten Grund dürfte die Auffassung so verbreitet sein, daß es sich beim Recht – zumindest beim objektiven Recht – um eine Gesamtheit von Normen (oder auch „Rechtssätzen", was häufig synonym zu Normen verwendet wird) handelt[46]. Wodurch solche Rechtsnormen sich von Normen anderer Art, etwa denen der Moral, unterscheiden sollen, wird in späteren Kapiteln noch anzusprechen sein. Unabhängig von solchen Recht/Moral-Differenzierungen ist nämlich bereits umstritten, wie Rechtsnormen formell näher zu bestimmen sind.

---

[46] *Engisch,* Auf der Suche nach der Gerechtigkeit. Hauptthemen der Rechtsphilosophie, München 1971, S. 26 meint gar: „Übereinstimmung dürfte darüber herrschen, daß das objektive Recht ein Inbegriff von untereinander zusammenhängenden Rechtssätzen ist."

**a) Imperativentheorie: Pro und Contra**

Häufig vertreten wird die sogenannte „Imperativentheorie“[47]. 41
Danach sind Rechtsnormen Imperative, also Befehle, Gebote und Verbote gegenüber dem einzelnen Bürger oder gegenüber staatlichen Organen, ohne daß dem individualisierbare Wollenssubjekte gegenüberstünden.

Gegen diese „Imperativentheorie“ sind häufig gewichtige Ein- 42
wände erhoben worden. So wurde etwa darauf hingewiesen, daß die Rechtsordnung neben eindeutigen Imperativen ja auch ganz andere Sätze enthalte, z. B. Definitionen (vgl. etwa § 90 BGB). Vor allem könne mit einer „Imperativentheorie“ aber das Vorhandensein von rechtlichen Gewährungen und Erlaubnissen nicht erklärt werden. Man denke nur an die Befugnis, die sich z. B. aus dem Notwehrrecht ergibt oder an die subjektiven Rechte.

Den Vertretern der Imperativentheorie erscheinen diese Ein- 43
wände nicht stichhaltig. Das Vorhandensein von Definitionen etwa läßt sich dadurch mit der Theorie vereinbaren, daß man selbständige von unselbständigen Rechtsnormen unterscheidet und Definitionen zu unselbständigen, die Imperative nur ergänzenden Sätzen zählt. Befugnisse und subjektive Rechte können auf zweierlei Weise in die „Imperativentheorie“ eingebaut werden: Entweder man hält nur die staatlichen Organe für Empfänger von Imperativen – dann wären subjektive Rechte nichts anderes als die Folge von Befehlen gegenüber diesen Organen[48], solche Rechte zu gewähren. Oder aber man versteht Gewährungen ganz allgemein als „Reflexe“ von Geboten und Verboten (an andere)[49].

Neben der „Imperativentheorie“ gibt es noch eine Reihe anderer 44
Begriffsbestimmungen des Rechts, die gleichwohl von der Rechtsnorm ihren Ausgang nehmen. Für sie ist aber teilweise kennzeichnend, daß sie bei der Erläuterung des Begriffs der

[47] *J. Austin,* Lectures on Jurisprudence or the Philosophy of Positive Law, Bd. 1, S. 88f. („Every law or rule . . . is a command“.)

[48] *Mayer,* Rechtsnormen und Kulturnormen, Breslau 1903, S. 4f., 13, 35, 41; Kritik bei *Thon,* Der Normenadressat, in: Iherings Jahrbücher für die Dogmatik des bürgerlichen Rechts Bd. 50 (1906), S. 12ff.

[49] So *Engisch* (o. Anm. 46), S. 47.

Rechtsnorm die Einräumung von Rechten gleichrangig neben befehlsähnliche Gebote und Verbote stellen. Das allen Rechtsnormen möglicherweise Gemeinsame wird dann mitunter in einer andern Eigenschaft gesucht. Für Kelsen etwa gibt es unter den Rechtsnormen nicht nur Imperative, sondern auch Erlaubnisse und Ermächtigungen. Gemeinsam ist ihnen zum einen, daß sie einem Akt, einem Ereignis, eine rechtliche Bedeutung verleihen (Norm als „Deutungsschema")[50]. Ähnliches meint Larenz, wenn er darauf hinweist, daß z. B. beim Eigentum der „Zuweisungsgehalt" und die „Ausschlußfunktion" gegenüber anderen sich wechselseitig bedingten, die eine Seite nicht allein ein „Reflex" der anderen sei[51]. Vielmehr seien Rechtsnormen „Bestimmungssätze", sie legten fest, daß etwas sein solle, gelte, sei dies nun ein Gebot oder eine Erlaubnis[52]. Daneben sieht Kelsen eine Gemeinsamkeit von Rechtsnormen aber auch darin, daß sie nur vollständig sind, wenn sie Sanktionen für den Fall des Verstoßes anordnen, d. h. Sanktionen gebieten oder zu ihnen ermächtigen[53].

**45** Demgegenüber gehen andere Autoren wie etwa H. L. A. Hart in der Trennung der beiden Normtypen noch weiter und leugnen prinzipiell eine Gemeinsamkeit zwischen Handlungsanweisungen („primären Normen") auf der einen Seite und der Übertragung privater und öffentlicher Befugnisse („sekundärer Normen")[54] auf der anderen. Gegen Versuche wie den von Kelsen, den Gegensatz zwischen primären und sekundären Normen durch den Aspekt der Anordnung von Sanktionen zu überbrücken, wendet Hart mit Recht ein, daß die Sanktion als etwas, das erst bei Ungehorsam gegen die Norm erfolgt, also nur ein Hilfsmittel sei, nicht zur Erklärung der Norm hinreicht[55].

---

[50] *Kelsen* (o. Anm. 44), S. 73.

[51] *Larenz,* Methodenlehre der Rechtswissenschaft, S. 254.

[52] *Larenz* (o. Anm. 51), S. 256f.

[53] *Kelsen* (o. Anm. 44), S. 35, 124.

[54] *Hart* (o. Anm. 9), S. 77ff., in der dt. Übers. S. 115ff.

[55] *Hart* (o. Anm. 9), S. 38ff., in der dt. Übers. S. 61ff. Vgl. im übrigen zur Kritik Harts an der Imperativentheorie ausführlich *ders.* (o. Anm. 9), S. 34ff. und zur Unterscheidung auch der „primären Normen" von Imperativen bes. S. 76ff.

**b) Rechtsrealismus**

Verbleibt so bei den bisher genannten Autoren als unbestrittenes gemeinsames Strukturmerkmal aller Rechtsnormen noch das „Gesolltsein" der Norm, so entfernt sich der sogenannte „Rechtsrealismus" – wenngleich auch auf der Basis einer Recht*norm*lehre – noch weiter von der Imperativentheorie: Er versucht zu ergründen, was dieses Sollen denn *faktisch* bedeutet. **46**

Karl Olivecrona aus der Schule des skandinavischen Rechtsrealismus kritisiert die Vorstellung vom Imperativ mit Befehlendem und Adressaten als metaphysisch. Mit Hilfe sprachanalytischer Überlegungen gelangt er zu dem Ergebnis, die *Form* des Imperativs täusche nur darüber hinweg, daß Rechtsnormen in Wahrheit nichts vorschrieben, keine Willensäußerungen seien, sondern bereits selbst Wirkungen erzielten. Ohne einen Befehlenden veränderten Rechtsnormen durch ihren suggestiven Einfluß das Verhalten der Menschen. Olivecrona spricht deshalb von „freistehenden Imperativen" („independent imperatives")[56]. **47**

Interpretiert Olivecrona damit ein (scheinbares) Sollen in ein Bewirken um, so geht O. W. Holmes, ein Vorläufer des amerikanischen Rechtsrealismus, noch weiter: „The prophecies of what the courts might will do in fact, and nothing more pretentious, are what I mean by law"[57]. In diesem Normverständnis der Rechtsrealisten erscheint das Recht als eine soziale *Tatsache* und nicht mehr als ein von sozialen Tatsachen prinzipiell zu unterscheidender Willensakt[58]. **48**

Diese Ausweitung des Rechtsbegriffs über den Komplex von Normen im Sinne von Sollensanweisungen hinaus verdankt sich **49**

---

[56] *Olivecrona,* Law as Fact, S. 130ff. Zum skandinavischen Realismus ausführlich *J. Bjarup,* Skandinavischer Realismus, Freiburg 1978.

[57] *O. W. Holmes,* The Part of the Law, Harvard Law Review 10, S. 457. So auch *A. Ross,* On Law and Justice, London 1958, S. 41, allerdings in Bezug auf die Sätze der Rechtswissenschaft.

[58] Für *Naucke,* Rechtsphilosophische Grundbegriffe, 2. Aufl., Frankfurt a.M. 1986, S. 66ff. ist bereits *Machiavelli* (1469–1527) der Ahnherr des „Rechtsrealismus", bemüht er sich doch um eine Rechtslehre „nur gegründet auf die Erfahrungen, die die Menschen im Umgang miteinander gemacht haben".

insbesondere zwei Einwänden gegenüber einer Gleichsetzung von Recht und Rechtsnorm: Es ist heute verbreitete Auffassung, daß tatsächliches soziales Verhalten nicht nur die Wirksamkeit, sondern auch die Geltung (den Sollensaspekt) der Norm beeinflußt: Eine Norm, an die sich nur wenige halten, gilt nicht. Holmes' Hinweis auf das Verhalten der Gerichte macht zudem deutlich, daß nicht nur die generelle (gesetzliche oder gewohnheitsrechtliche) Rechtsnorm, sondern auch Richtersprüche zum „Recht" gehören.

**c) Geltung und Wirksamkeit**

**50** Während sich der letzte Einwand noch in eine reformulierte Rechtsnormtheorie einpassen ließe (Richtersprüche als Normkonkretisierungen), ist die Verquickung der Geltung mit der Wirksamkeit für das Verständnis von Recht als Gesamtheit von Normen wesentlich problematischer. Auf sie ist deshalb genauer einzugehen.

**51** Wie soll das Verhältnis von Wirksamkeit und Geltung genauer beschaffen sein? Die korrekte Bestimmung des Verhältnisses ist nach Kelsens Auffassung „eines der wichtigsten und zugleich schwierigsten Probleme" der Rechtstheorie[59]. Die klassische Formulierung Kelsens, hinter die, soweit ersichtlich, selten jemand[60], der sich mit der Geltung des Rechts beschäftigt hat, zurückgegangen ist, lautet wie folgt: „Eine Norm, die nirgends und niemals angewendet und befolgt wird, d. h. eine Norm, die – wie man zu sagen pflegt – nicht bis zu einem gewissen Grade wirksam ist, wird nicht als gültige Rechtsnorm angesehen. Ein Minimum an sogenannter Wirksamkeit ist eine Bedingung ihrer Geltung"[61].

---

[59] *Kelsen* (o. Anm. 44).

[60] Vgl. aber *Lippold,* Geltung, Wirksamkeit und Verbindlichkeit von Rechtsnormen, Rechtstheorie 19 (1988), S. 463 (465), der Geltung ohne jede Abhängigkeit von der Wirksamkeit allein als „Zugehörigkeit . . . zu einer bestimmten Normenordnung" definiert, damit aber auch das Recht vergangener Zeiten und die Befehle des Räuberhauptmanns als geltendes Recht bezeichnen muß. Das ist ein Definitionsvorschlag, der wenig praktikabel erscheint, wenn es um ein Verständnis des Spezifikums rechtlicher Normen geht.

[61] *Kelsen* (o. Anm. 44), S. 10.

Was es nun heißen soll, daß Wirksamkeit „Bedingung" für die Geltung sei, und zwar ein „Minimum" an Wirksamkeit, kann nicht geklärt werden, ohne daß die beiden Begriffe der „Geltung" und „Wirksamkeit" selbst hinreichend umrissen werden.

Bei der Bestimmung dessen, was *Wirksamkeit* bedeute, unter- 52
scheidet sich Kelsen kaum von dem, was auch gängigerweise unter diesem Begriff verstanden wird: tatsächliche Anwendung der Norm durch die Rechtsorgane und tatsächliche Befolgung durch die der Rechtsnorm unterworfene Subjekte[62]. Im Ergebnis dasselbe ist gemeint, wenn man heute allgemein davon spricht, daß staatliche Instanzen die generelle Chance der Durchsetzbarkeit der Norm garantieren müßten und daß in der Rechtsgemeinschaft die Neigung vorhanden sein müsse, die Norm im Durchschnitt aller Fälle zu befolgen[63].

Als *Geltung* bezeichnet Kelsen die spezifische Existenz der 53
Rechtsnorm[64]. Diese Auffassung hat weit mehr Widerspruch hervorgerufen als Kelsens Begriff der Wirksamkeit. Ist nämlich Gelten einfach die für Rechtsnormen typische Existenzweise, so läßt sich auf die Frage, warum denn eine Rechtsnorm gelte, d. h. warum sie Befolgung fordere, nur antworten, weil es eben in der Natur der Norm liege, Befolgung zu fordern. In der Tat will Kelsen, indem er eine hypothetische Grundnorm postuliert, die allen Normen als Geltungsgrund vorausgesetzt ist, jedem Weiterfragen nach einem *inhaltlichen* Geltungsgrund den Boden entziehen[65]. Dies geschieht freilich nicht willkürlich, sondern Kelsen sucht damit eine Lösung für das Dilemma eines unendlichen Begründungsregresses anzugeben, der sich natürlich auch anders umgehen läßt: Durch Annahme eines naturrechtlichen oder sonstwie unbezweifelbaren Geltungsgrundes (auch durch ihn wird an

---

[62] *Kelsen* (o. Anm. 44), S. 11.

[63] Zum objektiven Aspekt der Wirksamkeitsproblematik unten § 3.1, zum subjektiven Aspekt („Anerkennungstheorie") *Bierling*, Juristische Prinzipienlehre Bd. 1, Freiburg i. Br./Leipzig 1894, S. 19.

[64] *Kelsen* (o. Anm. 44), S. 215.

[65] Vgl. *Kelsen* (o. Anm. 44), S. 5: Der Unterschied von Sein und Sollen sei „unserem Bewußtsein unmittelbar gegeben".

irgendeiner Stelle durch Setzung einer Norm die Suche nach einem weiteren Geltungsgrund abgebrochen) oder durch Rückführung der Geltung ausschließlich auf die Wirksamkeit. Letzteres geschähe etwa, wenn man die zwangsweise Durchsetzbarkeit als „Geltungsgrund" für Rechtsnormen heranziehen wollte anstatt nur als Umschreibungen für die Voraussetzungen der „Wirksamkeit"[66]. Näher an Kelsens Intentionen bleibt man, wenn man unter Geltung einer Norm versteht, daß der Adressat „einen Grund zu ihrer Befolgung hat"[67].

**54** Wenn man nun heute üblicherweise im Gefolge Kelsens die Wirksamkeit zu einer Bedingung für die Geltung macht, so reißt man dadurch die Unterscheidung zwischen beiden Begriffen nicht wieder ein. Man unterscheidet weiterhin zwischen dem *Grund* der Geltung in der vorausgesetzten Grundnorm und der *Bedingung* der Geltung in der Wirksamkeit. Wirksamkeit wird also nicht zum alleinigen Geltungsgrund. Man kann dies leichter verständlich so ausdrücken: Geltungsgrund und Wirksamkeit sind zwei jeweils für sich notwendige, aber nicht hinreichende Bedingungen für die Geltung einer Rechtsnorm. Wirksamkeit ist, ebenso wie die Tatsache der Setzung, eine Bedingung aus dem Bereich des Tatsächlichen, der Geltungsgrund ist normativer Art, er besagt, warum eine Norm befolgt werden *soll*.

**55** Wenn Kelsen nun für die Geltung nicht Wirksamkeit schlechthin, sondern ein „Minimum an Wirksamkeit" fordert, so dürfte es sich hierbei in erster Linie um ein terminologisches Problem handeln. Während heute Wirksamkeit schon so definiert wird, daß sie (nur) eine „generelle Chance" der Durchsetzbarkeit der Norm bietet, eine Neigung, die Norm „im Durchschnitt aller Fälle zu befolgen", so meint Kelsen mit dem „Minimum" an Wirksamkeit eben das, was man heute üblicherweise als „Wirksamkeit" bezeichnet, nähmlich daß das menschliche Verhalten der Norm „bis zu einem gewissen Grade" entspricht.

---

[66] Dazu *Welzel,* An den Grenzen des Rechts. Die Frage nach der Rechtsgeltung, Köln/Opladen 1966, S. 8ff.

[67] *Hoerster,* Zum Problem einer absoluten Normgeltung, in: *H. Mayer* (o. Anm. 20), S. 255ff.

### 5. Recht als soziale Ordnung

Ist somit das Verhalten der Rechtsunterworfenen und der Rechtsorgane, als Grundlage der Wirksamkeit, auch für ein Verständnis des Rechts als einer Gesamtheit von Normen eine notwendige Bedingung, so verweist eben dieses Verständnis von Recht als einer Normengesamtheit über sich selbst hinaus auf ein Verständnis von Recht als sozialer Ordnung. Man gelangt damit notwendig in den Bereich des traditionellen soziologischen Rechtsbegriffs. Auf diesen kann hier in einer Einführung in die *Rechtsphilosophie* nur kurz eingegangen werden. Der Rechtssoziologe Theodor Geiger, der in der Tradition des skandinavischen Rechtsrealismus stand, bezeichnete als Recht nicht etwa eine Gesamtheit von Normen, sondern ein soziales *Ordnungsgefüge,* eine durch Normen abgesicherte soziale Gewohnheit, die sich durch besondere Eigenschaften von anderen sozialen Ordnungen unterscheide[68]. Die Vorstellung vom Recht als einer sozialen Ordnung, als einer Verhaltensregelmäßigkeit, in welcher Normen allenfalls *ein* Element darstellen, ist in der Rechtssoziologie weit verbreitet. Schon einer ihrer Begründer, der bereits zitierte Eugen Ehrlich, hat das Recht als eine Ordnung beschrieben, eine faktische Organisation[69]. Recht sei eine Ordnung, der sich die große Masse füge, weil sie fühle, daß es ihre Ordnung sei[70]. Auch für Max Weber ist Recht in erster Linie eine Ordnung im Sinne einer Verhaltensregelmäßigkeit. Anders als bei Ehrlich zeichnet sich diese Ordnung bei Max Weber aber dadurch aus, daß sie durch die Chance des Zwangs garantiert wird[71]. 56

Selbst unter den Rechtsphilosophen aber gibt es Vertreter einer Gleichsetzung von Recht und „sozial tatsächlicher" Rechtsordnung. Rechtsnormen, so meint etwa Santi Romano, seien etwas bloß Sekundäres bei der Erläuterung des Rechts. „Es sind die 57

[68] *Geiger,* Vorstudien zu einer Soziologie des Rechts; hrsg. v. Maus/Fürstenberg, S. 43.
[69] *Ehrlich* (o. Anm. 35), S. 46.
[70] *Ehrlich* (o. Anm. 35), S. 61.
[71] *Max Weber* (o. Anm. 40), S. 17.

zahlreichen Mechanismen und Beziehungen in ihrer Beziehung von Überordnung und Gewalt, die Rechtsnormen schaffen, ändern, anwenden und sichern"[72]. Auch wo Recht als System normbezogener Prozeduren verstanden wird[73], überwiegt der Gedanke vom sozialen Ordnungsgefüge gegenüber dem von der Normengesamtheit.

58 Der Bestimmung des Rechts als sozialer Ordnung ist zuzugestehen, daß man häufig nicht nur an Normen denkt, wenn man vom „deutschen Recht" oder vom „französischen Recht" spricht, sondern damit auch die Rechtswirklichkeit meint, das bestimmten Regeln folgende Handeln von staatlichen Organen oder Privatpersonen. Über die Wirksamkeit als Bedingung der Geltung ist ein rechtstatsächlicher Rechtsbegriff ohnehin auch für das Verständnis des Rechts als Normengesamtheit unerläßlich. Ein solches Voraussetzungsverhältnis gilt allerdings auch in umgekehrter Richtung: Eine Bestimmung des Rechts ausschließlich aus dem Gesichtspunkt einer „sozialen Ordnung" wäre selbst in sich nicht stimmig. Gegenüber einem Rechtsbegriff, der das normative Element gänzlich auszuklammern versucht[74], muß eingewendet werden, daß sich rechtliches Verhalten von sonstwie geartetem sozialen Verhalten nur abgrenzen läßt, wenn man auf den genaueren Charakter der *Normen* abstellt, die das jeweilige Verhalten regeln.

### 6. Recht als Verhältnis zwischen Menschen

59 Da Recht als Gesamtheit von Normen, (also Recht reduziert auf den Aspekt des Geltens) und Recht als soziale Ordnung (also Recht reduziert auf tatsächliche Verhaltensregelmäßigkeit) schon je für sich nur einen verständlichen Sinn durch Verweisung auf die jeweils andere Seite gewinnen, liegt die Suche nach einer Begriffs-

---

[72] *Santi Romano,* Die Rechtsordnung (1918), dt. Übers. v. Daum, hrsg. v. Schnur, Berlin 1975, S. 23.

[73] *Alexy,* Die Idee einer prozeduralen Theorie der juristischen Argumentation, Rechtstheorie, Beiheft 2 (1981), S. 177ff.

[74] Zu diesen Lehren insbesondere bei *Lundstedt* und *Holmes,* vgl. *Lukic,* Der soziologische Rechtsbegriff, ARSP, Beiheft 13 (1980), S. 71ff. (72ff.).

explikation nahe, die nach Möglichkeit beide Elemente in eine nähere Beziehung zueinander bringt und nicht nur ihre jeweilige Ergänzungsbedürftigkeit konstatiert. Beide Elemente werden näher verbunden in einem Verständnis von Recht als einem bestimmten Verhältnis zwischen Menschen[75]. Ein solches Verhältnis ist ein Faktum in der empirischen Welt. Ist dieses Verhältnis nun in irgendeiner Weise vorgängig strukturiert, also nicht dem Zufall und damit auch dem zufälligen Willen der Beteiligten anheimgegeben, so wird es durch ein normatives Konzept gesteuert oder zumindest daran gemessen. Es enthält so deskriptive *und* normative Elemente.

Das Verständnis vom Recht als Verhältnis zwischen Menschen **60**
kann freilich in unterschiedlichem Ausmaß durch inhaltliche Voraussetzungen ausgefüllt werden. Insbesondere die Frage, ob und ggf. in welchem Ausmaß der Begriff der *Freiheit* für solche Verhältnisbestimmungen notwendig erscheint, wird kontrovers erörtert. Im folgenden sei zunächst auf ein aktuelles Beispiel eines solchen Verständnisses von Recht als Verhältnis zwischen Menschen unter Aussparung des Freiheitsbegriffs hingewiesen (a), um dann zwei klassische freiheitsorientierte Modelle (b und c) gegenüberzustellen.

#### a) Luhmanns These vom Recht als Erwartungsbeziehung

Das Rechtsverhältnis spielt heute insbesodere in der Rechtstheo- **61**
rie Luhmanns als Ausgangspunkt für die Begriffsbestimmung eine bedeutende Rolle. Für Luhmann besteht in Anknüpfung an Parsons das Recht in „kongruent generalisierten normativen Verhaltenserwartungen“[76]. Er sieht also als Grundlage des Rechts ein bestimmtes Verhältnis der Menschen zueinander: Menschen erwarten etwas voneinander, sie erwarten auch, daß der jeweils andere etwas von ihnen erwartet und sogar, daß der andere eine bestimmte Erwartung von ihnen erwartet und so fort. Erwartun-

[75] Überlegungen dazu auch bei *Achterberg,* Rechtsverhältnisse als Strukturelemente der Rechtsordnung, Rechtstheorie 9 (1978), S. 385ff.

[76] *Luhmann,* Rechtssoziologie I, S. 99; zur Herleitung des Rechtsbegriffs aus Erwartungen auch *Dux,* Rechtssoziologie, Stuttgart 1978, S. 30ff., 129ff.

gen, die gegeneinander gehegt werden, sind nach Luhmann dann „normativ", wenn sie im Enttäuschungsfall dennoch festgehalten werden, wenn nicht, was die gegenteilige Möglichkeit wäre, der Erwartende im Fall der Enttäuschung seine Erwartung ändert, d. h. „lernt"[77].

62 Das Recht setzt danach also Erwartungen voraus, die über den Enttäuschungsfall hinaus inhaltlich unverändert bleiben, Erwartungen, an denen man auch dann festhält, wenn sie nicht erfüllt werden. Damit von Recht gesprochen werden kann, müssen diese Erwartungen aber für Luhmann in drei Dimensionen „generalisiert" werden: zeitlich, sozial und sachlich[78]. Sie müssen über einen bestimmten Zeitraum hinweg stabil gehalten werden, sie müssen institutionalisiert, d. h. durch erwarteten Konsens Dritter gestützt werden, und sie müssen in ihrer inhaltlichen Komplexität reduziert werden, z. B. durch ein Abstellen auf soziale Rollen. Dieses Modell verweist also in mehrfacher Hinsicht auf Abstraktionsleistungen des Rechts[79]. So werden z. B. Veränderungen in der Zeit bis zu einem gewissen Grad durch normatives Erwarten ausgeblendet. Außerdem wird in der Erwartung von Erwartungen normativ nurmehr das in Anspruch genommen, was man den anderen zubilligt und der Inhalt der Erwartungen wird gleichgültig, solange sie nicht die Erwartungskompetenz des anderen beschneiden. An konkreten Personen oder individuellen Bedürfnissen ausgerichtete Erwartungen werden durch das Abstellen auf soziale Rollen einerseits eingeschränkt und andererseits übertragbar.

63 Im Begriff des Erwartens als eines sozialen Faktums liegt der soziologische Kern des Luhmannschen Rechtsbegriffs, aber schon in eben diesem Erwarten steckt auch – anders als in der „Verhaltensregelmäßigkeit" der traditionellen Rechtssoziologie – ein normativer Aspekt (eine Situation *soll* anders sein als sie tatsächlich ist). Der normative Aspekt wird noch dadurch ausgeweitet, daß

---

[77] *Luhmann* (o. Anm. 76), S. 43.
[78] *Luhmann* (o. Anm. 76), S. 51 ff., 94 ff.
[79] Dazu *Zielcke* (o. Anm. 43), S. 108.

die Erwartungen „generalisiert" werden müssen – und eben dies geschieht notwendig durch „Normen". So gesehen sind tatsächlich beide traditionellen Aspekte des modernen Rechtsbegriffs hierin enthalten. Aber wie steht es um die Erhaltung der *Erwartungskompetenz*? Luhmann geht darauf nicht näher ein. Dahinter dürfte sich allerdings jenes Element der klassischen „Rechtsverhältnis"-Lehren verbergen, das dort als „Freiheit" erscheint.

### b) Kants Rechtsbegriff der Freiheitsoptimierung

Der „Begriff des Rechts" bedeutet für Kant (1724–1804) das **64**
„praktische Verhältnis einer Person gegen eine andere"[80]. Erinnert sei an Kants bereits früher zitierte Definition: „Das Recht ist also der Inbegriff der Bedingungen, unter denen die Willkür des einen mit der Willkür des anderen nach einem allgemeinen Gesetze der Freiheit zusammen vereinigt werden kann"[81]. Wollen Menschen zusammenleben und dennoch ein Maximum an Freiheit (Kant meint an dieser Stelle – anders als an vielen anderen Stellen – die i. S. der Philosophie des deutschen Idealismus „äußere Freiheit", die Freiheit vom äußeren Zwang) bewahren, so ist dies nur möglich durch sichernde äußere Bedingungen. Diese Sicherung der äußeren Bedingungen von Freiheit wäre sogar dann noch nötig, wenn alle mit bestem Willen handeln würden – auch solche Handlungen können in ihrem Resultat freiheitswidrig sein. Die äußeren Bedingungen müssen – als Regulierungsinstanz von Kollisionen – die Freiheitssphären der einzelnen gegeneinander abgrenzen.

Welches sind aber diese Bedingungen? Unbeschränkte äußere **65**
Freiheit steht immer unter der Gefahr der Vernichtung dieser Freiheit durch einen der Beteiligten[82]. Man muß also, will man Frei-

---

[80] *Kant,* Metaphysik der Sitten (1797), Einleitung in die Rechtslehre, § B (o. Anm. 4), S. 337.

[81] *Kant* (o. Anm. 4). Vgl. bereits *Hobbes,* Leviathan (1651), Kap. 14., English Works vol. 3, Edition Molesworth, London 1839, 2. Nachdruck Aalen 1966, S. 118; dt. Übers. v. Euchner, hrsg. v. Fetscher, Neuwied/Berlin 1984, S. 99: „Jedermann . . . soll sich mit so viel Freiheit gegenüber anderen zufrieden geben, wie er anderen gegen sich selbst einräumen würde."

[82] Dazu *Höffe,* Immanuel Kant, 2. Aufl., München 1988, S. 215.

heit in Gemeinschaft widerspruchsfrei denken, die Möglichkeit des Zwangs durch eine Instanz mitdenken, die einerseits ein Gewaltmonopol besitzt, die sich aber andererseits an der Verallgemeinerbarkeit („allgemeines Gesetz“) der Prinzipien ihrer Handlungen orientiert. Die Zwangsbefugnis ist also für Kant die Voraussetzung für rechtliche Freiheit.

**66** Kant klammert alle inhaltlichen Zwecke der Menschen, die über den Erhalt dieser äußeren Freiheit hinaus gehen, aus dem Rechtsbegriff aus – ganz anders als das traditionelle Naturrecht auch noch der Neuzeit. Die Notwendigkeit dieser äußeren Freiheit wird nun zwar nicht als solche voraussetzungslos postuliert, sondern durchaus auf einen Begriff emphatischer Freiheit i. S. von Selbstgesetzgebung zurückgeführt, wenngleich diesem in der Rechtslehre als solcher keine unmittelbare Bedeutung zukommt. Der emphatische Freiheitsbegriff wirkt sich allerdings insoweit auf die Rechtslehre aus, als diese von einem durch die praktische Vernunft postulierten ursprünglichen Aneignungsrecht ausgeht[83], aus dem die Notwendigkeit der Sphärenabgrenzung äußerer Freiheit erst folgt. Recht hat so nach Kant zwar seine Geltungsvoraussetzung, nicht dagegen seinen Inhalt in einem als Autonomie verstandenen Begriff von Freiheit: Es ist eine Verpflichtung der Vernunft, sich am positiven (nicht notwendig vernünftigen) Recht zu orientieren[84].

**67** Kants aus dem Freiheitsbegriff deduzierter Rechtsbegriff setzt allerdings die Einsicht in die Notwendigkeit eben dieser Begründung voraus. Er ist in diesem Sinne „naturrechtlich“, enthält ein begründungsbedürftiges Richtigkeitskriterium. In Ansehung seiner Rechtslehre könnte man dieses Kantische Richtigkeitskriterium konkretisieren auf die Postulate des „Verallgemeinerungs-

---

[83] Näher *Bartuschat,* Praktische Philosophie und Rechtsphilosophie bei Kant, Philosoph. Jahrbuch 99 (1987), S. 24ff. (30f.); *ders.,* Zur Deduktion des Rechts aus der Vernunft bei Kant und Fichte, in *Kahlo*/E. A. *Wolff*/*Zaczyk* (Hrsg.), Fichtes Lehre vom Rechtsverhältnis. Die Deduktion der §§ 1–4 der Grundlage des Naturrechts und ihre Stellung in der Rechtsphilosophie, Frankfurt a. M. 1992, S. 173ff. (178ff.).

[84] Näher zu diesem Zusammenhang in der neueren Forschung zu Kants Rechtslehre *Küsters,* Kants Rechtsphilosophie, Darmstadt 1988, bes. S. 61ff.

prinzips"[85] und des „Prinzips der universalen Konsensfähigkeit"[86], letzteres jedenfalls in seinen Grundzügen. Inwieweit sich die Prinzipien rational begründen lassen, wird erst im Teil B genauer zu untersuchen sein.

### c) Hegels Verständnis von Recht als Anerkennungsbeziehung

Während für Kant das Rechtsverhältnis innerhalb der sozialen **68**
Realität negativ unter dem Gesichtspunkt einer Abgrenzung von Freiheitssphären formuliert wird, finden wir bei Hegel eine stärker positive Bestimmung des Rechts als eines Verhältnisses gegenseitiger Anerkennung als Personen. Im § 36 seiner „Grundlinien der Philosophie des Rechts" (1820) bezeichnet er es als das „Rechtsgebot", eine Person zu sein und die anderen als Personen zu respektieren[87].

Die Identifikation des Rechts mit einer Beziehung gegenseitiger **69**
Anerkennung begegnet bei Hegel schon in seinen frühen Schriften: „Dieß Anerkennen ist das Recht" notiert er an den Rand seines Vorlesungsmanuskripts im Wintersemester 1805/06[88]. Hegel schildert den Prozeß der Anerkennung als einen Kampf[89]: Um seiner selbst gewiß zu werden, muß das Bewußtsein sich in der Vernichtung dessen, was es selbst nicht ist, bestätigen. Es müßte also, um konsequent zu sein, auf die Vernichtung auch eines ande-

---

[85] *R. Dreier,* Rechtsbegriff und Rechtsidee. Kants Rechtsbegriff und seine Bedeutung für die gegenwärtige Diskussion, Frankfurt a. M. 1986, S. 13f.; *Kühl,* Naturrecht und positives Recht in Kants Rechtsphilosophie, in: *R. Dreier* (Hrsg.), Rechtspositivismus und Wertbezug des Rechts, Stuttgart 1990, S. 77.

[86] *Höffe* (o. Anm. 82), S. 230; *Kühl* (o. Anm. 85), S. 77.

[87] *Hegel,* Grundlinien der Philosophie des Rechts (1820), § 36 (o. Anm. 16), S. 95.

[88] *Hegel,* Vorlesungsmanuskript zur Realphilosophie (1805/06), Edition der Rheinisch-Westfälischen Akademie der Wissenschaften Bd. 6, hrsg. v. Düsing/Kimmerle, Hamburg 1975, S. 215.

[89] *Hegel,* Phänomenologie des Geistes (1807), B. IV. A., Werke Bd. 3, Edition Moldenhauer/Michel, S. 145ff. Zu Hegels Anerkennungslehre *Siep,* Anerkennung als Prinzip der praktischen Philosophie. Untersuchungen zu Hegels Jenaer Philosophie des Geistes, Freiburg/München 1979; *Wildt,* Autonomie und Anerkennung. Hegels Moralitätskritik im Lichte seiner Fichte-Rezeption, Stuttgart 1982; *Honneth,* Kampf um Anerkennung. Zur moralischen Grammatik sozialer Konflikte, Frankfurt a. M. 1992.

ren Bewußtseins gehen. Im Kampf erkennt es aber die Einseitigkeit dieses Gedankens. Von einem Toten ist keine Bestätigung zu erwarten. Will es jedoch die Existenz des anderen erhalten, so läuft es Gefahr, versklavt zu werden und dadurch sein Ziel zu verfehlen; macht es selbst den anderen zum Knecht, so erhält es nur eine knechtische Anerkennung. Das Dilemma des Bildes scheint zunächst unaufhebbar, ein „absoluter Widerspruch", wie Hegel meint. Er sucht dann aber den Ausweg in der Gleichheit der Rechtsbeziehung. Die Selbständigkeit kann, das hat der Kampf gezeigt, nicht in der Vernichtung des anderen erlangt werden – vielmehr müssen beide Bewußtseine die Negation an sich selbst vollziehen. Um Selbstzweck zu werden, muß man sich also, in strenger Gegenseitigkeit, auch zum Mittel für den anderen machen. Hegel knüpft mit dieser Konstruktion grundsätzlich an Fichte (1762–1814) an[90], der auch schon die Realität des Rechts aus einer Anerkennungsbeziehung als notwendiger Bedingung bereits des Selbstbewußtseins eines endlichen Individuum zu entwickeln versucht hat.

**70** Gegenüber Kants Voraussetzung des Begriffs der Freiheit für den Begriff des Rechts erheben Fichte und Hegel einerseits den Anspruch, ihren Begriff des Rechts als eines Anerkennungsverhältnisses ohne einen der Anerkennung vorausgesetzten Freiheitsbegriff zu begründen. Die ihrer Argumentation zugrunde liegende heute als „transzendentalpragmatisch" gekennzeichnete Problematik einer „Letztbegründung" wird im Teil B (unter B § 9) im Hinblick auf nichtpositive Richtigkeitskriterien genauer zu erörtern sein. Andererseits versucht insbesondere Hegel aus seiner Anerkennungstheorie in Zusammenhang mit dem Willensbegriff auch eine Kritik an Kants Verständnis der äußeren Freiheit als Grundlage des Rechtsbegriffs herzuleiten. Recht soll sich für Hegel nicht nur am Ziel der Sicherung äußerer Freiheit, sondern auch an der Sorge um die Bedürftigkeit der Individuen orientieren (dazu ausführlich unten § 11).

---

[90] *Fichte,* Grundlage des Naturrechts nach Principien der Wissenschaftslehre, Sämtliche Werke Bd. 3, Edition I. H. Fichte, Berlin 1845/46, Neudruck Berlin 1965, S. 47ff., 85ff.

## 7. Recht als System

Das Phänomen des Rechts hat also, wie sich aus dem bisherigen 71
Überblick entnehmen ließ, etwas zu tun mit einer speziellen Art sozialer Beziehungen zwischen Menschen, die geregelt ist durch Normen und die, über das Zweiermodell hinaus gedacht, als soziale Ordnung verstanden werden kann. Schon für diesen ersten Blick ist noch ein Gesichtspunkt ausdrücklich zu benennen, der bereits in bisherigen Aussagen implicite enthalten war: Man denkt bei Recht an eine gewisse Kohärenz der Teile des Ganzen. Normen, die einander widersprechen, ohne daß etwa eine höherrangige Kollisionsnorm den Vorrang der einen Norm festlegt, können schwerlich etwas bewirken wollen oder gar tatsächlich wirksam sein. Auch eine soziale Ordnung ist nicht denkbar als bloßes Nebeneinander oder gar Gegeneinander von Lebenswelten. Und Kants Verallgemeinerungspostulat zeigt, daß auch beim Versuch der Aufnahme von Postulaten in den Rechtsbegriff dieses Element des Zusammenhangs (unter dem Gesichtspunkt der Gleichbehandlung) unabdingbar ist.

Man hat den Kohärenzaspekt gerne seit dem 18. Jahrhundert 72
unter dem Begriff des „Systems", also des „Rechtssystems", aufgegriffen. Es geht danach beim Recht immer schon um einen systematischen Zusammenhang, sei es von allgemeinen Rechtsgrundsätzen, sei es von Normen. Das zeigt sich ganz praktisch darin, daß die Systematik ein leitendes Auslegungskriterium für einzelne Rechtsnormen ist, wenn hierbei auch meist das Abstellen auf Teilsysteme ausreicht. Im folgenden soll der Gedanke des Rechts als System nur beispielhaft verdeutlicht werden: an der deduktiven Systematik des Naturrechts (a), an der organischen und induktiv-deduktiven Systematik der von ihren Kritikern so genannten „Begriffsjurisprudenz" (b) und am Stufenbau im System der „Reinen Rechtslehre" (c). Auf das Problem der Axiomatisierung von Rechtssätzen zu einem System mit Hilfe der modernen Logik kann nur in einer kurzen Bemerkung hingewiesen werden (d). Recht als System im Sinne der Systemtheorie interessiert erst später im Zusammenhang mit dem Pro-

blem der „autopoiesis" (unten § 3). Selten freilich war in den letzten Jahrhunderten der System-Gedanke nur ein Kohärenz-Gedanke. Er verbindet sich häufig mit der Vorstellung einer nicht allein logisch begründbaren Wahrheit, mit naturrechtlichen Axiomen[91].

### a) Die deduktive Systematik des Naturrechts: Chr. Wolffs Ableitung

**73** Die moderne Naturwissenschaft, so wie sie insbesondere von Francis Bacon (1561–1626) und Galileo Galilei (1564–1642) im 17. Jahrhundert entwickelt wurde, zeichnete sich vor allem durch die Erforschung von Gesetzmäßigkeiten in der Natur aus. Die Rechtsgelehrten jener Zeit zeigten sich von einer solchen Entwicklung fasziniert und suchten die Forschungsmethoden der Naturwissenschaft auf die Gesellschaft zu übertragen. Wie die Naturforscher sich nicht mit dem Aussehen der Körper begnügten, sondern diese in ihre Teile zerlegten, meint Pufendorf (1632–1694), so müsse man auch den moralischen Körper des Staates erforschen[92] und hierbei u. a. den Zustand des Menschen außerhalb jeder Gesellschaft sich vorstellen, sozusagen ehe die Gesellschaft aus den einzelnen Menschen zusammengesetzt werde. Ebenso argumentiert Hobbes (1588–1679) beim Vergleich der menschlichen Gesellschaft mit einer Uhr: Man könnte das Ganze nur verstehen, wenn man die Wirksamkeit der einzelnen Teile kenne[93]. Dies führt zur Theorie des Gesellschaftsvertrages als einer hypothetischen Konstruktion: Gemeinschaften legitimieren sich daraus, daß sie den Bedürfnissen oder den Willen der Individuen entsprechen. Die darin enthaltene Vorstellung eines notwendigen systematischen Zusammenhangs der Teile eines Ganzen ist aber auch

---

[91] Aufschlußreich hierzu *Gagnér,* Zur Methodik neuerer rechtsgeschichtlicher Untersuchungen I. Eine Bestandsaufnahme aus den sechziger Jahren, S. 170.

[92] *Pufendorf,* De statu hominum naturali, § 1, in: Dissertationes Academicae Selectiores, Uppsala 1677, S. 458.

[93] *Hobbes,* De cive (1642), praefatio ad lectorem, Opera Latina vol. 2, Edition Molesworth, S. 145f., Vorwort, dt. Übers. v. Frischeisen-Köhler, Vom Bürger, in: *Hobbes,* Vom Menschen/Vom Bürger, hrsg. v. Gawlick, S. 67f.

Ausgangspunkt für die einzelnen Normensysteme der Naturrechtssystematiker.

So wie die Naturwissenschaften von ersten Definitionen und ersten Prinzipien auf deduktivem und demonstrativem Weg durch eine Argumentationskette zu ihren einzelnen Aussagen gelangen, so sollte auch das System des Rechts nach Auffassung der Naturrechtler des 17. und 18. Jahrhunderts beschaffen sein. Rechtssätze sollten „demonstriert" werden können durch ununterbrochenes Absteigen von den allgemeinen zu den speziellen Begriffen „more geometrico"[94]. 74

Betrachten wir als Beispiel für einen solchen Systemaufbau die „Institutiones juris naturae et gentium" des Christian Wolff (erschienen 1750). In § 43 dieser Schrift setzt Wolff (1679–1754) voraus, daß der Mensch (noch außerhalb des Rechts gedacht) eine natürliche Verpflichtung zu Handlungen habe, „quae ad perfectionem hominis atquae status eiusdem tendunt", also eine Selbstperfektionierungspflicht. Für die tatsächliche Möglichkeit, der moralischen Verpflichtung gemäß zu handeln, braucht man das Recht (§§ 44, 45). Aus dieser Funktionsbestimmung des Rechts, die es um des moralischen Subjekts (als Ausgangspunkt des Systems) willen hat, leitet Wolff dann nach und nach immer konkretere Rechtsprinzipien ab: Im § 69, daß, da die (natürlichen) Pflichten für alle Menschen gleich seien, auch ihre Rechte gleich sein müßten; im § 70, daß deshalb im moralischen Sinn alle Menschen gleich seien; im § 73, daß man deshalb vom anderen nur fordern könne, was man selbst dem anderen gegenüber zu tun bereit ist etc. 75

Man sieht hier den für alle Naturrechtssysteme der Zeit typischen Versuch, ausgehend vom einzelnen Subjekt und ihm zugerechneten Eigenschaften in logisch stringenter Deduktion immer konkretere Rechtssätze zu entwickeln. Über die zugrunde gelegten Axiome und die Systematisierungsvoraussetzungen in der Denkfigur des „subjektiven Rechts" wird später (unten § 8.3) noch zu sprechen sein. 76

---

[94] Dazu *Wieacker,* Privatrechtsgeschichte der Neuzeit, 2. Aufl., Göttingen 1967, S. 275f.

### b) Die organische und induktiv-deduktive Systematik der „Begriffsjurisprudenz“: Puchtas Begriffspyramide

77 Seit dem Ende des 18. Jahrhunderts wurde an den Vernunftrechtssystemen schwerwiegende Kritik geübt. Gegenüber der Annahme universeller Vernunftprinzipien als der Voraussetzung für einen Aufbau des Systems vom Allgemeinen zum Konkreten wurde, insbesondere in der sog. „Historischen Rechtsschule“, geltend gemacht, daß einzelne Völker und einzelne Zeiten voneinander unterschiedene ganz individuelle Eigenschaften und auch Ideen hervorbrächten. Entsprechend seien auch die Prinzipien des Rechts einem geschichtlichen und von Volk zu Volk unterschiedlichen Wandel unterworfen[95].

78 Daraus mußte auch eine gänzlich veränderte Vorstellung vom *Rechtssystem* entstehen. Nicht mehr a priori von der Vernunft gewonnene Prinzipien von der Natur des Menschen konnten den Zusammenhang der Rechtsnormen herstellen, sondern die historisch entstandenen je besonderen Rechtsinstitute, Rechtssätze oder Rechtsbegriffe galt es nun zuerst zu ergründen und von ihnen mußte man dann erst zu dem aufsteigen, was ihren gemeinsamen Gehalt ausmacht, zu den ordnenden Prinzipien. Das System wird also nicht, wie im Vernunftrecht, durch eine Deduktion vom Allgemeinen zum Besonderen aufgebaut, sondern eher umgekehrt auf induktivem Weg, vom Besonderen zum Allgemeinen. Diese Bewegung wird aber von den Autoren der Zeit erst in zweiter Linie als logische Aktion verstanden. Mehr noch schwingt in ihren Vorstellungen vom Rechtssystem ein durch Schelling beeinflußter „Organismus“-Gedanke mit, der Gedanke eines der „intellektuellen Anschauung“ zugänglichen inneren Zusammenhangs der Rechtsinstitute[96]. Auch sie verwenden also in ihrer Konstruktion durchaus naturrechtliche Prinzipien – nur eben andere als die Aufklärungsphilosophie.

---

[95] Einführend zur „historischen Rechtsschule“ *H. Schlosser,* Grundzüge der neueren Privatrechtsgeschichte, Heidelberg 1988, S. 121 ff.

[96] Dazu *Gagnér* (o. Anm. 91), S. 155 ff.

Bei der Induktion konnte die Rechtswissenschaft aber nicht stehen bleiben, denn ihr Erkenntnis*ziel* konnten schließlich nicht die ordnenden Prinzipien als solche sein, sondern die Interpretation der einzelnen Normen. Bereits Puchta (1798–1846), einer der bedeutendsten Vertreter der „Historischen Rechtsschule“, gibt zu verstehen, wohin die Induktion schließlich mündet: „Es ist nun die Aufgabe der Wissenschaft, die Rechtssätze in ihren systematischen Zusammenhang, als einander bedingende und voneinander abstammende, zu erkennen, um die Genealogie der einzelnen bis zu ihrem Princip hinauf verfolgen, und eben so von den Principien bis zu ihren äußersten Sprossen herabsteigen zu können“[97]. Dadurch, so meint Puchta weiter, könne man Rechtssätze zu Tage fördern, die vorher noch gar nicht, weder als Gesetz noch als Gewohnheitsrecht, vorhanden gewesen seien. 79

Das System wird so in zwei Richtungen durchlaufen: Ausgehend von den vorfindlichen Rechtssätzen gelangt man, indem man nach dem ihnen Gemeinsamen und sie Zusammenhaltenden sucht, zu immer allgemeineren oder gewichtigeren Sätzen, bis man schließlich die Spitze der Pyramide erreicht. Von ihr wieder zurückgehend lassen sich immer konkretere Rechtssätze ergründen oder sogar konstruieren, die bisher noch gar nicht vorhanden waren, sich sehr wohl aber in das System einpassen lassen. Die später sog. Begriffsjurisprudenz, zu deren Begründern Puchta gezählt wird, stimmt so im zweiten, deduktiven Teil ihrer Systemkonstruktion teilweise mit dem Vernunftrechtsdenken überein, glaubt aber auf einem anderen Weg – durch Ausgehen vom Vorgegebenen und nicht durch apriorische Festsetzung eines Vernunftprinzips – zum Ausgangspunkt der Konstruktionsarbeit zu gelangen. 80

Die Konstruktion kann nun auch so vorgehen, daß die Rechtssätze auf die ihnen zugrundeliegenden „einfachen Körper“[98], also auf die für das Systemganze wesentlichen Begriffe (rechtspraktisch gesprochen: die von den Streitenden gemeinsam anerkannten 81

---

[97] *Puchta,* Cursus der Institutionen, 1. Buch, S. 36.

[98] So *Jhering* in seiner naturwissenschaftliche Vergleiche suchenden Diktion, Der Geist des römischen Rechts, Teil 1, 6. Aufl., Leipzig 1907, Neudruck 10. Aufl., Aalen 1968, S. 39.

Grundsätze), zurückgeführt und durch Kombination dieser Begriffe neue Begriffe und Rechtssätze entwickelt[99] werden. Ein Beispiel: Aus den verschiedenen Vertragspflichten (Hauptleistungspflicht, Pflicht zur Zahlung von Verzugszinsen, spezielle Nebenleistungspflichten, Schadensersatzpflicht) lassen sich die Grundbegriffe „primäre Leistungspflicht" (für Haupt- und Nebenleistungspflichten) und „sekundäre Leistungspflicht" (für Zahlung von Verzugszinsen und Schadensersatz) entwickeln. Kombiniert man beide Begriffe, so läßt sich an eine sekundäre Leistungspflicht denken, die bereits primär eingreift, also ohne das vorherige Entstehen einer primären Leistungspflicht: Eine „begriffjuristische" Konstruktion der Verpflichtung aus „culpa in contrahendo".

**82** Mit dem Entstehen der sog. Interessenjurisprudenz, der vielfältigen Versuche also, Rechtsfragen nun explizit durch das Abstellen auf die zugrundeliegenden Interessen und nicht mit Hilfe logischer oder genealogischer Konstruktionen zu lösen, hat die „Begriffsjurisprudenz" und mit ihr das Systemdenken im Recht Ende des 19. Jahrhunderts zunächst an Wirksamkeit eingebüßt[100].

### c) Der Stufenbau in Kelsens System der „Reinen Rechtslehre"

**83** Erst Kelsens „Reine Rechtslehre", die innerhalb der Jurisprudenz eine zumindest teilweise Abkehr von der soziologisch inspirierten Interessenargumentation signalisiert, hat erneut die Beschäftigung mit dem Rechts*system* gefördert. Für Kelsen ist die Rechtsordnung ein „System von Normen, deren Einheit dadurch konstituiert wird, daß sie alle denselben Geltungsgrund haben"[101]. Die Geltung aller zur normativen Ordnung gehörenden Normen lasse sich aus einer (hypothetischen) Grundnorm ableiten. Innerhalb des so von einer Grundnorm ausgehenden Systems besteht ein Stufenbau: Es muß zu jeder Rechtsnorm eine Rechtsnorm ge-

---

[99] *Jhering* (o. Anm. 98), S. 40.

[100] Zu den gleichwohl auch in der Interessenjurisprudenz vorhandenen Systemüberlegungen vgl. *Canaris,* Systemdenken und Systembegriff in der Jurisprudenz, Berlin 1969, S. 35ff.

[101] *Kelsen* (o. Anm. 44), S. 32.

ben, die das Verfahren regelt, in dem die andere Rechtsnorm erzeugt wird[102] und auch diese verfahrensregelnde Norm bedarf wieder einer solchen höheren Norm usw. bis hinauf zur „Grundnorm". Die Rechtsordnung, so Kelsen, sei deshalb eine Stufenordnung verschiedener Schichten von Rechtsnormen[103]. In einer bestimmten positiven Rechtsordnung kann man sich dieses Verhältnis der Normenschichten etwa klarmachen durch die Schichten „Verfassung", „formelles Gesetz", „Verordnung" und schließlich „Rechtsprechung" oder „Verwaltung".

Kelsens System unterscheidet sich in zwei Hinsichten vom de- **84**
duktiven oder induktiv-deduktiven System in Vernunftrecht oder Begriffsjurisprudenz: Zum einen ist Systematisierungskriterium nicht die logische Deduzierbarkeit von Rechtssätzen aus anderen Rechtssätzen im Sinne eines Schlußverfahrens oder die Gewinnung allgemeiner Begriffe aus konkreten Begriffen durch Suche nach dem jeweils logisch Allgemeinerem, sondern der ausschließlich *normative* Geltungszusammenhang von Normen. Nicht, weil die Norm A ihre logischen Prämissen enthält, gilt eine Norm B, sondern weil die Norm A sagt, daß Norm B gelten soll, indem sie das Verfahren regelt, in welchem Norm B zustandekommt. Es ist also ein spezifisch *rechtliches* Kriterium, das den Zusammenhang ausmacht. Auf der anderen Seite, und das ist der zweite Unterschied zu den bisher dargestellten Systemen, werden bei Kelsen *keine* Norm*inhalte* systematisiert. Welchen Inhalt Recht annimmt, ist für sein System völlig belanglos. Kelsens System ist insofern formeller als die vorher erwähnten Systeme und enthält nach seinem Selbstverständnis anders als diese im formalen Systemzusammenhang das spezifisch rechtliche Element.

### d) Axiomatisierung von Rechtssätzen zu einem System mit Hilfe der modernen Logik

Die Gesamtheit der Rechtsnormen zumindest einzelner Rechts- **85**
gebiete zu einem System zu ordnen, in welchem aus möglichst wenigen Sätzen, den sog. Axiomen, sich alle anderen gegebenen

---

[102] *Kelsen* (o. Anm. 44), S. 73, 228ff.
[103] *Kelsen* (o. Anm. 44), S. 210, 212, 228ff.

Sätze formallogisch ableiten lassen[104], ist eines der Ziele der modernen Logik[105]. Ein solches Axiomensystem liegt vor, wenn kein Axiom dem anderen widerspricht, kein Axiom vom anderen ableitbar ist und jeder Satz des Systems (jedes „Theorem") sich aber auf ein Axiom zurückführen läßt. Darin zeigt sich eine Übereinstimmung mit den Zielen der Naturrechtssystematiker, wenngleich auch die Unterschiede augenfällig sind: Ziel eines solchen Unternehmens ist weder eine Postulierung bestimmter Axiome noch eine Rechtschöpfung, also die Konstruktion bisher unbekannter Rechtssätze durch Ableitung von den Axiomen. Ziel ist auch nicht ein bloß wissenschaftlich-systematisches. Vielmehr wird angestrebt, mit Hilfe einer solchen Axiomatisierung die Falschheit einzelner Sätze leichter nachweisen zu können, also Widersprüche zwischen den Rechtsnormen entdecken zu können. Auch logische Lücken lassen sich auf diese Art herausfinden.

**86** Nun kann man eine Axiomatisierung grundsätzlich unabhängig davon erreichen, in welcher sprachlichen Form die Rechtssätze vorliegen. Werden Rechtssätze aber umgangssprachlich formuliert, so lassen sich kompliziertere Widersprüche häufig sehr schwer erkennen. Man braucht deshalb formale Mittel, um ohne Berücksichtigung des Inhalts der Rechtssätze logische Ableitungen und Widersprüche behandeln zu können. Dazu bedarf es der Darstellung der umgangsprachlichen Rechtssätze in einem logischen „Kalkül", d.h. einem System von Zeichen, die durch bestimmte Regeln miteinander kombinierbar sind. Dadurch wird die logische Struktur von Normen genauer erkennbar. Aber selbst wenn sich die mannigfachen Schwierigkeiten, die sich heute noch der Erstellung einer vollständig formalisierten Rechtssprache entgegenstellen[106], lösen ließen, so drehen sich all solche Versuche

---

[104] Zu dieser Definition der Axiomatisierung *Wagner/Haag,* Die moderne Logik in der Rechtswissenschaft, Bad Homburg v.d.H./Berlin/Zürich 1970, S. 33.

[105] *Neumann,* Juristische Logik, in: *Arthur Kaufmann/Hassemer* (Hrsg.), Einführung in Rechtsphilosophie und Rechtstheorie der Gegenwart, 5. Aufl., Heidelberg 1989, S. 256ff. (268ff.); Weinberger, Rechtslogik, 2. Aufl., Berlin 1989, S. 390ff.

[106] Dazu *Wagner/Haag* (o. Anm. 104), S. 77ff.

doch allein darum, auch für die Rechtssprache eine genauere Syntax zur Verfügung zu stellen und den Kalkül praktisch brauchbar zu interpretieren, also die Aufgabe einer juristischen Semantik zu lösen. Daß die eigentliche juristische Tätigkeit der Interpretation und Subsumtion von solchen Unternehmungen nur begrenzt profitieren kann, wird von den Rechtslogikern anerkannt[107].

Zusammenfassend läßt sich zum Thema „Recht als System" **87**
sagen, daß Recht sich offensichtlich dadurch auszeichnet, konkrete Probleme im Licht eines größeren, natürlich möglichst stimmigen logischen Wertungs- und Geltungs-Zusammenhangs zu erfassen. So trivial dies einerseits ist, so hat die oben § 1 referierte Kritik am Recht als zuwenig „konkret" hier schon einen ihrer Ansatzpunkte.

## § 3 Recht und seine Abgrenzung zu ähnlichen Phänomenen

**Literatur:** *Alexy,* Theorie der juristischen Argumentation, Frankfurt a. M. 1978; *Buchanan,* Justice and Charity, Ethics 97 (1987), S. 558ff.; *Ellscheid,* Die Verrechtlichung sozialer Beziehungen als Problem der politischen Philosophie, in: Neue Hefte für Philosophie 17 (1979), S. 37ff.; *Ehrlich,* Grundlegung der Soziologie des Rechts, Leipzig 1913; *Ilting,* Naturrecht und Sittlichkeit, Stuttgart 1983; *Höffe,* Recht und Moral: Ein Kantischer Problemaufriß, in: Neue Hefte für Philosophie, 17 (1979), S. 1ff.; *Kant,* Metaphysik der Sitten (1797), Werke Bd. 4, Edition Weischedel, Darmstadt 1956; *Ladeur,* Postmoderne Rechtstheorie. Selbstreferenz – Selbstorganisation – Prozeduralisierung, Berlin 1992; *J. S. Mill,* Utilitarianism (1861), Werke II. Abteilung Lateinische Schriften Bd. 26, Edition Lindsay, London/New York 1936, dt. Übers. v. Birnbacher, Stuttgart 1976; *Ott/Schäfer,* Die ökonomische Analyse des Rechts – Irrweg oder Chance wissenschaftlicher Rechtserkenntnis?, JZ 1988, S. 213ff.; *Teubner,* Das Recht als autopoietisches System, Frankfurt a. M. 1989; *Thomasius,* Fundamenta Iuris Naturae et Gentium (zuerst erschienen 1705), 4. Aufl., Halle 1718, 2. Neudruck Aalen 1979; *Max Weber,* Wirtschaft und Gesellschaft, 5. Aufl., Tübingen 1980.

In einem ersten Zugang haben wir Recht als Normensystem, als **1**
soziale Ordnung und als bestimmte kohärente Form einer menschlichen Interaktion betrachtet und dabei auch einen Blick

---

[107] *Tammelo/Schreiner,* Grundzüge und Grundverfahren der Rechtslogik Bd. 1, München 1974, S. 132.

auf mögliche Systematisierungen geworfen. Dieses erste Feld von Aspekten des Rechtsbegriffs wird sich weiter dadurch konkretisieren lassen, daß man das Recht von anderen aber ähnlichen Phänomenen abgrenzt.

2 Während ein durchaus auch rechtsphilosophisch relevanter Diskurs, der historisch der Rechtssoziologie zuzuordnen ist, dem Recht meist mehrere andere Vergleichsgegenstände wie Sitte, Brauch, Konvention o. ä. gegenüberstellt (1), befaßt sich die klassische Rechtsphilosophie, wo sie sich mit solchen Abgrenzungen beschäftigt, in erster Linie mit dem Verhältnis von Recht und Moral (2). Aufschlußreich sind weiter die Bemühungen vor allem in unserem Jahrhundert, Recht und Wirtschaft miteinander zu vergleichen (3).

## 1. Recht in Abgrenzung zu Sitte, Brauch und Konvention

### a) Unterschiedliche psychische Reaktionen oder Sanktionen

3 Für einen in der rechtssoziologischen Tradition stehenden Rechtsbegriff waren die Verhaltensregelmäßigkeit und die Wirksamkeit im Sinne einer weitgehenden Normanerkennung wichtige Merkmale. Gegenüber Phänomenen wie Sitte, Brauch oder Konvention läßt sich durch sie Recht aber schwerlich abgrenzen, da es sich zum Teil um ihnen gemeinsame Merkmale handelt. Zwei andere Kriterien waren es deshalb, die für die Abgrenzung zwischen dem Recht und anderen Phänomenen eine bedeutende Rolle gespielt haben, nämlich unterschiedliche psychische Reaktionen auf diese Phänomene und unterschiedlich gestaltete Sanktionen.

4 Eugen Ehrlich versuchte, Recht, Sittlichkeit, Sitte, Takt, guten Ton und Mode dadurch voneinander zu unterscheiden, daß er auf die Gefühlsreaktionen abstellte, die auf eine Verletzung dieser von ihm als gesellschaftliche Regeln verstandenen Phänomene jeweils erfolgt. „Man vergleiche das Gefühl der Empörung, das einem Rechtsbruch folgt, mit der Entrüstung gegenüber einer Verletzung des Sittengebotes, mit dem Ärgernis aus Anlaß einer Unanständigkeit, mit der Mißbilligung der Taktlosigkeit, mit der Säu-

erlichkeit beim Verfehlen des guten Tons, und schließlich mit der kritischen Ablehnung, die die Modehelden denen angedeihen lassen, die sich nicht auf ihrer Höhe befinden. Der Rechtsnorm ist eigentümlich das Gefühl, für das schon die gemeinrechtlichen Juristen den so bezeichnenden Namen opinio necessitatis gefunden haben. Danach muß man die Rechtsnormen erkennen"[1]. Die Reaktion der Gruppenmitglieder auf die Regelverletzung als Abgrenzungskriterium für das Recht wurde in der Folgezeit als viel zu vage erachtet. Man hat deshalb versucht, die Abgrenzung nicht auf der psychischen Ebene, also in der *Reaktion auf* das Recht, sondern in Eigenschaften des Rechts selbst zu lokalisieren.

Einen ersten Ansatz dazu hat Max Weber (1864–1920) geliefert. **5**
Das Recht ist für ihn in lückenloser Stufenleiter verbunden mit anderen Sozialordnungen, die er mit den Begriffen „Sitte" und „Konvention" kennzeichnet[2]. Unter „Sitte" will Weber „den Fall eines typisch gleichmäßigen Verhaltens verstehen, welches *lediglich* durch seine ‚Gewohnheit' und unreflektierte ‚Nachahmung' in den überkommenen Geleisen gehalten wird"[3]. Zur Einhaltung dieser Sitte wird also niemand gezwungen, sie wird nicht einmal jemandem „zugemutet". Anders ist es mit der *Konvention*. Auch sie ist zwar ein regelmäßiges Verhalten ohne Zwang; auf ihre Einhaltung oder Nichteinhaltung erfolgt aber die „Billigung oder Mißbilligung eines Kreises von Menschen, welche eine spezifische ‚Umwelt' des Handelnden bilden". In der *Konvention* wird zwar auf ein bestimmtes Verhalten hingewirkt, aber ohne physischen Zwang. So wie der Übergang von der *Sitte* zur *Konvention* fließend ist, ist es auch der von der *Konvention* zum *Recht*. „Recht" soll nach Weber eine Ordnung nämlich dann heißen, „wenn sie äußerlich garantiert ist durch die Chance physischen und psychischen *Zwangs* durch ein auf Erzwingung der Innehaltung oder Ahndung der Verletzung gerichtetes Handeln eines *eigens* darauf eingestellten Stabes von Menschen"[4].

---

[1] *Ehrlich*, Grundlegung der Soziologie des Rechts, S. 131ff.
[2] *Max Weber*, Wirtschaft und Gesellschaft, S. 17.
[3] *Weber* (o. Anm. 2), S. 63.
[4] *Weber* (o. Anm. 2), S. 17.

6 Auch Max Weber sieht freilich, daß der Verstoß gegen die Konvention, etwa der als anständig geltenden Bekleidung, die höchst „empfindliche Folge des sozialen Boykotts“ nach sich ziehen kann. Die Besonderheit des *Rechts,* die es für ihn zu einem Zwangsinstrument macht, ist der auf „ein spezifisches, die Innehaltung garantierendes Handeln eingestellter Stab von Menschen“[5]. Die Stufenfolge von „Verhaltensregelmäßigkeit ohne Reaktion bei Abweichung“ über „Verhaltensregelmäßigkeit mit Mißbilligung bei Abweichung“ bis zur „Verhaltensregelmäßigkeit mit der Chance zwangsweiser Durchsetzung bei Abweichung“ (letzteres „Recht“) ist freilich noch wenig differenziert und umfaßt wohl auch noch nicht hinreichend den komplizierten Mechanismus bei der Sanktionierung eines Verhaltens.

7 Eine stärker unterteilte Stufenleiter finden wir bei Theodor Geiger. Sie führt von „Gewohnheit“ über „Brauch“, „Sitte“, „Satzung“ und „Moral“ zum „Recht“, und dieses Recht ist „die soziale Lebensordnung eines zentral organisierten gesellschaftlichen Großintegrats, sofern diese Ordnung sich auf einen von besonderen Organen monopolistisch gehandhabten Sanktionsapparat stützt“[6]. Auch für Geiger aber ist, wie für Max Weber, das entscheidende Merkmal des *Rechts* im Vergleich zu anderen Ordnungsgefügen seine Durchsetzung oder – negativ formuliert – die Sanktionierung bei Nichtbefolgung durch einen besonderen Stab (Polizei, Staatsanwaltschaft, Gerichte usw.).

### b) Unterschiedliche Interaktionsformen

8 Der Hinweis auf das Vorhandensein eines Stabs zur Sanktionierung als Abgrenzungskriterium für Recht vermag aber kaum mehr zu befriedigen als eine Abgrenzung durch Verweis auf unterschiedliche Gefühlsregungen beim Regelverstoß – selbst wenn man einmal von dem oft vorgebrachten *rechtsphilosophischen* Einwand absieht, daß das, was Recht von anderen Phänomenen unterscheidet, sein spezifischer Sollenscharakter sei, seine Eigenart

---

[5] *Weber* (o. Anm. 2), S. 18.

[6] *Geiger,* Vorstudien zu einer Soziologie des Rechts (1947), hrsg. v. Maus/Fürstenberg, 2. Aufl., Darmstadt 1970, S. 339.

im Bereich des Normativen. Auch wenn man Recht soziologisch als ein soziales Ordnungsgefüge von anderen Ordnungsgefügen abzugrenzen sucht, dürfte der Hinweis auf den Sanktionsapparat nicht das einzige und wohl auch nicht das entscheidende Abgrenzungskriterium sein. Die neuere Rechtssoziologie wird dem jedenfalls insofern gerecht, als sie nicht mehr in erster Linie auf den physischen Zwang, sondern ganz generell auf das Treffen organisatorischer Vorkehrungen für die Geltung von Normen abstellt[7]. *Sanktionen* sind hierfür nur *ein* denkbares Mittel.

Der gewichtigste Einwand gegen die traditionelle rechtssoziolo- 9
gische Abgrenzung zwischen Recht und ähnlichen Phänomenen dürfte aber sein, daß die Rechtssoziologie sich paradoxerweise einseitig vom Verständnis des Rechts als eines *Normensystems* abhängig macht, wenn sie auf die psychische Reaktion auf *Normen* oder die Art und Weise der Durchsetzung von *Normen* abstellt. Eine besser geeignete Abgrenzung dürfte deshalb ein Konzept sein, das sich stärker inhaltlich um jenes Phänomen bemüht, zu dessen Generalisierung Normen erforderlich sind. Es geht in diesem Sinn, wie schon zu sehen war, in neueren Untersuchungen um die „Wirkung des Konzepts von Recht überhaupt auf den Ablauf und Aufbau der Interaktion“[8]. Wenn sich z. B. jemand in einer Freundschaft ein Versprechen schriftlich geben läßt, um es notfalls einklagen zu können, ist damit die Grenze der Freundschaft (und die des Rechts) erreicht. Recht zeigt also die Grenzen einer sich selbst regulierenden, auf moralischen Kriterien beruhenden Vertrauensbeziehung an[9]. Ähnliches gilt etwa für das Familienleben: Wo in ihm rechtlich argumentiert wird, ist es tendenziell schon im Prozeß seiner Abwicklung begriffen[10]. Wenn Lebensverhältnisse also rechtlich werden, schlagen sie um vom Deu-

---

[7] Vgl. *Dux,* Rechtssoziologie. Eine Einführung, Stuttgart 1978, S. 131.

[8] Vgl. *Ellscheid,* Die Verrechtlichung sozialer Beziehungen als Problem der praktischen Philosophie, in: Neue Hefte für Philosophie 17, S. 37ff. (41).

[9] Zum gemeinschaftszerstörenden Charakter von Recht auch *Coing,* Grundzüge der Rechtsphilosophie, 5. Aufl., Berlin/New York 1993, S. 175f.

[10] *Ottmann,* Politik und Vertrag. Eine Kritik der modernen Vertragstheorien, ZfP 33 (1986), S. 22ff. (30).

tungsschema (moralisch oder sittlich geforderter) wechselseitiger wohlwollender Förderung zum Schema „gerechter“ Abgrenzung von Interessen[11]. Auf diesen Gedanken war schon zu Beginn beim Ausgehen von aktueller Rechts*kritik* hinzuweisen. Für die Kritiker war es gerade ein Argument gegen das Recht, daß mit der Berufung auf Recht der konkrete Lebenszusammenhang verlassen wurde, ein außenstehender Dritter also den Konflikt – nötigenfalls mit Zwang – lösen sollte. Damit spielt zwar auch für dieses Modell die Chance des Zwangs eine Rolle, wenngleich eine eher untergeordnete. Der entscheidende Unterschied zwischen Recht auf der einen Seite und Sitte, Moral und ähnlichen Phänomenen auf der anderen Seite liegt hier dagegen in der speziellen Interaktionsform des Rechts, die konkrete Lebensverhältnisse ausblendet, formalisiert und generalisiert.

**10** All dies betrifft nur die *Abgrenzung* des Rechts von ähnlichen Phänomenen. Erst in den Anfängen stecken heute Überlegungen zu ihrem Zusammenwirken. So wird z. B. im Strafrecht diskutiert, ob dieses in einem umfassenden Konkurrenz-Ergänzungsverhältnis mit anderen – auch nichtstaatlichen – Reaktionen sozialer Kontrolle steht. Falls dies so ist, könnte daraus u. U. folgen, daß bei einer teilweisen Zurücknahme des Strafrechts andere soziale Sanktionen an seine Stelle treten. Ließe sich dies nachweisen, so läge darin vielleicht ein Argument zugunsten des Strafrechts als eines Instituts zur Verhinderung unkontrollierter und maßloser Selbstjustiz. Empirisch erforscht ist diese Behauptung freilich noch nicht. Denkbar wäre durchaus auch (und m. E. sogar wahrscheinlicher), daß in Teilbereichen andere Reaktionen vorteilhaftere Folgen (eine Wertungsfrage!) nach sich ziehen.

---

[11] *Ellscheid* (o. Anm. 8), S. 44.

## 2. Recht und Moral als klassische Unterscheidung der Rechtsphilosophie

### a) Drei Varianten einer Recht/Moral-Abgrenzung

Versuche einer möglichst genauen Unterscheidung von Recht 11
und Moral begegnen verstärkt seit dem 18. Jahrhundert. Damit fällt das neuzeitliche Interesse an einer begrifflichen Unterscheidung von Recht und Moral zwar zeitlich mit zunehmenden Zweifeln am traditionellen Naturrechtsdenken (dazu unten § 8.1) zusammen. Immerhin sind es gerade aber auch die naturrechtlich geprägten Lehrsysteme und Kodifikationen des 18. Jahrhunderts, die sich mitunter um die Trennung von Recht und Moral bemühen. Die Beziehung zwischen beiden Phänomenen erfordert also eine differenzierende Betrachtung: Gelegentlich tritt die „Moral“ als überpositives Richtigkeitskriterium die Nachfolge des „Naturrechts“ an – was eine starke Subjektivierung und Individualisierung dieses Kriteriums bedeuten *kann* – freilich nicht muß (auch moralische Normen werden nicht selten objektivistisch interpretiert, vgl. u. § 9). Auch deutet bereits die Tatsache einer begrifflichen *Trennung* von Recht und Moral darauf hin, daß dadurch jedenfalls ein solches Naturrechtsverständnis verworfen wird, das die völlige Identität von Moral und Recht postulieren wollte. Drittens schließlich hat die begriffliche Trennung häufig gerade die Funktion, materiale Aussagen darüber zu machen, was nicht Gegenstand des Rechts sein *darf* – womit gerade eine wichtige Aufgabe des neuzeitlichen Naturrechts unter einer anderen Terminologie wieder aufgegriffen wird.

Die Unterscheidung von Recht und Moral wird also minde- 12
stens in drei verschiedenen Diskussionsvarianten bedeutsam. Man kann einmal danach fragen, wie moralisch Recht eigentlich sein sollte, mit anderen Worten, ob seine Geltung darunter leidet, daß es in einem bestimmten Ausmaß von Moralvorstellungen abweicht. Dieses Problem wurde insbesondere von der vorneuzeitlichen Naturrechtslehre, aber auch später, z. B. nach 1945, wieder erörtert.

13 Davon zu unterscheiden ist zweitens die Fragestellung, in welchem Ausmaß sich das Recht angesichts konkurrierender überpositiver Richtigkeitsmaßstäbe an einzelne von ihnen binden darf, ob es sich nicht vielmehr darauf beschränken sollte, einen zur Friedenssicherung unumgänglichen Minimalverhaltensstandard zu garantieren. Dies war ein herausragendes Thema der Naturrechtsdiskussion in den zwei Jahrhunderten von der spanischen Spätscholastik bis zu Christian Thomasius (1655–1725). Auch für Thomasius ist ein wichtiger Aspekt des *Rechts* die Möglichkeit staatlichen *Zwangs* zur Durchsetzung. In diesem Zusammenhang spricht er davon, die dem Recht entsprechende Verpflichtung sei immer äußerlich (externa): sie erwecke Furcht vor dem Zwang der anderen Menschen[12]. Die Regeln des „honestum" (dies würde etwa dem heutigen Begriff der „Moral" entsprechen) und des „decorum" (des Schicklichen – es handelt sich dabei also um Klugheitsregeln) würden hingegen durch die Tugend (virtus) aufgestellt[13]. Wie wir aus Thomasius' Unterscheidung zwischen „justum", „honestum" und „decorum", aber auch schon aus der erwähnten grundsätzlichen Fragerichtung, entnehmen können, soll damit nicht etwa vom Begriff des Zwangs her unterschieden werden, was Recht ist, so daß etwa durch entsprechende Sanktionsandrohungen jede Verpflichtung zu einer rechtlichen gemacht werden könnte, sondern umgekehrt soll klargestellt werden, daß nur *rechtliche* Verpflichtungen mit *Zwang* durchgesetzt werden dürfen. *Definiert* wird das Rechtliche also anders: Nur was den sozialen Frieden stört, was *andere* beeinträchtigt, darf Gegenstand rechtlicher Sanktionen sein[14].

---

[12] *Thomasius,* Fundamenta Iuris Naturae et Gentium (zuerst erschienen 1705), Buch I, 5. Kapitel, § 21. Zu diesem Zwangsargument in der aktuellen Rechtsphilosophie vgl. *Engisch,* Auf der Suche nach der Gerechtigkeit. Hauptthemen der Rechtsphilosophie, München 1971, S. 92ff.

[13] *Thomasius* (o. Anm. 12), § 25.

[14] *Thomasius* (o. Anm. 12), 4. Kap., §§ 89ff., bes. § 90; 5. Kap., § 24. In der kritischen Tendenz nicht ganz gerechtfertigt sind deshalb die (gleichwohl sehr lesenswerten) Übersichten zu Thomasius bei *Ilting,* Naturrecht und Sittlichkeit, Stuttgart 1983, S. 90ff.; *Welzel,* Naturrecht und materiale Gerechtigkeit, 4. Aufl., Göttingen 1962, S. 164ff.; *Wieacker,* Privatrechtsgeschichte der Neuzeit, 2. Aufl., Göttingen 1967, S. 315ff.

Es gibt drittens aber noch eine andere, insbesondere im 18. Jahrhundert diskutierte Fragestellung: Ob es nicht Bereiche menschlichen Handelns gebe, die aufgrund ihrer Zielsetzung oder ihres Handlungsmotivs gar nicht – um einen modischen Begriff zu verwenden – verrechtlicht werden dürften. Diese Diskussion ist gewissermaßen auf die Spitze getrieben in Kants Unterscheidung von Recht- und Tugendpflichten: Es handelt sich dabei um zwei verschiedene Verbindlichkeiten und damit um eine begriffliche Differenzierung, die zu unterscheiden ist von einem anderen Kantischen Dualismus, dem von „Legalität" und „Moralität" als unterschiedlichen Verhältnissen des Subjekts zu diesen Verbindlichkeiten[15]. Die beiden Begriffspaare sind nämlich keineswegs linear auf einander bezogen, vielmehr sind bei beiden Verpflichtungsarten beide Verhältnisse denkbar: Es gibt so etwa auch eine ethische Legalität. Legalität bedeutet nämlich „die bloße Übereinstimmung oder Nichtübereinstimmung einer Handlung mit dem Gesetze, ohne Rücksicht auf die Triebfeder derselben"[16], Moralität dagegen ist eine Übereinstimmung der Handlung mit dem Gesetz „in welcher die Idee der Pflicht aus dem Gesetze zugleich die Triebfeder der Handlung ist"[17]. Nur in der Verpflichtungsweise, nicht im Gegenstand der Pflicht, unterscheiden sich Legalität und Moralität. Kant selbst macht dies an einem Beispiel deutlich: Folgt man der (Rechts-)Pflicht, Versprechen zu halten, allein um dieser Pflicht willen, also selbst dann, wenn kein Zwang zu gewärtigen ist, so entspricht dieses Handeln der Moralität, folgt man ihr dagegen aus irgendeiner anderen Triebfeder (etwa auch aus Furcht oder Zwang), so entspricht das Handeln der Legalität[18]. 14

[15] Eine gute Einführung in die Problematik von Recht und Moral bei Kant gibt *Höffe,* Recht und Moral: Ein Kantischer Problemaufriß, in: Neue Hefte für Philosophie, 17, S. 1 ff.

[16] *Kant,* Metaphysik der Sitten (1797) Einleitung in die Metaphysik der Sitten III, Werke Bd. 4, Edition Weischedel, S. 324.

[17] *Kant* (o. Anm. 16), S. 324. Kants Unterscheidung von Legalität und Moralität schließt an *Pufendorf,* De officio hominis et civis (1673), Vorrede, an.

[18] *Kant* (o. Anm. 16), S. 325 f.

15 Wollte man daraus schließen, Recht und Moral seien bei Kant im Pflicht*inhalt* immer gleich und unterschieden sich nur in der Verpflichungsweise, so wäre dies allerdings verfrüht. Wie erwähnt, verläuft Kants Trennung zwischen Rechtspflichten und Tugendpflichten quer zu der von Legalität und Moralität. Rechtspflichten betreffen nämlich nur „das äußere und zwar praktische Verhältnis einer Person gegen eine andere" und auch hierbei nur insoweit, als Eingriffe in die Freiheit des anderen, wie schon zu sehen war, nur zur Wahrung eines allseitig gleichen Maßes an Freiheit erlaubt sind[19]. Tugendpflichten hingegen gehen weiter: auf die eigene Vollkommenheit und die fremde Glückseligkeit[20], m. a. W. dient die Unterscheidung von Recht und Moral praktisch dazu, klarzustellen, was *nicht* Gegenstand des Rechts werden darf, was für die staatliche Gewalt unverfügbar ist, wozu nicht gezwungen werden darf. Kants Unterscheidung drückt damit zugleich auch ein bestimmtes politisches Ideal aus: das des Staates, der allein über die Freiheit seiner Bürger wacht und ihr Wohlergehen ihrer Eigenverantwortung überläßt.

### b) Nur *Ver*bote als Gegenstand des Rechts?

16 In dieser Tradition stehen auch die vielfältigen Forderungen, nur *Verbote* als rechtliche Verpflichtungen anzuerkennen, so daß *Gebote* entweder auf Verbote zurückgeführt werden müssen, oder aber allein dem Gebiet der Moral angehören sollte[21]. In der Tradition, die sich auf Kant zurückführen läßt, die aber auch unabhängig

---

[19] *Kant,* Metaphysik der Sitten (1797), Einleitung in die Rechtslehre, § B (o. Anm. 16), S. 336f.

[20] *Kant,* Metaphysik der Sitten (1797), Einleitung zur Tugendlehre IV (o. Anm. 16), S. 515f.

[21] In der Kantischen Tradition stehende Autoren weisen darauf hin, vgl. *v. Zeiller,* Das natürliche Privat-Recht, Wien 1802, §§ 6ff.; *Fries,* Philosophische Rechtslehre und Kritik aller positiven Gesetzgebung, Jena 1803, S. 13f.; vgl. allerdings bereits *Chr. Wolff,* Institutiones iuris naturae et gentium (1750), §§ 76ff., Halle/Magdeburg 1750, Nachdruck Hildesheim 1969, Gesammelte Werke Abt. II. Bd. 26, S. 39ff.; dt. Übers. v. Nicolai, Halle 1754, Nachdruck Hildesheim 1980, Gesammelte Werke Abt. I. Bd. 19, S. 47ff.

davon, etwa durch John Stuart Mill (1806–1873) mitgetragen wird[22], gab es dafür im wesentlichen drei Argumente[23]:

1. Ein Freiheitsschutzargument: Recht dürfe nur in einer gegenseitigen Beziehung auf die Willensbildungsfähigkeit, nicht also auf den Willensinhalt, d. h. auf die Bedürfnisse des anderen, bestehen, da andernfalls eine die Freiheit gefährdende Abhängigkeit von den zufälligen fremden Zwecksetzungen entstehe[24]. Auch beeinträchtige eine Pflicht zum Handeln bei im übrigen gleichen Bedingungen die Freiheit immer in einem größeren Maße als eine Pflicht zum Unterlassen[25]. **17**
2. Ein Verallgemeinerungsargument: Altruismus sei als Gebot nicht verallgemeinerungsfähig, weil ein solches Gebot jeden zur Hilfeleistung Fähigen sehr bald in die Lage brächte, selbst auf die Hilfe anderer angewiesen zu sein. Allgemein verbindlicher Altruismus würde sich deshalb selbst alsbald die Basis entziehen[26]. **18**
3. Schließlich ein rechtstheoretisches Argument, das „Spielraum"-Argument: Die in der Tradition als „unvollkommen" bezeichneten Pflichten, wozu die Solidaritätspflichten gehörten, zeichneten sich dadurch aus, daß sie mangels Präzisierbarkeit nicht zwangsweise durchgesetzt, ja daß aus diesem Grund nicht einmal ihre Verletzung festgestellt werden könne. Da nämlich jedem Hilfsbedürftigen zu helfen niemand möglich sei, habe bei Solidaritätspflichten jedermann not- **19**

---

[22] *J. S. Mill,* Utilitarianism (1861), Werke II. Abteilung, Lateinische Schriften, Bd. 26, Edition Lindsay, S. 1 ff. (46).

[23] Zum Folgenden ausführlich *Seelmann,* Solidaritätspflichten im Strafrecht? In: *Jung/Müller-Dietz/Neumann* (Hrsg.), Recht und Moral. Beiträge zu einer Standortbestimmung, Baden-Baden 1991, S. 295 ff.

[24] *Kant* Metaphysik der Sitten (1797), Einleitung in die Rechtlehre, § B (o. Anm. 16), S. 337.

[25] *Engisch,* Tun und Unterlassen, in: FS für Wilhelm Gallas, Berlin 1973, S. 163 ff. (173 f.).

[26] *Ilting,* Sittlichkeit und Höflichkeit oder: Von der Würde der Persönlichkeit und der Verletzlichkeit des Amour propre, in: *Stagl* (Hrsg.), Aspekte der Kultursoziologie, FS für M. Rassem, Berlin 1982, S. 107.

wendig einen rechtlich gar nicht auszufüllenden Handlungsspielraum[27].

20 Das Verständnis von der Rechtspflicht als Nichtinterventionspflicht ist gewiß auch heute noch in unserem Alltagsbewußtsein verwurzelt, aber doch auch zugleich in seiner liberalen Zeitbedingtheit erschüttert. Der ab der zweiten Hälfte des 19. Jahrhunderts entwickelte Gedanke des Sozialstaats und damit rechtlicher Regelungen auch der Daseinsvorsorge hat die liberale Grenzziehung zwischen Recht und Moral etwas unsicher gemacht.

21 Gegen die praktischen Folgen der Kantischen und Millschen Unterscheidung von Recht und Moral werden heute nämlich wichtige Einwände vorgebracht:

22 1. Gegenüber dem Freiheitsschutzargument läßt sich einwenden, daß gerade die Reduktion des einzelnen auf die formale Rechtssubjektivität außerhalb des Rechts produzierte massive Ungleichheit und soziale Machtgefälle perpetuiere und damit reale Unfreiheit erst ermögliche[28]. Dies ist auch ein Gegenstand der zu Beginn referierten Rechtskritik geworden. Es waren in Deutschland die Sozialstaatstheoretiker der 20er und 30er Jahre, die gerade um der Freiheit des einzelnen willen die rechtliche Beachtung und nach Möglichkeit Behebung sozialer Ungleichheit gefordert haben[29], und das bedeutet etwa nicht nur staatliche Sozialgestaltung. Gefordert wurden auch Solidaritätspflichten einzelner, insbesondere sozial Stärkerer, etwa im Arbeitsrecht oder im Wirtschaftsrecht[30]. Der zweiten Variante des Freiheitsschutsargumentes, daß Gebote die Freiheit stärker beeinträchtigten als Verbote, wird heute entgegengehalten, daß Verbote, wie etwa

---

[27] *Kant* Metaphysik der Sitten (1797), Einleitung in die Tugendlehre VII (o. Anm. 16), S. 520; *Mill* (o. Anm. 22), S. 46.

[28] *Eder,* Zur Rationalisierungsproblematik des modernen Rechts, Soziale Welt 29 (1978), S. 247ff. (254); *Tugendhat,* Zur Entwicklung von moralischen Begründungsstrukturen im modernen Recht, ARSP Beiheft 14 (1980), 1ff. (19).

[29] Beispielhaft *Radbruch,* Vom individualistischen zum sozialen Recht (1930), in: *ders.,* Der Mensch im Recht, Göttingen 1957, S. 35ff.

[30] *Radbruch* (o. Anm. 29), S. 42.

sein Haus nicht zu verlassen oder beim Autofahren gewisse Geschwindigkeiten nicht zu überschreiten, in die Freiheit stärker eingriffen als z. B. das Gebot, bei Unfällen einen Krankenwagen zu rufen[31].

2. Gegenüber dem Verallgemeinerungsargument wird geltend gemacht, daß Hilfe für andere in unverschuldeten Notlagen sehr wohl als Rechtsprinzip verallgemeinerbar sei, etwa, wenn es um die Erhaltung der bürgerlichen Existenz des anderen gehe. Eine solche eingeschränkte Solidaritätspflicht sei jedermann langfristig ohne die Gefahr eigener Hilfsbedürftigkeit möglich, wenn nur eine Kollisionsregel eigene billigenswerte Interessen zugestehe[32], so wie es etwa unsere allgemeine Hilfspflicht des § 323c StGB tut. **23**

3. Dem rechtstheoretischen Argument der Tradition wird schließlich dadurch begegnet, daß man durch die angesprochene Reduktion der Solidaritätspflichten etwa auf Unglücksfälle oder besondere Näheverhältnisse, bereits den Handlungsspielraum des einzelnen Verpflichteten erheblich einengt und verbleibende Konkretisierungslücken mit Hilfe sozialer Standards wie etwa Zumutbarkeit, Gefahrenzuständigkeit oder Vertrauen flexibel ausfüllt[33]. **24**

Die Vorstellung, daß es einen Bereich des „Nur-Moralischen" gebe (selbst wenn man diesen Bereich inzwischen in seinem Umfang geringer veranschlagt als früher), aus dem das Recht sich fernzuhalten habe, gibt natürlich nur unter einer Voraussetzung Sinn: Man muß dem Recht im Kantischen Sinn die Aufgabe zuweisen, die Freiheitssphären der Beteiligten abzugrenzen. Andernfalls stellt sich *diese* Unterscheidungproblematik von Recht und Moral nicht. Aber auch wer Kant in seiner Rechtsbegründung nicht folgt, ist mit einem anderen Problem des Verhältnisses von Recht und Moral konfrontiert: **25**

---

[31] Dazu *Feinberg,* Harm to Others – The Moral Limits of the Criminal Law, S. 163ff.; *Buchanan,* Justice and Charity, Ethics 97, S. 558ff. (560).

[32] *Feinberg* (o. Anm. 31), S. 134.

[33] Ausführlich dazu *Seelmann,* Opferinteressen und Handlungsverantwortung in der Garantenpflichtdogmatik, GA 1989, S. 241ff., (244, 253).

### c) Die moralische Argumentationsdimension im Recht

26 Die rechtstheoretische Erkenntnis der letzten Jahrzehnte, daß die „Anwendung" von Gesetzen weit mehr als ein bloßer Subsumtionsakt sei (vgl. dazu später unten § 6), daß vielmehr verschiedene Argumentationsformen erst in ihrem Zusammenspiel einen konkreten Fall entscheiden, hat auch wieder vermehrt das Interesse für die moralische Argumentationsdimension *im* Recht geweckt. Insbesondere die Berücksichtigung der Folgen im Rahmen der teleologischen Interpretation von Gesetzen bedarf eines Rationalitätskriteriums für die Wertung der zu erwartenden Folgen. Das Recht verweist insofern auf die generelle Problematik rationaler Argumentation über Wertungen, also auf „praktische Philosophie" oder eben „Moral". Auch wenn man nicht so weit gehen will, die juristische Argumentation nur als einen Sonderfall der allgemeinen praktischen Argumentation, also einer rationalen Normbegründung, einzustufen[34], so ist doch für einen Juristen, der nicht nur intuitiven Wertungen folgen will, eine im genannten Sinne „moralische" Argumentationsdimension unvermeidbar.

27 Man hat daraus den Schluß gezogen, der Rechtspositivismus (dazu oben § 2.2) lasse sich schon aus diesem Grund, nämlich wegen der notwendigen Verweisung des Rechts auf Moral, nicht durchhalten[35]. Nun ist dieses Verweisungsverhältnis für einen Rechtspositivisten dann kein besonderes Problem, wenn eine bestimmte Rechtsordnung Moralnormen „inkorporiert", indem sie entweder ausdrücklich oder konkludent auf solche bestimmten Moralnormen verweist. Die Moralnormen gehören dann eben auch zur Rechtsordnung, die der Rechtspositivist seinerseits dennoch wertneutral beschreiben kann.

28 Wird die Situation für den Rechtspositivisten aber dadurch schwieriger, daß jede Rechtsordnung notwendig, schon wegen der Vagheit des Rechtstextes oder wegen Normenkollisionen, auf richterliche Entscheidungen angewiesen ist, die sich an nichtpositiven Richtigkeitskriterien orientieren? Die Schwierigkeiten schei-

---

[34] So *Alexy*, Theorie der juristischen Argumentation, S. 34.
[35] *R. Dreier*, Der Begriff des Rechts, NJW 1986, S. 890ff. (892).

nen dann zu entstehen, wenn man dem Richter nicht *jede* mit dem positiven Recht vereinbare Entscheidung als richtig konzediert, sondern ihn – ohne daß das positive Recht dies ausdrücklich oder konkludent vorgibt – auf ein bestimmtes moralisches Ideal für rechtlich verpflichtet hält. Jedoch dürfte auch hier die Problematik des Rechtspositivismus wieder von geringerer Bedeutung sein als dies zunächst scheint. Selbst nach der von Ronald Dworkin vertretenen Auffassung, es gebe auch in schwierigen Fällen der Interpretation stets nur *eine* rechtlich richtige Antwort, soll diese Antwort aus Kohärenzüberlegungen bezogen auf die gesamte Rechtsordnung gewonnen werden[36]. Mit einem Rechtsbegriff im Sinne der modernen Rechtspositivisten ist dies durchaus verträglich.

### 3. Recht und Wirtschaft

Wie man Recht und Wirtschaft überhaupt unter der Überschrift „ähnliche Phänomene" diskutieren kann, ist natürlich vorweg erklärungsbedürftig. Der Tradition der deutschen Rechtsphilosophie dieses Jahrhunderts entspricht es nämlich, Recht und Wirtschaft eher als konträre (in der neukantianischen Tradition mit „Geist" und „Materie" assoziierte) Phänomene zu sehen, über deren Einwirken aufeinander Spekulationen angestellt werden (Kausalität der einen oder der anderen Seite? Wechselwirkung?)[37]. Das Ergebnis war meistens die Feststellung einer Wechselwirkung: Die Produktionsverhältnisse beeinflußten das Recht; sie seien gewissermaßen die „Natur der Sache", der sich jede rechtliche Regelung anzupassen habe – umgekehrt bestimme aber das Recht auch die Wirtschaft, vom mittelalterlichen Zinsverbot, das die Entwicklung einer modernen Wirtschaft aufgehalten habe, über die Entstehung des modernen Arbeitsrechts, das die Arbeitswelt (mit-) **29**

[36] *Dworkin,* Bürgerrechte ernstgenommen, Frankfurt a. M. 1984, S. 154ff. (157).

[37] Vgl. nur *Radbruch,* Kulturlehre des Sozialismus (1922), hrsg. v. Arthur Kaufmann, 4. Aufl., Frankfurt a. M. 1970, S. 15; *ders.,* Klassenrecht und Rechtsidee, in: *ders.,* Der Mensch im Recht, Göttingen 1957, S. 23ff. (26f.); *Coing,* Grundzüge der Rechtsphilosophie, 5. Aufl., Berlin/New York 1993, S. 209ff.

bestimme, bis zur Kontrolle und Abwehr von Monopolen und Kartellen.

30 Solche Neigungen zum rechtsphilosophischen Dualismus verbunden mit der Suche nach dem Kompromiß wirkt heute allzu undifferenziert. Sowohl im 19. Jahrhundert als auch in den letzten beiden Jahrzehnten neigt man mehr dazu, die von vornherein vorhandenen Zusammenhänge zwischen Recht und Wirtschaft in den Vordergrund zu stellen. Dabei erscheinen drei methodische Vorgehensweisen von besonderer Bedeutung: Die seit Hegel diskutierte *Komplementaritätsthese* von Recht und spezieller Wirtschaftsform (a), der Vergleich von Recht und Wirtschaft als unterschiedlicher *Steuerungsprogramme* der modernen Gesellschaft in den systemtheoretisch beeinflußten Sozialwissenschaften (b) und das Verständnis von Recht und Wirtschaft als eng verwandten Mechanismen zur Lösung von *entscheidungstheoretischen Problemen* in der „ökonomischen Analyse des Rechts" (c).

### a) Recht und Wirtschaft als Komplementärverhältnis

31 Als Komplementärverhältnis hatte bereits zu Beginn des 19. Jahrhunderts Hegel den Zusammenhang zwischen Recht und Wirtschaft gesehen: Im dritten Teil seiner Rechtsphilosophie, der unter dem Begriff „Sittlichkeit" den realen gesellschaftlichen Zusammenhängen gilt, sind nach der Familie in einem zweiten Abschnitt das Wirtschaften der an ihren je einzelnen Bedürfnissen orientierten Individuen und die Rechtspflege gemeinsam unter dem Titel „Die bürgerliche Gesellschaft" zusammengefaßt[38]: Die Rechtspflege schafft danach den Ausgleich der Bedürfnisse, hält die zersplitterte Gesellschaft zusammen, setzt das gemeinsame Interesse an der Erfüllung der Partikularinteressen gegen die Partikularinteressen durch. Hegel versteht dies durchaus auch kritisch: Dieser Art von Gesellschaft, in der das Ganze nur über den Egoismus vermittelt ist, in der in erster Linie die Furcht vor Zwang den einzelnen ganz egoistisch davon abhält, seine Bedürfnisse unmittelbar zu befriedigen, fehlt eine moralische Beziehung des einzel-

[38] *Hegel,* Grundlinien der Philosophie des Rechts (1820), §§ 182–256, in: Werke Bd. 7, Edition Moldenhauer/Michel, Frankfurt a. M. 1970, S. 339ff.

nen zur Gesamtheit, fehlt das, was wir heute wohl „Solidarität" nennen würden[39].

Marx setzt diese Linie fort: Die (formale) Freiheit und Gleichheit des Rechts ist geradezu das Medium, in dem sich eine ungerechte Wirtschaftsordnung verwirklicht. Weil der, der seine Arbeitskraft verkauft, als Anbieter von Waren durch das Recht prinzipiell gleich behandelt werde wie jeder andere Warenanbieter, die Ware Arbeitskraft sich von anderen Waren aber ganz grundlegend unterscheide (sie schaffe neuen Wert), zementiere das Recht den sozialen Unterschied zwischen dem Eigentümer von Produktionsmitteln, bei dem sich diese Werte anhäufen, und dem Anbieter der Arbeitskraft, der auch in dem Sinne „frei" sei, daß er nichts anderes anzubieten habe[40]. Es versteht sich, daß das Verhältnis der Komplementarität bei Marx nur für das als „kapitalistisch" bezeichnete Wirtschaftssystem gilt. 32

**b) Recht und Wirtschaft als unterschiedliche Steuerungsmodelle: Der Streit um „Autopoiesis"**

Solchen Komplementaritätsthesen wird in der Kritik unterschiedlich begegnet, wie etwa die in Anlehnung an die Systemtheorie entfachte Debatte zeigt. Sieht man Gesellschaften als kybernetische Systeme, dann können sie durch unterschiedliche *Programme gesteuert* werden. Normen des Rechts, der Moral, der Konvention etc. können genauso Steuerungsprogramme sein wie an ökonomischen Prinzipien orientierte Wirtschaftsabläufe. Über die Vorzüge der jeweiligen Steuerungsprogramme herrscht natürlich Streit. Auf der einen Seite wird vorgebracht, das politische (rechtliche) Teilsystem der Gesellschaft habe seine führende Stellung an das wirtschaftliche Teilsystem abgegeben, weil dieses die sehr hoch gewordene Komplexität der Gesellschaft besser verarbeiten 33

[39] *Hegel* handelt diesen Aspekt in einem dritten Abschnitt der „Sittlichkeit" als „Der Staat" ab – ein Anlaß für viele Mißverständnisse; *Hegel,* Grundlinien der Philosophie des Rechts (1820), §§ 257–360 (o. Anm. 36), S. 398ff.

[40] Am deutlichsten werden diese Zusammenhänge wohl am Anfang des dritten Kapitels aus dem erst 1939–41 veröffentlichten Manuskript von *Marx,* Grundrisse der Kritik der politischen Ökonomie (1857/58), MEW Bd. 42, Berlin 1983, S. 15ff. (165ff.).

könne. Bestrebungen, im Namen der Humanität (wie bei Hegel oder Marx) gegen diese Eigengesetzlichkeit einer bestimmten Wirtschaftsform vorzugehen, erscheinen dann als „unzivilisierte Versuche, gegen die Entwicklungslage der Gesellschaft die Überordnung der Politik über die Wirtschaft wiederherzustellen“[41]. In ähnlicher Stoßrichtung wird vorgebracht, die Rechtsnormen seien ein Eingriff von außen, der andere soziale Institutionen nur verunsichere, Entrechtlichung müsse also die Devise sein[42]. Dies kann je nach politischen Interessen verbunden sein mit dem Wunsch nach Privatisierung vormals staatlicher Aufgaben („weniger Staat, mehr Unternehmerinitiative“) oder mit dem nach Dezentralisierung von Entscheidungsprozessen, die man trotz „Entrechtlichung“ in politischer Verantwortung belassen will[43].

**34** Von anderen Autoren wird dem rechtlichen Steuerungsmodell gerade mit dem Impetus des 19. Jahrhunderts eindeutig der Vorrang eingeräumt: Dem Recht wird die Aufgabe zugedacht, gegen die an Marktgesetzen orientierte Wirtschaft sozialstaatliche Ziele durchzusetzen, indem es, wie die Wirtschaft, sich an den Folgen orientiere, aber eben an anderen Folgen[44]: an Umverteilung zugunsten durch die Wirtschaft Benachteiligter oder aber auch nur an rechtlicher Absicherung der im wirtschaftlichen Verteilungskampf erreichten Positionen.

**35** Neuerdings wird gar die Politisierung der Wirtschaft als unausweichlich begriffen: Im Falle technologischer Großprojekte werde die Wirtschaft zu einem politischen Unternehmen in dem Sinn, daß hohe Investitionskosten dauerhaften Konsens voraussetzten[45].

---

[41] So *Luhmann,* Positivität des Rechts als Voraussetzung einer modernen Gesellschaft, in: *ders.,* Ausdifferenzierung des Rechts. Beiträge zur Rechtssoziologie und Rechtstheorie, Frankfurt a. M. 1981, S. 113ff. (151f.).

[42] Vgl. etwa *Seibel,* Abschied vom Recht – Eine Ideologie?, in: *Voigt* (Hrsg.), Abschied vom Recht?, Frankfurt a. M. 1983, S. 134ff. (146ff.).

[43] Zu beiden Forderungen vgl. *Voigt,* Steuerung durch Recht?, in: *ders.* (o. Anm. 42), S. 17ff. (43).

[44] Vgl. etwa *Reich,* Markt und Recht. Theorie und Praxis des Wirtschaftsrechts in der Bundesrepublik Deutschland, Neuwied/Darmstadt 1977, S. 28.

[45] *U. Beck,* Die Erfindung des Politischen, Frankfurt a. M. 1993, S. 182ff. (insbes. S. 197ff.)

Eine Weiterentwicklung des systemtheoretischen Verständnisses von Recht und Wirtschaft bedeutet die These vom Recht als einem „autopoietischen" System[46]: Das Recht, so wie andere soziale Systeme, erzeugt und regeneriert sich danach durch ständigen Bezug auf sich selbst. Diese These will zwar nicht leugnen, daß Recht ökonomische und politische Voraussetzungen und Folgen hat, sie behauptet aber, daß alle solche Einflußnahmen von den Teilsystemen nur in ihrem jeweiligen Sinn aufgenommen und verarbeitet werden können, also in Elemente der Systemerhaltung umgesetzt oder abgewiesen werden und somit leerlaufen. 36

Folgende – empirisch freilich nicht abgesicherte – Beobachtungen liegen der Autopoiesis-These zugrunde: Das Recht sei infolge seiner Materialisierung, d. h. des Versuchs, es als Mittel der Sozialgestaltung einzusetzen, notgedrungen immer unbestimmter geworden[47]. Materialisiertes Recht arbeite wesentlich mit Angabe von Zielen, überlasse aber die Auswahl der Mittel aus Gründen der Unüberschaubarkeit ex ante, des raschen sozialen Wandels und zunehmend komplexer werdenden Entscheidungsstrukturen denjenigen, die das Gesetz zu konkretisieren haben. Hingewiesen wird etwa auf das Bundesbaugesetz und das Städtebauförderungsgesetz (seit 1987: BauGB, K. S.) mit Zielformeln wie denen, daß „die Belange des Umweltschutzes" oder „die Belange des Verkehrs"[48] zu berücksichtigen seien. Aus dem Wunsch nach *mehr* Steuerung resultiere so aber ein Eigenleben von Justiz und Verwaltung[49]. Angesichts der in einer pluralistischen Gesellschaft nicht selbstverständlichen Gemeinsamkeit von Wert- und Zielvorstellungen werde auf diese Weise gerade ein *Weniger* an Steuerung 37

---

[46] *Teubner,* Das Recht als autopoietisches System; *Ladeur,* Postmoderne Rechtstheorie. Selbstreferenz – Selbstorganisation – Prozeduralisierung, bes. S. 155ff.

[47] *Maus,* Perspektiven „reflexiven Rechts" im Kontext gegenwärtiger Deregulierungstendenzen. Zur Kritik herrschender Konzeptionen und faktischer Entwicklungen, KritJ 19 (1986), S. 390ff. (394f.); *K. Günther,* Vernunftrecht – nach dem versäumten Augenblick seiner Verwirklichung. Kritische Anmerkungen zu Gerhard Haney, KritJ 25 (1992), S. 178ff. (194).

[48] Dazu *Maus* (o. Anm. 47), S. 395ff.

[49] *Günther* (o. Anm. 47), S. 194; *Maus* (o. Anm. 47), S. 394f.

durch die Gesetzgebung bewirkt. Wolle man aber auf Steuerung nicht ganz verzichten, so biete sich die Suche nach einem anderen Typ von Steuerung als Ausweg an – nach einem Typ von Steuerung, der die Selbstbezüglichkeit sozialer Subsysteme berücksichtige und die Teilrationalität der Subsysteme aufeinander abstimme statt inhaltliche Zielvorgaben hierarchisch durchsetzen zu wollen, also der Typ des „autopoietischen" Rechts[50].

**38** So verstandenes „autopoietisches" Recht arbeitet im wesentlichen mit zwei Methoden: Es ersetzt, wo immer möglich, hoheitliches Staatshandeln durch kooperatives Staatshandeln, durch Konsens- und Kompromißorientierung[51] (also den „Deal", vom Umweltverwaltungsrecht bis zum Strafprozeßrecht), und es zieht sich zurück auf „prozedurale Programmierung": Prozedurales Recht regelt die Verteilung und Zuteilung von Diskurschancen, gibt keine Inhalte vor, sondern nur Wege der Verständigung über Inhalte, orientiert sich also nicht an *Problem*lösung, sondern an *Konflikt*lösung[52].

**39** Man mag zunächst an den empirischen Voraussetzungen solcher Thesen zweifeln und danach fragen, ob es solche Steuerungsprobleme für Recht nicht zu allen Zeiten in verschiedenem Umfang gegeben hat.

**40** Zweifel an der Neuheit betreffen aber nicht nur die beschriebenen Phänomene, sondern auch den Diskurs über sie. Daß das Recht sich, wenn es überhaupt einen Steuerungseffekt haben will, den internen Gesetzmäßigkeiten der zu regelnden Materie anbequemen muß, hat man früher unter dem Stichwort der „Natur der Sache" (sprachlich weniger ambitioniert) diskutiert[53]. Daß das Recht, bezogen auf verschiedene Lebenswelten, einen prozedura-

---

[50] *Teubner* (o. Anm. 46), bes. S. 102ff.

[51] *Teubner* (o. Anm. 46), S. 113ff.; *Eder,* Prozedurales Recht und Prozeduralisierung des Rechts. Einige begriffliche Klärungen, in: *Grimm* (Hrsg.), Wachsende Staatsaufgaben – sinkende Steuerungsfähigkeit des Rechts, Baden-Baden 1990, S. 155ff. (156); *Habermas,* Recht und Moral, in: *ders.,* Faktizität und Geltung. Beiträge zur Diskurstheorie des Rechts und des demokratischen Rechtsstaats, Frankfurt a. M. 1992, S. 541ff. (553).

[52] *Eder* (o. Anm. 51), S. 157.

[53] Dazu unten § 8.2b.

len Charakter hat, ist schon in Kants Vorstellung vom Recht als Inbegriff der Abgrenzung von Freiheitssphären (oben § 2.6b) und in seiner Unterscheidung von Recht und Moral (oben § 3.2a) enthalten. Ja selbst aus der Biologie entlehnte Metaphern für Recht – „Autopoiesis" kommt aus der biologischen Fachsprache – waren schon früher gängig, man denke nur an den „Organismus" des Rechts[54]. Nichts Neues also in der ganzen Debatte über „autopoietisches Recht"? Vielleicht doch ein Aspekt: Die ausdrückliche Empfehlung „kooperativen" Rechts, die Aufforderung zum „Deal", zum „Soft Law"[55].

Der *rechtsphilosophische* Haupteinwand gegen eine solche „Auto- **41**
poiesis"-These könnte sein, daß ein unmittelbar konsensorientiertes Recht auch seine fundamentale Orientierung am Ziel der Gewährleistung menschlicher Freiheit aufgebe[56]. Unmittelbar konsensorientiertes Recht ist ein Recht des Interessenkompromisses im Einzelfall, ein Recht, das nicht „generalisiert". Ein solches Recht könnte sich nicht nur als gefährlich für den demokratischen Rechtsstaat erweisen, weil es u. U. faktische und nicht durch Mehrheitsentscheidungen legitimierte Machtpositionen perpetuiert. Wer etwa mit dem Umweltverschmutzer über den Einbau von Filtern *verhandelt,* statt ihn durch eindeutiges Recht darauf zu *verpflichten,* weicht vor einer gesellschaftlichen Machtposition zurück. Ein solches Recht könnte auch in seinem Verzicht auf das Kriterium der „Verallgemeinerbarkeit" der Entscheidung in einen Gegensatz zur Kantischen „Freiheitsoptimierung" geraten. Ob darin ein Verdikt liegt und ggf. ob ein solches Verdikt berechtigt ist, läßt sich erst auf der Basis einer eingehenden Befassung mit dem Problem nichtpositiver Richtigkeitskriterien klären (unten § 11).

---

[54] Diese Parallele aufzeigend *Rottleuthner,* Biologie und Recht, ZfRSoz 1985, 104ff.; *Lüderssen,* Wär' der Gedank' nicht so verwünscht gescheit, man wär' versucht, ihn herzlich dumm zu nennen, Rechtshistorisches Journal 5 (1986), S. 343ff. (346); *Nocke,* Autopoieis – Rechtssoziologie in seltsamen Schleifen, KritJ 19 (1986), S. 363ff. (369ff.).

[55] *Eder* (o. Anm. 51), S. 156.

[56] *Haney,* Rechtsphilosophie in den juristischen Zeitenwenden, KritJ 25 (1992), S. 168ff. (175).

### c) Ökonomische Analyse des Rechts

42 Die „ökonomische Analyse des Rechts" sieht den Zusammenhang zwischen Recht und Wirtschaft wieder weit enger, indem sie Konflikte zwischen den Zielsetzungen beider Bereiche weitgehend leugnet. Ebenso wie in der Wirtschaft Kosten-Nutzen-Abwägungen angestellt würden, habe sich auch – aus Gründen der Gerechtigkeit – das Recht solchen Abwägungen zu stellen[57]. Einzelne rechtliche Regelungen seien nach dem Kriterium der „Allokationseffizienz" zu beurteilen, d. h. danach, ob durch die jeweilige Regelung, gesamtgesellschaftlich gesehen, Ressourcen verschwendet würden. Diese Art von Gemeinwohlorientierung dient nach der Auffassung ihrer Verfechter auch dem Individualinteresse und ist deshalb konsensfähig (und somit gerecht), weil langfristig auch der kurzfristig durch sie benachteiligte Einzelne mehr Nutzen daraus ziehen könne[58]. Da es sich auch hier bereits um die Problematik eines überpositiven Richtigkeitskriteriums handelt, das in diesem Fall aus der Ethik des Utilitarismus entwickelt worden ist, wird erst unten (§ 10.1) näher darauf einzugehen sein.

43 Es zeigt sich numehr immer deutlicher, daß zur genaueren Klärung einiger angesprochener Fragen die Möglichkeit einer rationalen Begründung nichtpositiver Richtigkeitskriterien geprüft werden muß. Zuvor soll allerdings ein Resümee des bisher Erörterten versucht werden.

## § 4 Die Problematik der Alternativen und die Leistungen des Rechts

**Literatur:** *Habermas,* Faktizität und Geltung. Beiträge zur Diskurstheorie des Rechts und des demokratischen Rechtsstaats, Frankfurt a. M. 1992; *Koch/*

---

[57] *Ott/Schäfer,* Die ökonomische Analyse des Rechts – Irrweg oder Chance wissenschaftlicher Rechtserkenntnis?, JZ, S. 213ff. (215); vgl. auch *Behrens,* Aspekte einer ökonomischen Theorie des Rechts, Rechtstheorie 12 (1981), S. 472ff.; eine kurze Einführung gibt *Burow,* Einführung in die ökonomische Analyse des Rechts, JuS 1993, S. 8ff.

[58] *Ott/Schäfer* (o. Anm. 57), S. 218ff.

*Rüßmann,* Juristische Begründungslehre, München 1982; *Krawietz,* Funktion und Grenzen einer dogmatischen Rechtswissenschaft, Recht und Politik 6 (1970), S. 151ff.; *Luhmann,* Soziologie der Moral, in: *Luhmann/Pfürtner* (Hrsg.), Theorietechnik und Moral, Frankfurt a.M. 1978; *Luig,* Macht und Ohnmacht der Methode, NJW 1992, S. 2536ff.; *Pawlowski,* Methodenlehre für Juristen, 2. Aufl., Heidelberg 1991; *Rüthers,* Die unbegrenzte Auslegung. Zum Wandel der Privatrechtsordnung im Nationalsozialismus, 4. Aufl., Heidelberg 1991; *Smid,* Einführung in die Philosophie des Rechts, München 1991.

Der im bisherigen Text gegebene Überblick über Aspekte des Rechtsbegriffs läßt sich am besten durch ein Wiederaufgreifen der Alternativendiskussion resümieren. 1

## 1. Recht, Gemeinschaft und Freiheit

Daß Recht als Interaktionsform in einem Gegensatz zu unmittelbar aufgrund positiver Emotionen zusammengehaltenen Gemeinschaften steht, ist insbesondere bei näherer Betrachtung des Verhältnisses von Recht und anderen Interaktionsformen deutlich geworden. Das Modell rechtlicher Vergesellschaftung ist also ein anderes als das der freundschaftlichen Vergesellschaftung. Dieser Unterschied steht in einem offensichtlichen Zusammenhang mit der seit Kant diskutierten freiheitsschützenden Funktion des Rechts. 2

Eine Meidung rechtlicher Verfahren zugunsten unmittelbarer freundschaftlich-spontaner oder auf sittlichen Vertrauensgrundsätzen beruhender Beziehungen würde bedeuten, daß der einzelne, soweit er in diesen Beziehungen der Schwächere ist, an ihnen zwangsweise festgehalten werden könnte oder schutzlos einer einseitigen Auflösung von Beziehungen unter für ihn nachteiligen Folgen preisgegeben wäre. Er wäre dann der nackten Macht ausgeliefert, der gegenüber er an keinerlei sie zähmende Instanz appellieren könnte – ein durchaus reales Problem in manchen Ländern der „Dritten Welt". Demgegenüber gibt die Möglichkeit, sich auf Recht zu berufen, also einem zumindest idealtypisch neutralen Dritten entscheiden lassen zu können, die unmittelbare Beziehung also auch autonom verlassen und sich auf sich selbst stellen zu können, einen Freiheitsraum gegenüber außerrechtlichen 3

Einbindungen[1]. Sie gibt eine Art von Spielraum, den man auch als „Befreiung von den Verpflichtungen kommunikativer Freiheit“[2] verstehen kann. Ja das unmittelbar sittliche Verhältnis, das seine Vorzüge gegenüber einem rechtlichen, mit potentiellem Zwang verbundenen Verhältnis gerade der Autonomie der Beteiligten verdankt, wäre paradoxerweise eben gar kein solches sittliches Verhältnis, wenn es nicht auch die Möglichkeit eines autonomen Abbruchs und das heißt eben die Berufung auf Recht beinhalten würde: „*Für* das Verhältnis der Solidarität kann nicht frei sein, wer nicht *von* ihm frei ist“[3]. Etwas anderes könnte allenfalls gelten, wenn alle potentiellen Teilnehmer an solchen unmittelbaren Beziehungen absolut gleich an politischer Macht, Reichtum und sozialem Status wären und sich zudem in einem Konsens über alle grundlegenden (nicht-)rechtlichen Normen befänden, wovon de facto gerade nicht ausgegangen werden kann[4].

### 2. Recht, Abstraktion und Freiheit

4 Auch der mit dem Verhältnis von Gesellschaft und Gemeinschaft zusammenhängende Gesichtspunkt der Abstraktion – daß Recht von der Individualität des einzelnen abstrahiere, daß es Konflikte nicht löse, sondern nur in bestimmter Form kanalisiere – muß nach den angestellten Überlegungen zum Rechtsbegriff zugleich in seinem positiven Aspekt festgehalten werden.

5 Jeder Versuch, Konflikte wirklich zu „lösen“ und die Menschen in ihrer Individualität zu erfassen, z. B. Palaver, „gesellschaftliche

---

[1] Vgl. *Ellscheid,* Die Verrechtlichung sozialer Beziehungen als Problem der praktischen Philosophie, in: Neue Hefte für Philosophie 17 (1979), S. 37ff. (48); *Luhmann,* Soziologie der Moral, in: *Luhmann/Pfürtner* (Hrsg.), Theorietechnik und Moral, S. 8ff. (68).

[2] *Habermas,* Faktizität und Geltung. Beiträge zur Diskurstheorie des Rechts und des demokratischen Rechtsstaats, S. 152.

[3] *Ellscheid* (o. Anm. 1), S. 55. Zu der auf *Schelling* und *Puchta* zurückzuführenden Tradition dieses Gedankens *Smid,* Einführung in die Philosophie des Rechts, S. 165ff.

[4] Vgl. *Abel,* Delegalization, in: Jb. f. RSoz. u. RTh. Bd. 6 (1980), S. 27ff. (40).

Gerichte" oder inoffizielle Betriebsjustiz, bergen Gefahren für die Freiheit des einzelnen in sich. Die idealtypisch gerichtliche Streitregelung erfaßt normalerweise nur den konkreten Streitfall, ohne daß selbst im Strafverfahren die Person (für Fälle besonders schwerer Kriminalität gilt dies nur mit Abstrichen) des Konfliktbeteiligten insgesamt zum Gegenstand der Auseinandersetzung wird. Eine Vermittlung oder Entscheidung durch Laien aus dem Lebensbereich der Konfliktbeteiligten erkauft sich die Vorzüge möglicherweise effizienterer Konfliktlösung durch Beschränkung von Freiheit, die sich aus der totalen Erfassung des Konfliktbeteiligten ergibt. Wer selbst dem Lebensbereich des Beteiligten angehört, ist befangener als der Außerhalbstehende, eine Befangenheit, die im Falle von umfassenden Erziehungszielen der Gerichte noch erhöht würde. Hierin liegt die Kehrseite des durchaus positiv zu bewertenden Versuchs einer umfassenden und nicht nur punktuellen Konfliktlösung. Personale Freiheit ist eben auch Ergebnis *sozialer Differenzierung,* d. h. hier insbesondere der wenigstens teilweisen Absonderungsmöglichkeit des einzelnen von seiner gesellschaftlichen Umwelt, Ergebnis auch seiner immer nur partiellen Erfassung durch Instanzen sozialer Kontrolle[5]. Der besondere Nachteil gruppenunmittelbarer Konfliktregelung wird sichtbar im Verhalten der Gruppe gegenüber Außenseitern – und wer könnte nicht in irgendeiner Hinsicht zum Außenseiter gestempelt werden: Gerade Nachbarschaftsgerichte und Betriebsgerichte können zur Abreaktion verschiedenster Gruppenprobleme gegenüber Außenseitern führen, die etwa als Sündenböcke die Einheit der Gruppe gewährleisten sollen[6].

Die Verhandlung von Konflikten unter Einbeziehung der ge- **6**
samten Individualität des Konfliktbeteiligten bedeutet bei Konflikten im sozialen Nahbereich nicht selten auch eine Einschrän-

---

[5] Vgl. dazu *Rotter,* Die Gesellschaftlichen Gerichte in der DDR und das Problem der Alternativen zum Recht, in: Jb. f. RSoz. u. RTh. Bd. 6 (1980), S. 462ff. (463f.).

[6] Zum Außenseiterproblem Nachweise bei *Hegenbarth,* Sichtbegrenzungen, Forschungsdefizite und Zielkonflikte in der Diskussion über Alternativen zur Justiz, in: Jb. f. RSoz. u. RTh. Bd. 6 (1980), S. 48ff. (70).

kung der Individualsphäre, wie sie im europäischen Kulturkreis üblicherweise nicht als erwünscht gilt. Die in den gruppenunmittelbaren Streitregelungen einfacher Gesellschaften überwiegenden Familien- und Partnerprobleme (und gerade solche Konflikte scheinen sich auch dort für die Beilegung durch Palaver am besten zu eignen) sind nach europäischer Auffassung gerade nicht für die Diskussion mit (nicht frei ausgewählten) Dritten oder gar für die öffentliche Auseinandersetzung bestimmt.

### 3. Recht, Dogmatik und Formalismus

**7** In der Alternativendebatte war viel von Zugangsbarrieren zur Justiz die Rede. Sich auf eine idealtypisch rechtliche Auseinandersetzung einzulassen erfordert viel Geld, viel Zeit und viel soziale Handlungskompetenz und man begibt sich zudem in Abhängigkeit von einem „Rechtsstab“[7], von einem „von besonderen Organen monopolistisch gehandhabten Sanktionsapparat“[8]. Sieht man dies in einem Zusammenhang mit dem angesprochenen Abstraktionsvorwurf, so entsteht jenes Konglomerat von Vorbehalten, das sich in dem Gefühl ausdrückt, man sei im Recht mächtigen und dogmatisch „nach Schema F“ entscheidenden Bürokraten ausgeliefert.

**8** Die Beobachtungen, die solchen Vorbehalten zugrundeliegen, mögen durchaus zutreffen. Juristen arbeiten dogmatisch, d. h. ausgehend von Rechtsnormen nach einem strengen Argumentationskodex, und sie arbeiten formalistisch, d. h. nach feststehenden formellen und informellen Programmen mit einem numerus clausus von Argumenten und eben unter Abstraktion von vielem, was den beteiligten Bürgern besonders wichtig erscheinen mag. Auch hier stellt sich nach dem vorgenommenen Überblick über Aspekte des Rechtsbegriffs die Frage, inwieweit auch solchen Erscheinungen eine positive Bedeutung zugeschrieben werden kann. Was

---

[7] *Max Weber,* Wirtschaft und Gesellschaft, 5. Aufl., Tübingen 1980, S. 18.
[8] *Geiger,* Vorstudien zu einer Soziologie des Rechts (1947), hrsg. v. Maus/Fürstenberg, 2. Aufl., Darmstadt 1970, S. 339.

leistet die Arbeit des „Rechtsstabes", mit all ihrem dogmatischen Formalismus?

Die spezifisch juristische Bearbeitung von Problemen zeichnet sich zunächst dadurch aus, daß eine Sicherheit des Erwartens, eine „Rechtssicherheit", jedenfalls in einem bestimmten Ausmaß, gewährleistet wird. Was dies inhaltlich bedeutet, wurde bereits angesprochen: Erwartungen müssen über eine gewisse Zeit hinweg stabil gehalten werden und institutionell abgesichert sein[9]. Diese Leistungen sind einmal deshalb zu erbringen, weil Dogmatik institutionalisiert ist[10] und damit sowohl gleichmäßiges als auch institutionell abgesichertes Entscheiden möglich macht. Die Institutionalisierung ist zwar notwendige aber noch nicht hinreichende Bedingung für „Rechtsicherheit". Zusätzlich ist notwendig, „daß erkennbar wird, die Erfüllung welcher Bedingungen als hinreichend für das Aussprechen einer konkreten Rechtsfolgenanordnung angesehen wird"[11]. Hierzu eignet sich am besten der Zwang für den „institutionellen Dritten", sämtliche Prämissen seiner Entscheidung (also das jeweilige Gesetz, aber auch die verwendeten juristischen Argumentationsfiguren sowie alle Tatsachenurteile und Wertungen) offenzulegen und aus ihnen die Entscheidung zu deduzieren. **9**

Eine weitere eng damit verknüpfte Funktion juristischer Problembearbeitung ist ihre *Kontrollfunktion*[12]. Nur die Ausweisung aller Prämissen macht Konsistenzkontrolle durch andere möglich, nur der Zwang zur Deduktion aus diesen Prämissen gewährleistet, daß man nicht gegenüber einer Kritik hinterher die eine oder andere als gar nicht tragend für das Ganze einfach zurückzieht. Die Möglichkeit einer Kontrollfunktion erfordert zudem aber eine einheitlich-systematische Darstellung des Rechts – der Normen wie der dogmatischen Argumentationsfiguren. Allgemeine Grundbe- **10**

[9] Vgl. oben § 2.6a.

[10] *Alexy,* Theorie der juristischen Argumentation, Frankfurt a. M. 1978, S. 326, spricht von einer „stabilisierenden Funktion" der Dogmatik.

[11] *Koch/Rüßmann,* Juristische Begründungslehre, S. 141.

[12] Vgl. dazu *Alexy* (o. Anm. 10), S. 331f.; *Koch/Rüßmann* (o. Anm. 11), S. 115ff. („Begründung und Kritik").

griffe und Rechtsinstitute müssen konstituiert werden[13]. Genauso wie die „sachliche Generalisierung" von Erwartungen bedingt dies Abstraktion von vielem, was den konkreten, zu entscheidenden Fall ausmacht. So, wie die Erwartungen nicht zu komplex sein dürfen, um von anderen überhaupt noch als Erwartungen verstanden zu werden[14], fordert die Überprüfbarkeit rechtlicher Entscheidungen die Reduktion des Falles auf das im Sinne der genannten Generalisierungen „Wesentliche".

**11** Bei diesen Bemerkungen zur juristischen Dogmatik muß es hier sein Bewenden haben. Genauere Überlegungen zur Funktion juristischer Dogmatik gehören in den Bereich der Methodenlehre, die hier nur an ihren Berührungspunkten mit der Rechtsphilosophie aufgegriffen werden konnte[15].

### 4. Recht und Unbestimmtheit

**12** Diese positiven Funktionen rechtlicher Dogmatik erweisen sich freilich dann als eine bloße Illusion, wenn das Recht tatsächlich so unbestimmt ist, wie manche seiner Kritiker es behaupten. Wären Ergebnisse rechtlicher Entscheidungen tatsächlich überhaupt nicht determiniert, so könnte die Rechtsdogmatik weder Rechtssicherheit noch Überprüfbarkeit gewährleisten, das Recht könnte überhaupt nicht seiner freiheitsschützenden Funktion im kantischen Sinne gerecht werden.

**13** Die These von der Unbestimmtheit des Rechts ist zunächst einmal gar nicht so neu. Das unvermeidbare Problem semantischer Unbestimmtheit von Rechtsnormen und infolgedessen ihre Auslegungsbedürftigkeit ist bekannt, solange es eine Rechtswissenschaft gibt. Auch gab es immer schon Spielräume dadurch, daß

---

[13] Vgl. *Podlech,* Rechtstheoretische Bedingungen einer Methodenlehre juristischer Dogmatik, in: Jb. f. RSoz. u. RTh. Bd. 2 (1972), S. 492ff.; *Krawietz,* Funktion und Grenzen einer dogmatischen Rechtswissenschaft, Recht und Politik 6, S. 151ff.

[14] Vgl. dazu oben § 2.6a.

[15] Ausführlich zum Verhältnis der normativen Gleichheit zu der von ihm sog. „Kadijustiz" *Pawlowski,* Methodenlehre für Juristen, S. 18ff.

konkrete Situationen erst Normen zugeordnet werden müssen und umgekehrt. Wenn nun heute von einem immer-unbestimmter-Werden des Rechts die Rede ist, so mag man auch dies konzedieren. Die Steuerungsleistung des Rechts wird notgedrungen in dem Maße geringer, wie durch zunehmende Komplexität der Gesellschaft eine Folgeneinschätzung erschwert und der Entscheidungsspielraum im Einzelfall erweitert werden muß. Dies mag zu weiter zunehmenden semantischen Unschärfen und einer Zunahme bloßer Programmsätze im neueren Recht führen. Daß gerade bei semantischen Unbestimmtheiten und bei der Entscheidung über die Angemessenheit einer bestimmten Norm zur Lösung eines bestimmten Falles Einfallstore für politische und wirtschaftliche Interessenentscheidungen liegen, erscheint uns heute selbstverständlich.

Dennoch dürfte die These von der totalen Unbestimmtheit des **14**
Rechts nicht haltbar sein, da semantische und pragmatische Spielräume noch lange nicht bedeuten müssen, daß *jede* Entscheidung mit einem Normtext vereinbar wäre[16]. Dies gilt auch dann, wenn man weiter eine Vielzahl von miteinander konkurrierenden und ihrerseits unbestimmten Interpretationsregeln voraussetzt. Diese weiteren Unbestimmtheiten führen nämlich nicht zu einer Addition oder gar Potenzierung von Unbestimmtheit, da durch sie der Bereich der ursprünglichen Unbestimmtheit nicht erweitert, sondern nur in seiner Einengung kompliziert wird. Zudem würde die These von der totalen Unbestimmtheit des Rechts kombiniert mit der These, daß das soziale Resultat gleichwohl nicht zufällig sei, eine totale Außenbestimmung des Rechts voraussetzen. Eine solche Vorstellung von einer totalen Steuerung durch ein anderes soziales Subsystem ist aber soziologisch naiv.

---

[16] Wie trotz methodisch korrekter Interpretation fast jedes gewünschte Ergebnis erzielt werden kann, sucht *Rüthers,* Die unbegrenzte Auslegung. Zum Wandel der Privatrechtsordnung im Nationalsozialismus, nachzuweisen. Zweifelnd insoweit *Luig,* Macht und Ohnmacht der Methode, NJW, S. 2536ff. (2536); *H. J. Koch,* Die Auslegungslehre der Reinen Rechtslehre im Lichte der jüngeren sprachanalytischen Forschung, Zeitschrift für Verwaltung 1992, 1ff. (7).

15 Ist die Unbestimmtheit des Rechts aber nicht total, so stellt sich für die Rechtsphilosophie die Frage, wie die gleichwohl vorhandenen und heute möglicherweise im Vergleich zu früher noch größeren Spielräume im Recht ausgefüllt werden sollten, ob es also begründbare normative Kriterien auch dort gibt, wo Gesetz und dogmatisches Programm uns im Stich lassen. Gibt es also, wenn politische und wirtschaftliche Interessen das Recht mitbestimmen, vorzugswürdige Interessen, und gegebenenfalls welche? Es ist dies die Frage nach überpositiven Richtigkeitskriterien, denen wir uns im folgenden zuwenden wollen.

# B. Abhängigkeit des Rechts von Prämissen außerhalb des Gesetzes

## § 5 Zur Zulässigkeit der Fragestellung

**Literatur:** *Alexy,* Theorie der juristischen Argumentation, 3. Aufl., Frankfurt a. M. 1990; *Günther,* Der Sinn für Angemessenheit. Anwendungsdiskurse in Moral und Recht, Frankfurt a. M. 1988; *Carl Schmitt,* Die Tyrannei der Werte, in: *Schelz* (Hrsg.), Die Tyrannei der Werte, Hamburg 1979, S. 9ff.; *Smid,* Einführung in die Philosophie des Rechts, München 1991; *Böckenförde,* Zur Kritik der Wertbegründung des Rechts, in: *ders.,* Recht, Staat, Freiheit, Frankfurt a. M. 1991.

Während bisher, im Teil A, das Spezifikum des Rechts im Vergleich zu einigen anderen Regelungsformen des sozialen Zusammenlebens („der Begriff des Rechts") skizziert werden sollte, wenden wir nun die Blickrichtung. Was, so gilt es nun zu fragen, muß Recht, will es die ihm zugedachten Aufgaben erfüllen, immer schon an Prämissen über das Gesetz hinaus voraussetzen? Und kann man diese Voraussetzungen rational erörtern? **1**

Vorweg ist aber zu klären, ob die Frage nach nichtpositiven Richtigkeitskriterien überhaupt legitimerweise von der Rechtsphilosophie gestellt werden kann. Die Antwort darauf ist natürlich eindeutig positiv für jemand, der sich dem traditionellen Naturrecht verbunden fühlt. Sie fällt aber auch positiv aus für den modernen Rechtspositivisten, der sich unter dem Stichwort „Rechtsethik" sehr wohl mit nichtpositiven Richtigkeitskriterien befaßt. Er wird hierbei nur darauf bestehen, daß es sich bei solchen Kriterien nicht um „Recht" handle, soweit das positive Recht sie nicht inkorporiert habe (oben § 2.2). **2**

Es gibt aber auch Stimmen, die gegenüber der Bedeutung nichtpositiver Richtigkeitskriterien für das Recht weitaus skeptischer sind, die angesichts solcher Kriterien um die „Autonomie" des Rechts fürchten. Das Problem sei im folgenden unter dem Gesichtspunkt der „Wertorientierung" (1) und unter dem des spezifisch juristischen Diskurses (2) betrachtet. **3**

### 1. Wertorientierung gefährlich?

4 Muß Rechtswissenschaft in dem Sinne „autonom“ sein, daß sie sich von vornherein allen Versuchen einer Wertbegründung verschließt? Dafür könnte sprechen, daß angesichts unterschiedlicher Wertvorstellungen der Menschen jede Wertorientierung von Recht und Staat notwendig Einzelne und Gruppen von Menschen (nämlich die mit anderen Wertorientierungen) benachteiligen müßte, ja daß selbst die rechtliche Orientierung an einer „Minimalethik“ Minderheiten aus der gemeinsamen Rechtsordnung ausgrenzen würde[1].

5 Nun ist diese Position ihrerseits an bestimmte grundlegende Wertungen gebunden – wie die, daß Recht „Freiheit, Gleichheit und Brüderlichkeit“[2] zu gewährleisten habe. Denn die Kritik an der Wertorientierung speist sich gerade aus der Gefährlichkeit dieses Argumentierens mit Werten für jene Prinzipien. Geht der Streit also nur um unterschiedliche Typen von Werten oder besteht zwischen den Positionen ein weitergehender Unterschied?

6 Prinzipien im Sinne des referierten Diskussionszusammenhangs[3] („Freiheit, Gleichheit, Brüderlichkeit“) gelten allgemein und sind miteinander kompatibel, Werte dagegen sind an Zwecken orientierte Optimierungsregeln, sind gegeneinander abzuwägen, gelten im Einzelfall mehr oder weniger, stellen entsprechend der ökonomischen Herkunft dieser Kategorie prinzipiell alles zur Disposition und zur Verrechnung, ohne daß die jeweilige Rangordnung der Werte diskursiv vermittelbar

---

[1] Mit einer solchen Begründung verweigert *Smid* sich bei vorrangiger Orientierung an *Hobbes* und *Schelling* konsequent jeder Erörterung nichtpositiver Richtigkeitskriterien, *Smid,* Einführung in die Philosophie des Rechts, vgl. vor allem S. 25ff., 43ff., 165ff.

[2] So *Smid* (o. Anm. 1), S. 50.

[3] Anders die Terminologie bei *Alexy,* Theorie der Grundrechte, Frankfurt a.M. 1985, S. 134ff., wonach auch Prinzipien Optimierungsregeln sind. Zu terminologischen Unterschieden in diesem Bereich *Penski,* Rechtsgrundsätze und Rechtsregeln, JZ 1989, S. 105ff.

wäre[4]. Prinzipienorientierung bedeutet also die Betonung des generalisierenden Charakters von Recht, Wertorientierung die Betonung der zweckmäßigen Entscheidung des Einzelfalls[5]. Hinter der Kritik an der Wertorientierung steht die Befürchtung, das Recht wende sich ab von seinen traditionellen Paradigma einer vorab (und durch den demokratischen Gesetzgeber) für alle Fälle gleicher Art getroffenen Entscheidung und entwickle sich zu einer allgemeinen „Abwägungsjurisprudenz", in der alle denkbaren Interessen (ex ante unkalkulierbar) gegeneinander bei der Entscheidung des Einzelfalls verrechnet werden[6]. Letztlich geht es hier wieder um die Auseinandersetzung zwischen Generalisierung und Individualisierung in der Alternativendebatte (oben § 1 und § 4) sowie um die Problematik, ob das moderne Recht nicht um der Kontextsteuerung willen in einem gewissen Umfang Entscheidungen an den Rechtsanwender delegieren *muß* und zudem in einem zunehmenden Maße solcher Abwägungen bedarf. Argumentiert man aber so von den Aufgaben des Rechts her, so gelten die Einwände gegen eine bloße „Werte-Orientierung" auch dann nicht mehr, wenn in diesem Kontext Abwägungen nötig werden. Denn dann formt nicht mehr irgendein Wert das Recht, sondern die Relevanz eines Werts wird von den (anders, etwa aus den genannten Prinzipien, begründeten) Erfordernissen des Rechts bestimmt[7]. Der drohende Verlust an Rechtssicherheit ließe sich zudem sicherlich in nicht geringem Umfang durch generelle Vorgaben für die Gewichtung bei der Abwägung (im bekannten Fall des rechtfertigenden Notstands im Strafrecht etwa durch die unterschiedlichen Strafdrohungen für die Verletzung bestimmter Interessen) kompensieren.

---

4 *Böckenförde,* Zur Kritik der Wertbegründung des Rechts, in: *ders.,* Recht, Staat, Freiheit, S. 67ff.; *Carl Schmitt,* Die Tyrannei der Werte, in: *Schelz* (Hrsg.), Die Tyrannei der Werte, S. 9ff.

5 Zu dieser Unterscheidung *Pawlowski,* Methodenlehre für Juristen, 2. Aufl., Heidelberg 1991, S. 378ff. (Rn. 849ff.).

6 *Pawlowski* (o. Anm. 5), S. 351ff. (Rn. 793ff.).

7 So richtig *Böckenförde* (o. Anm. 4), S. 83.

7 Doch selbst dann, wenn man das Recht (sei es schon begrifflich oder sei es im Hinblick auf erwünschte Zielsetzungen) ausschließlich an den genannten „Strukturprinzipien" von Freiheit, Gleichheit und Brüderlichkeit orientieren will, erfordert die Begründung ebenso wie die nähere Explikation dieser Prinzipien durchaus genauere Überlegungen zu nichtpositiven Richtigkeitskriterien.

### 2. Der spezifisch juristische Diskurs

8 Die Frage, ob überpositive Richtigkeitskriterien ein zulässiger Gegenstand von Rechtsphilosophie sind, taucht auch in einem anderen, aber inhaltlich eng verwandten Diskussionszusammenhang auf: Bei der Frage, ob der spezifisch juristische Diskurs nur ein Sonderfall des allgemeinen moralischen Diskurses sei. Wer dies verneint, hat möglicherweise Mühe, Richtigkeitskriterien, die nicht von vornherein *rechtliche* sind, als rechtsrelevant zu begründen.

9 Die „Sonderfallthese" tritt bei Autoren, die der Diskursethik (dazu unten § 9.2b) nahestehen, in zwei Varianten auf: Nach der einen Variante sind juristischer und moralischer Diskurs in gleicher Weise am Prinzip der Universalisierbarkeit und an bestimmten Diskursregeln wie Zwanglosigkeit oder gleichen Teilnahmechancen orientiert – der juristische Diskurs gehorcht nur zusätzlichen Voraussetzungen wie der Gesetzesbindung[8]. Es liegt natürlich unter diesen Voraussetzungen nahe, dieselben oder wenigstens ähnliche positive Richtigkeitskriterien an beide Diskurse anzulegen und aus ihnen zu entwickeln. Nach der anderen Variante wird zwischen einem Begründungs- und einem Anwendungsdiskurs für nichtpositive Richtigkeitskriterien entschieden und der juristische Diskurs gilt nur als Sonderfall des Anwendungsdiskurses[9], in dem es um die unparteiliche Anwendung von Normen geht. Auch dieser Anwendungsdiskurs muß auf die gesamte Tradition der moralischen Normanwendungslehren von Aristoteles an eingehen.

---

[8] *Alexy,* Theorie der juristischen Argumentation, S. 33f.

[9] *Günther,* Der Sinn für Angemessenheit. Anwendungsdiskurse in Moral und Recht, S. 309.

Gegen alle Varianten der „Sonderfallthese" wird nun eingewandt, sie suggerierten eine „irreführende, weil von Konnotationen des Naturrechts noch nicht gänzlich befreite Subordinierung des Rechts unter die Moral"[10]. Soll die Rechtsphilosophie sich also vor jeder Kontaminierung mit nichtpositiven Richtigkeitskriterien, wie sie nun einmal strukturähnlich in der Moral begegnen, freimachen? Daß dies nicht der Fall sein kann, wird von Habermas, der sich gegen die „Sonderfallthese" wendet, selbst konzediert – nur sind es nach seiner Auffassung nicht moralische Diskurse, die auf das Recht begrenzt Anwendung finden, sondern Moral und Recht erfordern unterschiedliche Konkretisierungen einer (für beide Gebiete gleichermaßen relevanten) abstrakten Fassung von Begründungsstrukturen[11]. **10**

Geht man somit davon aus, daß die Frage nach nichtpositiven Richtigkeitskriterien – noch ganz unabhängig von ihrem Ergebnis – eine legitime Aufgabenstellung für die Rechtsphilosophie bedeutet, so liegt es nahe, diese These gewissermaßen empirisch durch die Beobachtung der Gesetzgebung, der höchstrichterlichen Rechtsprechung und der juristischen Alltagsarbeit zu erhärten – in all diesen Bereichen spielen nichtpositive Richtigkeitskriterien eine zentrale Rolle (§ 6). Im Anschluß an diese Darlegung der praktischen Relevanz solcher Richtigkeitskriterien folgen kurze Überblicke über die historische Entwicklung in der Auseinandersetzung über den Gerechtigkeitsbegriff (§ 7) und über das „Naturrecht" (§ 8). Im Zentrum stehen freilich die aktuelle Debatte über die Möglichkeit einer rationalen Begründung von Normen (§ 9) sowie die aktuelle Gerechtigkeitsdebatte (§ 10). **11**

---

[10] *Habermas,* Faktizität und Geltung. Beiträge zur Diskurstheorie des Rechts und des demokratischen Rechtsstaats, Frankfurt a. M. 1991, S. 286.

[11] *Habermas* (o. Anm. 10), S. 286f.

## § 6 Die praktische Bedeutung außergesetzlicher Prämissen

### 1. Die Abhängigkeit des Gesetzgebers von der Rechtsphilosophie

**Literatur:** *Alexy,* Begriff und Geltung des Rechts, Freiburg/München 1992; *Esser,* Vorverständnis und Methodenwahl in der Rechtsfindung, 1. Aufl., Frankfurt 1970; *Gadamer,* Wahrheit und Methode. Grundzüge einer philosophischen Hermeneutik, 1. Aufl., Tübingen 1960; *Hofmann,* Rechtsphilosophie, in: *Koslowski,* Orientierung durch Philosophie, Tübingen 1991; *Arthur Kaufmann,* Recht und Sittlichkeit, Tübingen 1964; *Noll,* Gesetzgebungslehre, Reinbek bei Hamburg, 1973; *Ogorek,* Richterkönig oder Subsumtionsautomat? Zur Justiztheorie im 19. Jahrhundert, Frankfurt a. M. 1986; *Robbers,* Gerechtigkeit als Rechtsprinzip. Über den Begriff der Gerechtigkeit in der Rechtsprechung des Bundesverfassungsgerichts, Baden-Baden 1980; *R. Sack,* Das Anstandsgefühl aller billig und gerecht Denkenden und die Moral als Bestimmungsfaktoren der guten Sitten, NJW 1985, S. 761 ff.; *Schneider,* Gesetzgebung. Ein Lehrbuch, 2. Aufl., Heidelberg 1991; *Teubner,* Standards und Direktiven in Generalklauseln, Frankfurt a. M. 1971; *ders.,* Generalklauseln als sozionormative Modelle, in: *Lüderssen* u. a., Generalklauseln als Gegenstand der Sozialwissenschaften, Baden-Baden 1978.

1 Gesetzgebung wird noch nicht lange theoretisch erforscht. Seit einigen Jahrzehnten gibt es allerdings Ansätze zu einer Gesetzgebungslehre, die sich mit dem Gang der Gesetzgebung unabhängig von dessen konkreter staatsrechtlicher Ausgestaltung und mit Aufgaben, die dabei u. a. der Rechtsphilosophie zukommen, beschäftigt[1].

2 Der Gang einer jeden Gesetzgebung läßt sich hiernach in groben Zügen wie folgt beschreiben: Zunächst muß für den Gesetzgeber überhaupt etwas zum Problem werden, d. h. er muß eine Situation für regelungsbedürftig halten. Es versteht sich von selbst, daß bereits an dieser Stelle Wertentscheidungen die Arbeit der Gesetzgebung bestimmen: Ob man etwas für regelungsbedürftig hält, mag davon abhängen, ob man einen bestimmten Zustand als einen sozialen Mißstand bewertet. Diagnostiziert man mehrere solche „Mißstände", gibt es also, wie die Gesetzgebungslehre es nennt,

[1] Allg. zur Gesetzgebungslehre, *Schneider,* Gesetzgebung. Ein Lehrbuch; *Hill,* Einführung in die Gesetzgebungslehre, Heidelberg 1982.

mehrere „Problemimpulse", und sind dies mehr, als der Gesetzgeber auch tatsächlich zu regeln in der Lage ist, so ergibt sich die Notwendigkeit einer Abwägung von Prioritäten[2]. Auch für die Prioritätenhierarchie bedarf es normativer Kriterien. Aber die genannten Wertungen können nur sinnvoll vorgenommen werden, wenn dem Gesetzgeber das notwendige Faktenwissen zur Hand ist. Ein „Problemimpuls" kann sich ja u. U. dadurch ergeben, daß der Verdacht entsteht, ein bestimmtes Rechtsinstitut spiele in der Praxis keinerlei Rolle. Der Begründer der Rechtstatsachenforschung, Arthur Nußbaum, konnte dies 1914 etwa von der Inhabergrundschuld behaupten[3]. Entsprechendes gilt z. B. auch vom „Kranzgeld" (§ 1300 BGB).[4] Oder aber es ergibt sich, daß das Rechtsleben außerhalb gesetzlicher Regelungen neue Institute entwickelt, wie es lange Zeit bei den „allgemeinen Geschäftsbedingungen" der Fall war. Will der Gesetzgeber solche Institute in ein Gesetzgebungswerk überführen, so muß er zunächst über ihre faktische Ausgestaltung genau Bescheid wissen, um sich dann diesen Fakten anzuschließen oder ihnen gegenzusteuern. Häufig werden faktische Institute zwar aufgenommen, aber in Orientierung an bestimmten Wertentscheidungen modifiziert. Dies gilt etwa für gegenwärtige Überlegungen zur gesetzlichen Regelung von Absprachen im Strafverfahren.

Sind die Prioritäten gesetzt, so können erst Zielvorstellungen 3
entwickelt werden. Auch hierzu bedarf es natürlich einer genauen Kenntnis der Tatsachen in dem zu regelnden Bereich, ebenso wie einer Abwägung vorhandener Interessen, möglicherweise der Errichtung einer Hierarchie von Werten. Will der Gesetzgeber etwa den Schwangerschaftsabbruch gesetzlich regeln, so muß er ent-

---

[2] Vgl. dazu *Noll,* Gesetzgebungslehre, S. 72ff.; *ders.,* Von der Rechtsprechungswissenschaft zur Gesetzgebungswissenschaft, in: Jb. f. RSoz. u. RTh. Bd. 2 (1972), S. 524ff. (531).

[3] *Nußbaum,* Die Rechtstatsachenforschung. Ihre Bedeutung für Wissenschaft und Unterricht, Tübingen 1914, in: *Rehbinder* (Hrsg.), Die Rechtstatsachenforschung. Programmschrift und praktische Beispiele von Prof. Dr. Arthur Nußbaum, Berlin 1968, S. 24.

[4] *Soergel-Lange,* Komm. zum BGB, Bd. 7, 12. Aufl., Stuttgart 1989, § 1300 Rn. 1.

scheiden, unter welchen Voraussetzungen der Wert des ungeborenen Lebens höher wiegt als die Autonomie der werdenden Mutter und sodann, ob für die Realisierung seiner Wertentscheidung das Strafrecht überhaupt ein taugliches Mittel sein kann. Also auch prognostische Elemente sind hier schon zu beachten: Wirksamkeit und Folgen einer Regelung auf anderen Gebieten bedürfen der Abschätzung, und dies erfordert wieder Faktenkenntnisse. Ist das Gesetz schließlich erlassen, so sollte es nach Möglichkeit einer Folgenkontrolle unterzogen werden. Auch hier ist wieder die Rechtstatsachenforschung gefordert. So gibt es z. B. eine Untersuchung über den Jugendarbeitsschutz aus der Sicht der Jugendlichen, die dem Gesetzgeber Material über Gesetzesverstöße in den Betrieben liefern konnte[5].

4 Schon im Vorgang der Gesetzgebung also müssen sowohl rechtssoziologische als auch rechtsphilosophische Überlegungen angestellt werden. Während es aber – wenn auch erst wenige – Beispiele für den Einsatz der Rechtssoziologie im Gesetzgebungsprozeß gibt, tritt dies im Fall der Rechtsphilosophie bisher nicht so offen zutage. Die Vermutung scheint nicht abwegig, daß die mit der Gesetzgebung verbundenen Wertungsprobleme von den Beteiligten weitgehend als „politische" eingestuft werden, die einer rationalen Argumentation gar nicht zugänglich seien. Ob eine solche Einschätzung richtig ist, werden wir besonders unter § 10 zu klären haben.

### 2. Wertungen grundsätzlicher Art in der höchstrichterlichen Rechtsprechung

5 Die noch Ende des 18. Jahrhunderts und zu Beginn des 19. Jahrhunderts verbreitete Auffassung[6], Wertentscheidungen treffe beim Zustandekommen des Rechts lediglich der Gesetzgeber, während der Richter bloßer Rechtsanwender, bloßer „Mund des Gesetzes"

---

[5] Vgl. *Diekershoff, Kliemt, Diekershoff,* Jugendarbeitsschutz aus der Sicht der Jugendlichen, Essen 1972.

[6] Ausführlich zur Geschichte des Gedankens: *Ogorek,* Richterkönig oder Subsumtionsautomat? Zur Justiztheorie im 19. Jahrhundert.

sei, ist heute der Auffassung gewichen, daß Gesetzgebung und Rechtsprechung, was ihre schöpferische Tätigkeit angeht, lediglich graduell zu unterscheiden seien. Die Vorstellung, Rechtsprechung sei nur ein Akt der Subsumtion, wäre in der Tat naiv. Daß sie sich auf Richtigkeitskriterien stützt, die dem Gesetz nicht entnommen werden können, soll zunächst an einigen Beispielen aus der höchstrichterlichen Rechtsprechung betrachtet werden. Aus den vielerlei Begriffen, an denen sich eine Abstützung auf nichtpositive Richtigkeitskriterien zeigen ließe, sollen hier nur „Gerechtigkeit" (a) und Begriffe aus dem Wortfeld „Sittengesetz" und „gute Sitten" (b) ausgewählt werden.

**a) Am Beispiel Gerechtigkeit**

Für die höchstrichterliche Rechtsprechung, insbesondere für die Entscheidungen des Bundesverfassungsgerichts, ist der Begriff der „Gerechtigkeit" ein immer wiederkehrender Topos[7]. Das Bundesverfassungsgericht verwendet diesen Begriff häufig an entscheidenden Stellen seiner Argumentation und begründet aus diesem Begriff viele seiner Entscheidungen. „Gerechtigkeit" ist danach ein dem Gesetzgeber vorgegebenes Kriterium, an dem seine Gesetze zu messen sind. **6**

Es war ein vergleichsweise banaler Fall, der das Bundesverfassungsgericht schon im ersten Band seiner Entscheidungen zu einer ganz grundsätzlichen Stellungnahme geführt hat. Zu entscheiden war über eine Verfassungsbeschwerde von Bezirksschornsteinfegermeistern gegen das Bundesgesetz zur Ordnung des Schornsteinfegerwesens. U.a. wurde dem Gesetz ein Verstoß gegen Art. 3 GG vorgeworfen, da es für das ganze Bundesgebiet eine Regelung der Beendigung der Berufsausbildung und der Altersversorgung von Bezirksschornsteinfegermeistern herbeiführte und nicht der Tatsache Rechnung trug, daß die Anstellungsverträge der Schornsteinfeger in den einzelnen Bundesländern weitgehend voneinander abwichen. Dazu erklärte das Bundesverfas- **7**

---

[7] Vgl. die Übersicht bei *Robbers*, Gerechtigkeit als Rechtsprinzip. Über den Begriff der Gerechtigkeit in der Rechtsprechung des Bundesverfassungsgerichts.

sungsgericht: „Eine Verletzung des Gleichheitsgrundsatzes liegt nicht schon darin, daß der Gesetzgeber bei der Regelung eines bestimmten Lebensgebietes nicht alle tatsächlichen Verschiedenheiten der Lebensverhältnisse im einzelnen berücksichtigt. Entscheidend ist vielmehr, ob für eine am Gerechtigkeitsgedanken orientierte Betrachtungsweise die tatsächlichen Ungleichheiten in dem jeweils in Betracht kommenden Zusammenhang so bedeutsam sind, daß der Gesetzgeber sie bei seiner Regelung beachten muß“[8].

8 Für die Frage, ob tatsächliche Ungleichheiten auch vom Gesetzgeber berücksichtigt werden müssen, verweist das Bundesverfassungsgericht also auf die „Gerechtigkeit“ und muß damit unterstellen, daß aus diesem Begriff sich entsprechende Kriterien entnehmen lassen. Das Gericht selbst gibt allerdings nicht genauer an, was man unter „Gerechtigkeit“ zu verstehen hat. Es beschränkt sich auf den Hinweis, die tatsächlichen Unterschiede seien im konkreten Fall „von verhältnismäßig geringer Bedeutung“ und ihre Beachtung hätte andere „unbillige Ungleichheiten“ – etwa hinsichtlich der sozialen Lage von Gesellen – zur Folge.

9 Offensichtlich aber, dies zeigt schon eine noch frühere Entscheidung, sieht das Bundesverfassungsgericht den Begriff der „Gerechtigkeit“ in einer ähnlichen Bedeutung wie den der „Gleichheit“ im Sinne des Art. 3 GG. In dieser früheren Entscheidung war eine Verletzung des Gleichheitssatzes wie folgt gekennzeichnet worden: „Der Gleichheitssatz ist verletzt, wenn sich ein vernünftiger, sich aus der Natur der Sache ergebender oder sonstwie sachlich einleuchtender Grund für die gesetzliche Differenzierung oder Gleichbehandlung nicht finden läßt, kurzum, wenn die Bestimmung als willkürlich bezeichnet werden muß“[9]. Für ein Kriterium der Gerechtigkeit werden wir also auf die „Natur der Sache“, auf den „einleuchtenden Grund“ und auf das Verbot der „Willkür“ weiter verwiesen, Begriffe, die schon einen Teil der Schwierigkeiten mit dem Gerechtigkeitsbegriff andeuten. „Natur der Sache“

---

[8] BVerfGE 1, 264ff. (265f.); vgl. auch BVerfGE 57, 107ff. (115).
[9] BVerfGE 1, 14ff. (52).

verweist auf überpositive Vorgegebenheiten, „einleuchtender Grund“ dagegen eher auf begründete Entscheidungen in der konkreten Situation, während der Begriff der „Willkür“ vermuten läßt, daß Gerechtigkeit als „letzte Grenze“[10] für einen im übrigen allein durch das Erfordernis der Begründung eingeengten Handlungsspielraum zu dienen habe.

Wenn die Berufung auf Gerechtigkeit auch in diesen und vielen 10
späteren Fällen mit dem Versuch einer inhaltlichen Ausfüllung des allgemeinen Gleichheitssatzes einhergeht, so gibt es doch auch viele Entscheidungen, in denen eine andere Begrifflichkeit zur „Gerechtigkeit“ führt. Bezeichnend ist etwa eine neuere Entscheidung[11], in welcher der Grundsatz der Verhältnismäßigkeit für die Anordnung und Fortdauer der Unterbringung in einem psychiatrischen Krankenhaus den Ausgangspunkt bildet: „Es ist unverzichtbare Voraussetzung eines rechtsstaatlichen Verfahrens, daß Entscheidungen, die den Entzug der persönlichen Freiheit betreffen, auf zureichender richterlicher Sachaufklärung beruhen und eine in tatsächlicher Hinsicht genügende Grundlage haben, die der Bedeutung der Freiheitsgarantie entspricht. Das folgt letztlich aus der Idee der Gerechtigkeit, die wesentlicher Bestandteil des Grundsatzes der Rechtstaatlichkeit ist und an der sich jedwede Rechtspflege messen lassen muß.“

Von jeher im Zentrum der allgemeinen Aufmerksamkeit stan- 11
den freilich Entscheidungen, in denen der Begriff der „Gerechtigkeit“ ein Argumentationstopos für die Aufarbeitung politischer Umbrüche war. Die Vorstellung von der „Gerechtigkeit“ als einer überpositiven Vorgegebenheit, mit deren Hilfe sich ganze Rechtsordnungen kritisieren lassen, findet sich in Entscheidungen aus der Nachkriegszeit ebenso wie in Entscheidungen aus der Zeit nach der deutschen Einigung. So argumentiert das Bundesverfassungsgericht gegen die Ablehnung der Erteilung eines Erbscheines mit der Begründung, gemäß § 2 der 11. VO von 1941 sei den im Ausland lebenden Juden die deutsche Staatsangehörigkeit aber-

[10] Vgl. dazu auch BVerfGE 3, 225ff. (232f.).
[11] BVerfGE 70, 297ff. (308).

kannt worden: „Recht und Gerechtigkeit stehen nicht zur Disposition des Gesetzgebers ... Daher hat das Bundesverfassungsgericht die Möglichkeit bejaht, nationalsozialistischen ‚Rechts'-Vorschriften die Geltung als Recht abzuerkennen, weil sie fundamentalen Prinzipien der Gerechtigkeit so evident widersprechen, daß der Richter, der sie anwendet oder ihre Rechtsfolgen anerkennen wollte, Unrecht statt Recht sprechen würde"[12].

**12** Ähnlich weitgehende Konsequenzen aus dem Gerechtigkeitsbegriff zieht der Bundesgerichtshof jüngst in seinem „Mauerschützenurteil". In Anknüpfung an eine Formel, die Gustav Radbruch nach dem Ende der Nazi-Herrschaft vorgeschlagen hat[13], mißt das Gericht positives Recht ausdrücklich daran, ob in ihm ein „offensichtlich grober Verstoß gegen Grundgedanken der Gerechtigkeit und Menschlichkeit zum Ausdruck kommt" und nimmt dies an, wenn der Widerspruch des positiven Rechts zur Gerechtigkeit so unerträglich sei, „daß das Gesetz als unrichtiges Recht der Gerechtigkeit zu weichen hat"[14].

**13** In all diesen Fällen wird Gerechtigkeit nicht definiert, bestenfalls in eine Nähe zum Gleichheitssatz gerückt; der Inhalt wird dabei eher einem Evidenzerlebnis, einer moralischen Intuition, anheimgegeben. Die Entscheidungen der ersten Nachkriegszeit erwecken dabei den Eindruck, es werde von einer überzeitlichen „Idee der Gerechtigkeit", von „Normen ..., die vielfach als übergesetzlich bezeichnet werden"[15], ausgegangen. Spätere Entscheidungen rükken den Gerechtigkeitsbegriff näher an sich wandelnde Vorstellungen innerhalb der Gesellschaft. Die Rechtsprechung der Zivilgerichte, wonach bei schweren Verletzungen des allgemeinen Persönlichkeitsrechts Ersatz in Geld auch für immaterielle Schäden beansprucht werden kann, hält das Bundesverfassungsgericht mit

---

[12] BVerfGE 23, 98ff. (106); vgl. auch – die einzelnen Begründungen „einer am Gerechtigkeitsgedanken orientierten Betrachtungsweise" zusammenfassend – BVerfGE 71, 39ff. (58f.).

[13] *Radbruch,* Gesetzliches Unrecht und übergesetzliches Recht (1946), in: *ders.,* Rechtsphilosophie, hrsg. v. Wolf/Schneider, 8. Aufl., Stuttgart 1973, S. 339ff. (345).

[14] BGH, NJW 1993, 141ff. (144).

[15] BVerfGE 3, 225ff. (232f.).

folgender Argumentation aufrecht: Entscheidungskriterien dafür, wann der Richter nicht mehr an den klaren Wortlaut einer Norm gebunden ist, sind „die materiellen Gerechtigkeitsvorstellungen einer gewandelten Gesellschaft"[16].

Bei alledem findet man in der Rechtsprechung nicht nur wenig Hinweise auf den Inhalt des Gerechtigkeitsbegriffs, sondern auch sein Status im Verhältnis zu anderen positiven Bewertungen bleibt weitgehend unbestimmt. Dies gilt insbesondere im Verhältnis von „Gerechtigkeit" zur „Rechtssicherheit". **14**

In einer Entscheidung muß sich das Bundesverfassungsgericht mit der grundsätzlichen Bedeutung der Wiederaufnahme eines rechtskräftig abgeschlossenen Verfahrens beschäftigen. Dazu führt es aus: „Das Prinzip der Rechtssicherheit liegt mit der Forderung nach materialer Gerechtigkeit häufig in Widerstreit ... Das Rechtsinstitut der Wiederaufnahme eines rechtskräftig abgeschlossenen Verfahrens ist eine typische Ausprägung dieser Konfliktsituation. In diesem Rechtsinstitut wird um des Grundsatzes der materialen Gerechtigkeit willen das Prinzip der Rechtssicherheit durchbrochen. Dabei wirkt sich jedoch dieses Prinzip dahin aus, daß die Durchbrechung an eine eng begrenzte Anzahl besonderer Ausnahmetatbestände gebunden ist"[17]. Den Ausnahmecharakter der Wiederaufnahmegründe erklärt das Gericht also mit dem Prinzip der „Rechtssicherheit", das dem der „materialen Gerechtigkeit" entgegenstehe. Andere Entscheidungen wieder sehen die Rechtssicherheit gerade als Element der Gerechtigkeit[18], ein Gedanke, der auch dort zum Tragen kommt, wo der Gerechtigkeitswert von *Verfahrensnormen* gerade darin gesehen wird, daß sie *gerechte* Ergebnisse ermöglichen[19]. **15**

Generell ist also zu erkennen, daß die verfassungsgerichtliche Rechtsprechung offensichtlich ohne einen Begriff der „Gerechtigkeit", der auf überpositive Richtigkeitskriterien verweist, nicht auskommen kann. Daß dieser Begriff hierbei üblicherweise bei **16**

---

[16] BVerfGE 34, 269ff.
[17] BVerfGE 22, 322ff. (329).
[18] BVerfGE 3, 225ff. (237) – Art. 17 GG.
[19] BVerfGE 61, 324ff. (343); 46, 214ff. (222).

der Interpretation von Verfassungsnormen Verwendung findet, besagt noch nicht, daß er daraus seinen Inhalt beziehen könnte – er wäre sonst in der jeweiligen Argumentationssituation überflüssig. Seine legitimierende Funktion kann dieser Begriff gleichwohl dadurch erhalten, daß er insbesondere dort Verwendung findet, wo verbreitete Gerechtigkeitsintuitionen vorhanden sind oder vom Gericht unterstellt werden. Diese Vorgehensweise muß freilich spätestens dort scheitern, wo zu einer Problematik in der Gesellschaft verschiedene Gerechtigkeitsüberzeugungen vorhanden sind – eine Situation, die sich in der pluralistischen Gesellschaft in Zukunft eher häufiger als bisher einstellen dürfte. Man braucht hierfür nur an die höchst kontrovers diskutierten Probleme des Schwangerschaftsabbruchs, der Gentechnologie sowie der Asyl- oder Militärpolitik zu denken.

**17** Daß nichtpositive Richtigkeitskriterien insbesondere in der verfassungsgerichtlichen Rechtsprechung ebenso wie in der Gesetzgebung eine maßgebende Rolle spielen, dürfte noch am wenigsten kontrovers sein. Der verfassungsgerichtlichen Rechtsprechung wird allgemein konzediert, daß sie sich zumindest in großer Politiknähe bewegt und deshalb mit Entscheidungen befaßt ist, die nicht allein durch das positive Recht vorgegeben sind. Aber auch die ordentliche Gerichtsbarkeit befindet sich, wie gleich zu sehen sein wird, in keiner prinzipiell anderen Situation.

### b) Am Beispiel „Sittengesetz", „gute Sitten" o.ä.

**18** Häufig mußten sich die Strafsenate des BGH mit Fragen der Sittlichkeit oder der Sittenwidrigkeit beschäftigen. Fast schon legendäre Berühmtheit hat hierbei das Kuppeleiurteil des BGH erlangt[20]. Der große Senat in Strafsachen war zur Entscheidung darüber angerufen worden, ob Geschlechtsverkehr zwischen Verlobten unzüchtig im Sinne der §§ 180, 181 StGB a.F. sei. Er bejahte dies grundsätzlich damit, daß außerehelicher Geschlechtsverkehr gegen das Sittengesetz verstoße und charakterisierte dieses Sitten-

---

[20] BGHSt 6, 46ff. Vgl. zu dieser und zu einigen folgenden Entscheidungen auch *Arthur Kaufmann,* Recht und Sittlichkeit, S. 34ff.; *ders.,* Strafrechtspraxis und sittliche Normen, JuS 1978, S. 361ff.

gesetz folgendermaßen: „Normen des Sittengesetzes ... gelten aus sich selbst heraus; ihre (starke) Verbindlichkeit beruht auf der vorgegebenen und hinzunehmenden Ordnung der Werte und der das menschliche Zusammenleben regierenden Sollenssätze; sie gelten unabhängig davon, ob diejenigen, an die sie sich mit dem Anspruch auf Befolgung wenden, sie wirklich befolgen und anerkennen oder nicht; ihr Inhalt kann sich nicht deshalb ändern, weil die Anschauungen über das, was gilt, wechseln“[21]. Der BGH setzt hier zur Lösung eines konkreten Falles die Existenz eines unwandelbaren Sittengesetzes und seine eigene Kenntnis dieses Sittengesetzes voraus.

Ganz anders, nämlich als dem zeitlichen Wandel unterworfen, **19**
erscheinen dagegen die Normen der Sittlichkeit im 15 Jahre später (1969) ergangenen „Fanny Hill“-Urteil. Darin galt es zu entscheiden, ob die Schrift „Die Memoiren der Fanny Hill“ im Sinne des § 184 I Nr. 1a.F. StGB eine „unzüchtige Schrift“ sei. Der BGH verneint dies mit der Begründung, daß die Anschauungen sich eben gewandelt hätten: „Die Anschauungen darüber, was in diesem Sinne gemeinschaftsschädigend wirkt und wo demnach die Toleranzgrenze gegenüber geschlechtsbezogenen Darstellungen zu ziehen ist, sind zeitbedingt und damit dem Wandel unterworfen“[22].

Sieht man sittliche Normen dem Wandel unterworfen, so resul- **20**
tiert daraus allerdings die Schwierigkeit, daß man angeben muß, auf *wessen* Anschauungen es für die Diagnose eines Wandels ankommt. Der BGH verweist in dem genannten Urteil darauf, daß die Rechtsprechung sich „nicht nach den Auffassungen besonders prüder oder ungewöhnlich weitherziger Kreise zu richten“ habe. Offenbar soll also auf eine Durchschnittsmeinung abgestellt werden. Anders hatte der BGH bei der Frage entschieden, ob in der studentischen Bestimmungsmensur ein Sittenverstoß im Sinne des § 226a StGB zu sehen sei. Zugunsten des Angeklagten legte der BGH die Vorschrift eng aus: „Als Verstoß gegen die guten Sitten

---

[21] BGHSt 6, 46ff. (52).
[22] BGHSt 23, 40ff. (42).

kann deshalb in diesem strafrechtlichen Sinne nur das angesehen werden, was nach dem Anstandsgefühl aller billig und gerecht Denkenden zweifellos kriminell strafwürdiges Unrecht ist"[23].

21 Fragen dieser Art ergeben sich in allen Rechtsgebieten. Daß das Begriffsfeld „Sitte" mit sozialethischen *Vorstellungen* in der Bevölkerung zu tun hat, wird dabei heute allgemein anerkannt. So stellt etwa der BFH für sittliche Beistandspflichten i. S. des § 33 II 1 EStG auf „in der Bevölkerung anerkannt(e)" Auffassungen ab, wonach auch das Zusammenleben homosexueller Menschen solche Beistandspflichten erzeuge[24]. Aber gerade auch auf der Basis, daß die „guten Sitten" nichts anderes seien als „die dem geschichtlichen Wandel unterworfenen sozialethischen Wert*vorstellungen*" (Hervorhebung von mir, K. S.) oder „die vorherrschende sozialethische Überzeugung"[25], kann man, wie die beiden „Peep-Show"-Entscheidungen des BVerwG zeigen, methodisch unterschiedliche Wege einschlagen: Man kann die „guten Sitten" i. S. des § 33a Abs. 2 Nr. 1 GewO durch den Begriff der „Menschenwürde" in Art. 1 Abs. 1 GG ausfüllen und diesen Begriff, verstanden als ein „wertethisches Prinzip", auf der Grundlage einer bestimmten philosophisch-weltanschaulichen Konzeption normativ bestimmen[26]. Man kann aber auch mit Blick auf die veröffentlichte Literatur Vermutungen anstellen über die insoweit „in der Rechtsgemeinschaft vorherrschende Überzeugung"[27] und die „guten Sitten" in diesem Sinne festlegen.

22 Die betrachteten Entscheidungen sind von großem Interesse für die Beantwortung der Frage, welchen Zugang die Rechtsphilosophie über die Verwendung von Wertungen grundsätzlicher Art zur höchstrichterliche Rechtsprechung erhält. Eine Rechtspre-

---

[23] BGHSt 4, 24 ff. (32).

[24] BFH, NJW 1991, 2312.

[25] BVerwGE 64, 274 ff. (276) bzw. BVerwG, NVwZ 1990, 668 ff. (668). Zu beiden Entscheidungen *Discher,* Die Peep-Show-Urteile des BVerwG – BVerwGE 64, 274 und BVerwG, NVwZ 1990, 668, JuS 1991, S. 642 ff.

[26] So BVerwGE 64, 274 ff. (276).

[27] So BVerwG, NVwZ 1990, 668 ff. (669).

chung, die vom „ewigen Sittengesetz" spricht, würde sich möglicherweise für eine Art von Rechtsphilosophie interessieren, die sich um die Darstellung solch ewiger Sittengesetze bemüht. Im schlimmsten Fall kann allerdings die Behauptung eines solchen „ewigen Sittengesetzes" nur eine Methode sein, sich dem Anspruch auf soziale Akzeptanz oder gar auf Begründung der Entscheidung zu entziehen. Behauptet man jedoch, sittliche Normen seien dem Wandel unterworfen, so läßt sich auf zweierlei Art und Weise vorgehen: Man kann sich als Gericht dazu aufgerufen fühlen, den derzeitigen Stand der Sittlichkeit normativ zu bestimmen („so sollte man sich heute verhalten"), was, soweit das Gesetz keine klaren Vorgaben enthält, eine eigene rechtsethische Begründung verlangt. Dazu bedarf es allerdings schon einer ziemlich anspruchsvollen rechtsphilosophischen Argumentation. Oder man kann versuchen, nach sozialen Normen oder Wertungen zu suchen, die tatsächlich vertreten werden, und diese zur Richtschnur der Entscheidung machen.

In der für diese Problematik einschlägigen Diskussion über die **23**
Bedeutung von Generalklauseln werden solche Methodenprobleme der Entscheidungsfindung diskutiert. Nach der einen Auffassung soll der Richter, der mit Generalklauseln (wie z. B. dem § 242 BGB oder dem § 226a StGB) konfrontiert wird, ein selbständiges richterliches Werturteil aufstellen und damit „sittenbildend" auch gegen eine möglicherweise ganz andere tatsächliche Verhaltensregelmäßigkeit vorgehen[28]. Daß es nur auf die Auffassung des Richters ankommen soll, kann freilich auch ganz ohne diesen „sittenbildenden" Impetus behauptet werden[29]. Nach der gegenteiligen Auffassung müßten die oben zitierten Entscheidungen beim Wort genommen werden und es wäre zu untersuchen, welche Auffassungen in der Gesellschaft zu den angeschnittenen Fragen tatsächlich existieren. Dies würde empirisch-soziologische Forschungen voraussetzen, es sei denn, man

---

[28] Vgl. etwa *Stammler,* Die Lehre vom richtigen Rechte, Berlin 1902, S. 12ff.; *Eb. Schmidt,* Schlägermensur und Strafrecht, JZ 1954, S. 369 (374f.).

[29] So ausdrücklich OVG Schleswig, NJW 1992, 258f.

wollte unterstellen, der Richter erfasse aufgrund seiner Sozialisation diese Auffassungen intuitiv richtig. Heute neigt man dazu, *beide* Gesichtspunkte in Generalklauseln enthalten zu sehen. Generalklauseln haben nach Teubner drei Funktionen: eine Rezeptionsfunktion, eine Transformationsfunktion und eine Delegationsfunktion[30].

**24** *Rezeptionsfunktion* bedeutet, daß mit Hilfe einer Generalklausel außerrechtliche soziale Normen aufgenommen werden. Für solche sozialen Normen ist kennzeichnend, daß über eine Verhaltensregelmäßigkeit hinaus das Bewußtsein besteht, Abweichungen von dieser Regelmäßigkeit seien mit irgendeiner negativen Sanktion belegt und diese Umstände (Verhaltensregelmäßigkeit und Sanktion) würden von den Beteiligten gebilligt. Eine gezielte Erforschung solcher sozialer Normen in der Rechtspraxis gab es bisher soweit ersichtlich nur im Wettbewerbsrecht[31]: Verhalten sich bestimmte Kaufleute regelmäßig in bestimmter Weise, erwarten sie dies auch von anderen und halten andere diese Erwartung auch für gerechtfertigt?

**25** Die *Transformationsfunktion* besteht darin, daß Wertvorstellungen in der Bevölkerung, die sich noch nicht zu verbindlichen Verhaltensmodellen (Normen) verdichtet haben, über Generalklauseln in das Recht aufgenommen werden. Dies ist ungleich schwieriger als die Aufnahme sozialer Normen: Sind unterschiedliche Präferenzen vorhanden (was die Regel sein dürfte), so bedarf es für den Rechtsanwender eines Kriteriums für die Entscheidung zwischen ihnen, und dieses Kriterium läßt sich gerade nicht empirisch gewinnen.

**26** Damit ist die Transformationsfunktion doch schon eng verwandt mit der *Delegationsfunktion:* Der Richter muß nach Maß-

---

[30] *Teubner,* Standards und Direktiven in Generalklauseln, S. 60ff.; i. S. eines komplexeren Kombinationsmodells *ders.,* Generalklauseln als sozio-normative Modelle, in: *Lüderssen* u. a., Generalklauseln als Gegenstand der Sozialwissenschaften, S. 13.

[31] Vgl. dazu *Noelle-Neumann/Schramm,* Umfrageforschung in der Rechtspraxis, Weinheim 1961, S. 16ff.; *Knaak,* Demoskopische Umfragen in der Praxis des Wettbewerbs- und Warenzeichenrechts, Weinheim 1986.

gabe gesetzlicher Zielvorstellungen selbst verbindliche Verhaltensmuster entwerfen, eine genuin gesetzgeberische Tätigkeit ist mittels Generalklauseln an ihn delegiert. War bei der Transformationsfunktion wenigstens noch eine empirische Materialsammlung Grundlage der eigenen Wertung, so fällt bei der Delegationsfunktion auch diese noch weg. Will der Richter in beiden Fällen nicht willkürlich entscheiden, so wird er sich nach rationalen Entscheidungskriterien umsehen müssen, wie die Rechtsphilosophie sie erörtert.

Welche der genannten Funktionen (Rezeptions-, Transformations- und Delegationsfunktion) im Einzelfall zum Tragen kommt, hängt nicht allein vom Wortlaut der jeweiligen Generalklausel und ihrer herrschenden Interpretation ab. Der Hinweis auf die „Verkehrssitten" etwa in § 242 BGB muß noch nicht bedeuten, daß hier nur nach sozialen Normen geforscht werden sollte oder auch nur könnte, ganz abgesehen davon, daß „Treu und Glauben" ohnehin schwerlich operationalisiert (d. h. so umformuliert, daß die mit den Begriffen bezeichneten Gegenstände der Beobachtung zugänglich sind) werden könnten. Daß in der Rechtspraxis bisher nur im Bereich des Wettbewerbsrechts die empirische Soziologie um Hilfe angegangen wurde, ist kaum zufällig. Eindeutige soziale Normen sind um so schwerer festzustellen, je größer und inhomogener der Personenkreis ausfällt, auf dessen Auffassung es ankommen soll. In den hier vorangestellten Entscheidungsbeispielen dürfte der Hinweis des BGH auf die „nicht besonders prüden" und „ungewöhnlich weitherzigen Kreise" oder „alle billig und gerecht Denkenden" deshalb eher den Umstand verschleiern, daß das Gericht gar nicht im entferntesten an die Möglichkeit einer Meinungsbefragung (wessen?) dachte, sondern in Wahrheit ganz selbstverständlich von einer Delegation der Entscheidung dieser Wertungsfragen ausging. Der Hinweis auf Ansichten anderer hat dabei allein legitimatorische Bedeutung[32]. 27

[32] In diesem Sinne auch *Haberstumpf*, Die Formel vom Anstandsgefühl aller billig und gerecht Denkenden in der Rechtsprechung des Bundesgerichtshofs, Berlin 1976, S. 73f.

Der Richter versteht sich kraft seines Amtes als Repräsentant der gerecht und billig Denkenden[33].

28 Es kann hier nicht die Aufgabe sein, darüber zu entscheiden, in welchen Fällen von Tatsachenbehauptungen in der höchstrichterlichen Rechtsprechung empirische Forschungen sehr wohl hätten angestellt werden sollen und können. Grundsätzliche Vorbehalte, aber auch viele praktische Probleme, nicht zuletzt die Kostenfrage, dürften ernsthafte Überlegungen in diese Richtung bisher behindert haben. Es sollte nur an einigen Beispielen verdeutlicht werden, wie in der höchstrichterlichen Rechtsprechung häufig rechtsphilosophische Überlegungen vorausgesetzt werden, weil das Recht selbst in vielen Normen die „Moral" ausdrücklich oder konkludent inkorporiert[34].

### 3. Wertungen im juristischen Alltag

28 Daß die höchstrichterliche Rechtsprechung bei der Beschäftigung mit Begriffen wie „Gerechtigkeit" oder „Sittlichkeit" Wertungen produziert, die auf das Interesse der Rechtsphilosophie stoßen, wird selbst einem juristischen Laien schnell einleuchten. Viel wichtiger aber noch ist, daß der juristische Alltag ständig Situationen schafft, in denen die eigentliche Rechtsdogmatik allenfalls zu einer Problemdefinition führt, aber selbst nicht die Lösung bereit hält. Man spricht insoweit vom „Offenheitsbereich" des positiven Rechts[35], der dazu führt, daß weit über den Bereich ausdrücklicher Inkorporationen hinaus der Bezug auf Richtigkeitskriterien, die das positive Recht inhaltlich nicht vorgibt, doch von eben diesem positiven Recht notwendig vorausgesetzt wird.

---

[33] *R. Sack,* Das Anstandsgefühl aller billig und gerecht Denkenden und die Moral als Bestimmungsfaktoren der guten Sitten, NJW 1985, S. 761ff. (763f.). Zum Verständnis der Generalklauseln als Delegationsnormen auch *Rüthers,* Allg. Teil des BGB, 8. Aufl., München 1991, Rn. 382.

[34] Auf damit zusammenhängende methodische Probleme geht *Neumann,* Positivistische Rechtsquellenlehre und naturrechtliche Methode. Zum Alltagsnaturrecht in der juristischen Argumentation, in: *R. Dreier* (Hrsg.), Rechtspositivismus und Wertbezug des Rechts, Stuttgart 1990, S. 141ff. ein.

[35] *Alexy,* Begriff und Geltung des Rechts, S. 118.

## a) Semantische Spielräume in der Interpretation

Zu solchen Grenzsituationen juristischer Dogmatik gehören in erster Linie die bekannten Schwierigkeiten bei der Interpretation von Gesetzen. Daß man trotz korrekter Orientierung an der Grammatik noch in solche Schwierigkeiten geraten kann, führt die neuere Methodenlehre insbesondere auf zwei mögliche Eigenschaften von Wörtern zurück: Sie können „mehrdeutig" oder „vage" sein. 30

*Mehrdeutigkeit* meint, daß es für ein- und dasselbe Wort verschiedene semantische Anwendungsregeln gibt, daß es in verschiedenen Kontexten verschiedene Bedeutungen erlangen kann. Man denke an das Wort „Star", das je nach Kontext einen Vogel, einen Schauspieler oder eine Augenkrankheit meinen kann[36]. Häufig sind die verschiedenen Bedeutungen allerdings näher verwandt: „Schaden" i. S. des Betrugstatbestandes (§ 263 StGB) kann z. B. jeder wirtschaftliche Nachteil sein oder nur eine Beeinträchtigung rechtlich geschützter Positionen. 31

*Vagheit* bedeutet dagegen, daß die Verwendungsregeln eines Wortes für eine Anzahl von Gegenständen positiv wie negativ klar sind, daß es „dazwischen" aber Gegenstände gibt, die sich nicht eindeutig dem Wort zurechnen lassen („neutrale Kandidaten")[37]. Daß es etwa ein „Beschädigen" i. S. des § 303 StGB ist, wenn jemand ein Auto zertrümmert, entspricht eindeutig dem üblichen Wortgebrauch (Substanzverletzung = Beschädigung). Andererseits ist auch klar, daß derjenige das Auto nicht beschädigt, der es lediglich mit einem anderen Anstrich versieht (aus kriminalpolitischen Gründen, die nichts mehr mit Gesetzesauslegung zu tun haben, ist im Strafrecht allerdings auch das umstritten). Dazwischen liegen jene Handlungen, hinsichtlich derer allein vom üblichen Sprachgebrauch her nicht entschieden werden kann, ob sie zum „Beschädigen" gehören 32

---

[36] Vgl. *Koch/Rüßmann,* Juristische Begründungslehre, München 1982, S. 192.

[37] *Koch/Rüßmann* (o. Anm. 36), S. 194ff.

(z. B. Ablassen von Luft aus dem Reifen durch Aufschrauben der Ventile[38]).

**33** Wie entscheidet man nun in solchen Fällen, in denen weder der Wortlaut noch der Kontext weiterhelfen? Man fragt nach dem Willen des (historischen) Gesetzgebers oder nach der „ratio" des Gesetzes (subjektiv bzw. objektiv teleologische Interpretation). Das Problem, in welcher Rangfolge beide Interpretationen im Kollisionsfall zueinander stehen, kann hier nicht behandelt werden. An dieser Stelle interessiert nur, welche Überlegungen in beiden Fällen anzustellen sind. Fragt man nach dem Willen des Gesetzgebers, so läßt sich dafür u. U. aus den veröffentlichten Motiven etwas entnehmen. Kann man, was nicht häufig der Fall sein wird, einen eindeutigen gesetzgeberischen Zweck finden, so ist empirisches Wissen darüber erforderlich, welche Interpretation dem jeweiligen Zweck gerecht wird[39] – das gilt entsprechend natürlich auch für die „objektiv-teleologische" Auslegung. Sozialwissenschaftliche und/oder naturwissenschaftliche Erkenntnisse sind dann an diesem Punkt unerläßlich.

**34** Dies läßt sich besonders gut zeigen bei relativ klaren Zielvorgaben wie im Besonderen Verwaltungsrecht. In stark ideologisch geprägten Rechtsgebieten wie dem Strafrecht, dessen gesetzgeberische Zwecke häufig sehr generell sein werden (Schutz bestimmter Rechtsgüter, Bekämpfung bestimmter krimineller Handlungen), ist eine solche Vorgehensweise schon sehr viel schwieriger. Die Ziele „Schutz des Vermögens" oder „Schutz des Eigentums" sagen für die Beantwortung der in unseren Beispielen („Schaden" in § 263 StGB, „Beschädigen" in § 303 StGB) aufgeworfenen Fragen noch wenig aus. Der Richter wird nach einer konkreten „ratio legis" fragen, wie sie ihm vom Gesetzgeber nicht ausdrücklich vorgegeben ist (etwa indem er „Schaden" aus dem Gedanken der Einheit der Rechtsordnung eng oder aus dem Bestreben, keine strafrechtsfreien Räume entstehen zu lassen, weit interpretiert, und indem er „Beschädigen" ausgerichtet am Interessenhorizont

---

[38] Vgl. dazu BGHSt 13, 207ff.

[39] Vgl. *Koch/Rüßmann* (o. Anm. 36), S. 216.

des Opfers auch als „Beeinträchtigung des bestimmungsgemäßen Gebrauchs“ interpretiert oder unter Hinweis auf die „ultima-ratio-Funktion“ des Strafrechts das Merkmal restriktiv interpretiert). Will er seine Entscheidung jeweils genauer begründen, gerät er in komplizierte Gerechtigkeitserwägungen. Dies gilt auch für eine besondere Art der objektiv teleologischen Auslegung, die „Folgenorientierung“. Um die Entscheidung von ihren Folgen her zu legitimieren, braucht man nicht nur prinzipiell die empirische Rechtstatsachenforschung, sondern entscheidungsnotwendig ist auch eine *Bewertung* der Folgen durch den Richter[40].

**b) Wertungen**

Eine nicht einfach zu beantwortende Frage ist, ob es neben solchen empirischen Fragen und Wertungsproblemen, die sich aus semantischen Spielräumen ergeben, in Gesetzestexten noch besondere „Wertbegriffe“ gibt, die ein eigenständiges Interpretationsproblem darstellen und unmittelbar – ohne den Weg über die Feststellung von „Mehrdeutigkeit“ oder „Vagheit“ – dem Gesetzesanwender eine Wertung abverlangen. Als „Wertbegriffe“ oder „wertausfüllungsbedürftige“ Begriffe gelten z. B. „Zumutbarkeit“, „unangemessen“, „unbillig“, „wesentliche Beeinträchtigung“, „gefährlich“, „anstößig“ usf. Einerseits wird vertreten, solche „Wertbegriffen“ bedeuteten keine eigenständige Problematik: Interpretationsprobleme ergäben sich nur, wo die deskriptive Komponente solcher Begriffe „vage“ (s. o. a) sei. Die wertende Komponente drücke lediglich eine positive oder negative Stellungnahme (gemeint ist : des Gesetzgebers) aus, die keine zusätzlichen Interpretationsprobleme schaffe[41]. Demgegenüber steht die Auffassung, daß solche „Wertbegriffe“ für den Rechtsanwender unterschiedliche deskriptive Bestimmungen dessen, was gut, zumutbar oder empfehlenswert sei, ermöglichen[42]. 35

---

[40] Vgl. *Gast,* Juristische Rhetorik. Auslegung, Begründung, Subsumtion, Heidelberg 1988, Rn. 238 a. E.

[41] *Koch/Rüßmann* (o. Anm. 36), S. 203.

[42] *Alexy,* Die logische Analyse juristischer Entscheidungen in: *Hassemer* (Hrsg.), Argumentation und Recht, Wiesbaden 1980, S. 181 ff. (191 Fn. 42).

36 Damit herrscht aber doch Einigkeit darüber, daß Interpretationsprobleme bei „Wertbegriffen“ jedenfalls auch aus der „Vagheit“ der deskriptiven Komponente entstehen. Allerdings ist der zweiten Auffassung darin Recht zu geben, daß die gemeinsame Eigenschaft aller „Wertbegriffe“ darin besteht, durch ihre wertende Bedeutungskomponente implicite eine Bewertungsermächtigung des Gesetzgebers an den Rechtsanwender für den nicht eindeutig durch die deskriptive Bedeutung festgelegten Bereich zu enthalten. Wenn man von Generalklauseln spricht (vgl. oben 2), meint man häufig solche Vorschriften, die durch Wertbegriffe mit relativ wenig festgelegtem deskriptivem Gehalt bestimmt werden, wie etwa § 242 BGB. Bei der Bestimmung des deskriptiven Gehalts werden dann angesichts der Wertungsermächtigung die oben unter 2 dargestellten Alternativen besonders deutlich: Soll der Richter nach den im sozialen Leben tatsächlich vertretenen Wertungen, die sich evtl. sogar zu sozialen Normen verdichtet haben, Ausschau halten oder eine eigene Wertung begründen? Diese Entscheidungssituation aber gibt es bei jeder durch objektiv-teleologische Interpretation geforderten Entscheidung und nicht nur bei den „Wertbegriffen“ i. e. S.

37 Besondere Beachtung verdient im Zusammenhang mit „wertausfüllungsbedürftigen“ Begriffen § 34 StGB. Für das Vorliegen einer Rechtfertigung ist danach Voraussetzung, daß „das geschützte Interesse das beeinträchtigte wesentlich überwiegt“. Anders als sonst wird hier jedoch ausdrücklich auf die anzustellende Wertung Bezug genommen. Die Entscheidung über ein „wesentliches Überwiegen“ soll nämlich gefällt werden „bei Abwägung der widerstreitenden Interessen, namentlich der betroffenen Rechtsgüter und des Grades der ihnen drohenden Gefahren“. Dem Rechtsanwender wird eine Wertung der konfligierenden Interessen auferlegt – er muß entscheiden, welches Interesse höher wiegt – ohne daß das Gesetz ihm hinreichend Hilfen für diese Wertung an die Hand gibt. Zwar sollen die in Frage stehenden Rechtsgüter eine Rolle dabei spielen, und das heißt bei einer Abwägung: die für die Verletzung der Rechtsgüter angedrohten Strafen – aber nur „namentlich“. D. h. für die Wertung im konkreten Fall müssen

noch andere Kriterien herangezogen werden, die sich aus dem positiven Recht zumindest nicht unmittelbar entnehmen lassen. In Frage kämen rein theoretisch auch hier wieder zwei Lösungen: Der Richter informiert sich entweder, welches von zwei konfligierenden Interessen als das höherrangige angesehen wird. Oder aber er sucht eine Interessenhierarchie aus leitenden Gedanken der Rechtsordnung[43] oder aus einer der Rechtsordnung vorgegebenen, dann besonders begründungsbedürftigen, Wertehierarchie herzuleiten.

Auf eine nicht selten anzutreffende Kombination eines „wert- **38**
ausfüllungsbedürftigen" Begriffs mit einem empirisch ermittelbaren Gehalt sei noch verwiesen. § 47 I StGB sieht ausnahmsweise die Verhängung von Freiheitsstrafen unter 6 Monaten vor, wenn dies „zur Verteidigung der Rechtsordnung unerläßlich" ist. „Unerläßlich" ist ein Wertbegriff. „Verteidigung der Rechtsordnung" wird heute von der h. M. als „Generalprävention" verstanden, die § 47 StGB ausnahmsweise als Strafzweck zulasse. Für die Wertung, ob er eine abschreckende Strafe zur Aufrechterhaltung der Rechtsordnung für „unerläßlich" hält, muß der Richter sich also zunächst Gedanken über die generalpräventive Wirkung dieser oder jener Strafe machen, denn auf die Lösung dieser empirischen Vorfrage ist seine Wertung angewiesen. Genaugenommen müßte er also vorweg auch auf soziologische Forschungen über die generalpräventive Wirkung von Strafe zurückgreifen. Da dieses Gebiet bisher aber nur in Ansätzen erforscht ist[44] und, soweit es erforscht wird, eher Zweifel an einer umfassenden generalpräventiven Wirkung von Strafe genährt werden, sieht sich die Praxis in diesem Fall auf eigene soziologische „Alltagstheorien" verwiesen. Auf dieser schwanken-

---

[43] *Larenz,* Methodenlehre der Rechtswissenschaft, 6. Aufl., Berlin/Heidelberg 1991, S. 291.

[44] *Schöch,* Empirische Grundlagen der Generalprävention, in: FS für Jescheck, Berlin 1985, S. 1081 ff.; *Zipf,* Die Integrationsprävention (positive Generalprävention), in: FS für Franz Pallin, Wien 1989, S. 479 ff. (484 f.); *Dölling,* Generalprävention durch Strafrecht = Realität oder Illusion?, in: ZStW 102 (1990), S. 1 ff. (2 f.).

den Basis erfolgt dann die normative Entscheidung über die „Unerläßlichkeit“.

### c) Normative Prämissen jenseits des Bereichs der Gesetzesinterpretation

39 Es ist allgemein bekannt, daß der Rechtsanwender nicht nur Gesetze interpretiert. Das Gesetz ist auch unter den normativen Prämissen der Entscheidungsfindung keineswegs die einzige.

40 So gibt es etwa Fälle, in denen das Gesetz ausdrücklich ein *Ermessen* einräumt. Wer von diesem Ermessen Gebrauch macht, interpretiert nicht nur ein Gesetz, sondern wird ausdrücklich zur Ergänzung des gesetzlichen Tatbestands aufgefordert. Für die dabei anzustellenden Wertungen und das Einbringen empirischen Wissens gilt daher das zur subjektiv- und objektiv-teleologischen Interpretation Gesagte im Grundsatz auch[45].

41 Nicht anders ist die Situation bei den speziellen juristischen Schlußformen wie „argumentum a fortiori“, „Analogie“ und „argumentum e contrario“[46]. Zu entscheiden, ob Sachverhalte in bestimmter Hinsicht zueinander in einem Steigerungsverhältnis stehen, ähnlich oder verschieden sind, erfordert wieder nicht nur Tatsachenkenntnisse, sondern auch Wertungskriterien. Widersprüche im Gesetz sind zu klären und zu harmonisieren, Lücken sind zu füllen; es sind also, weit über eine bloße Interpretation hinaus, Rechtssätze harmonisierender und ergänzender Art vom „Rechtsanwender“ überhaupt erst zu bilden.

42 So sehr schon für all diese normativen Prämissen einer Entscheidung auch empirisches Wissen erforderlich war, so sehr gilt dies für die eigentliche Tatsachenseite der Entscheidung, die Feststellung des Sachverhalts. Diese Feststellung der Tatsachen, an welche die Rechtsfolgen anknüpfen, ist eine in der Methodenlehre allgemein anerkannte Leistung[47]. Nicht nur eigene Wahrnehmungen des Richters in der Beweiserhebung, sondern auch die Behauptung geltender Zusammenhänge (deterministische Erfah-

[45] *Koch/Rüßmann* (o. Anm. 36), S. 236.
[46] *Koch/Rüßmann* (o. Anm. 36), S. 257ff.
[47] *Larenz* (o. Anm. 43), S. 278ff.

rungssätze) sowie statistische und probabilisistische Erfahrungssätze gehen hierbei ein[48]. Allerdings gilt auch: So wie für die normativen Prämissen des Entscheidens empirisches Wissen nötig war, bedarf es zur Festlegung des *juristisch relevanten* Sachverhalts normativer Überlegungen: Relevant im Hinblick auf welche gesetzliche Regelung? Wie die Auslegung des Gesetzes ja gerade schon im Hinblick auf einen bestimmten Fall erfolgt – nur weil, um bei einem schon genannten Beispiel zu bleiben, Luft aus einem Autoreifen gelassen wurde, stellt sich das Problem, ob darin ein „Beschädigen" i. S. des § 303 StGB liegt – so kann andererseits der „Fall" auf seine rechtlich relevanten Merkmale nur im Hinblick auf ein bestimmtes Gesetz mit bestimmten Tatbestandsmerkmalen hin untersucht werden.

Diese Problematik hat die Rezeption der neueren durch Heidegger und Gadamer entwickelten Hermeneutik auf die Jurisprudenz begünstigt[49]. Einige Autoren haben darauf hingewiesen, daß Rechtsfindung durch den Richter notwendig ein zirkulärer Prozeß sei – freilich ohne daß man darin einen unzulässigen logischen Zirkel begreifen dürfe. Um nämlich den Sachverhalt konstruieren zu können, müsse man erst ein Gesetz finden, unter das er subsumiert werden könne; das Gesetz aber lasse sich nur im Hinblick auf den Sachverhalt beurteilen, da seine Merkmale sich erst an dem Sachverhalt konkretisieren ließen. Der Sachverhalt erhalte also seine endgültige Fassung nur aus dem Gesetz, dieses wiederum bedürfe zu seiner Interpretation des Sachverhalts. Zur Erklärung dafür, warum dieser „hermeneutische Zirkel" dennoch in einer Lösung ein Ende finde, wird auf die Kategorie des „Vorverständnisses" hingewiesen[50]. Das Vorverständnis des Juristen von dem möglicherweise passenden Gesetz weise bereits auf mögli- **43**

---

[48] *Koch/Rüßmann* (o. Anm. 36), S. 283ff.; *Larenz* (o. Anm. 43), S. 305f.

[49] *Gadamer,* Wahrheit und Methode. Grundzüge einer philosophischen Hermeneutik; *Heidegger,* Sein und Zeit, Tübingen 1927, § 32.

[50] *Esser,* Vorverständnis und Methodenwahl in der Rechtsfindung; *Bydlinski,* Juristische Methodenlehre und Rechtsbegriff, 2. Aufl., Wien/New York 1991, S. 428ff. m. N. (442f.); für das Verfassungsrecht, *Müller,* Juristische Methodik, 5. Aufl., Berlin 1993, S. 105f., 163ff.

cherweise dem Gesetz subsumierbare Fälle hin. Damit sei der Einstieg gewährleistet und es komme nun darauf an, nach und nach Gesetz und Fall in jene Beziehung zu bringen, die eine Subsumtion ermöglicht.

**44** Die juristische Hermeneutikrezeption ist nicht unwidersprochen geblieben. Zwar behauptet niemand (und hat wohl in unserem Jahrhundert auch niemand behauptet), die Subsumtion eines Falles unter ein Gesetz reiche zur Rechtsfindung aus. Sprachanalytisch interessierte Kritiker der Lehre vom „hermeneutischen Zirkel" werfen dieser jedoch vor, daß sie die dem Rechtsanwendungsprozeß zugrunde liegenden semantischen Probleme noch nicht hinreichend präzise herausgearbeitet habe[51]. In Wahrheit werde nicht zwischen dem Sachverhalt und einer einmal gewählten gesetzlichen Regelung hin- und hergewandert[52], sondern zunächst nur eine Hypothese über das passende Gesetz aufgestellt, die bei näherer Überprüfung des Sachverhalts auch wieder verworfen werden könne. Ein „Zirkel" könne darin nicht gesehen werden.

**45** Auf die hier dargestellten außergesetzlichen juristischen Argumentationsformen hingewiesen zu haben, bleibt natürlich das Verdienst der juristischen Hermeneutik. Soll mit der Behauptung, juristisches Entscheiden lasse sich nicht auf Semantik reduzieren[53], eben dies gemeint sein, so ist dem voll zuzustimmen. Die Forderung nach einem vollständigen Deduktionsschema für juristische Entscheidungen steht dazu jedoch nicht in einem Widerspruch. Je strenger die methodischen Anforderungen an die Ausweisung *aller* tatsächlichen und normativen Prämissen ausfallen, desto besser wird gerade auch die Relevanz von Gerechtigkeitsüberlegungen für die juristische Praxis erkennbar werden.

---

[51] *Rottleuthner,* Hermeneutik und Jurisprudenz, in: *Koch* (Hrsg.), Juristische Methodenlehre und analytische Philosophie, Kronberg/Ts. 1976, S. 7ff. (23ff.); *Kuhlen,* Typuskonzeptionen in der Rechtstheorie, Berlin 1977, S. 162ff.

[52] So aber *Engisch,* Logische Studien zur Gesetzesanwendung, Heidelberg 1963, S. 15.

[53] *Neumann,* Zum Verhältnis von philosophischer und juristischer Hermeneutik, in: *Hassemer* (Hrsg.), Dimensionen der Hermeneutik. Arthur Kaufmann zum 60. Geburtstag, Heidelberg 1983, S. 49ff. (55).

Zusammenfassend läßt sich also festhalten, daß nicht nur in den oft schon auf den ersten Blick an nichtpositiven Richtigkeitskriterien orientierten Entscheidungen der höchstlichterlichen Rechtsprechung, sondern auch im juristischen Alltag die Orientierung an leitenden Prinzipien ohne ausdrückliche Vorgabe im Gesetz unvermeidbar ist. Rechtsgewinnung setzt, will sie nicht willkürlich verfahren, die ständige, möglichst rationale Erörterung nichtpositiver Richtigkeitskriterien voraus[54]. 46

## § 7 Gerechtigkeitstheorien – ein kurzer historischer Überblick

**Literatur:** *Aristoteles,* Rhetorik, dt. Übers. v. Sieveke, München 1980; *Aristoteles,* Nikomachische Ethik, dt. Übers. v. Rolfes, 4. Aufl., Hamburg 1985; *Engisch,* Auf der Suche nach der Gerechtigkeit, München 1971; *Kelsen,* Was ist Gerechtigkeit?, Wien 1953; *M. Köhler,* Iustitia distributiva. Zum Begriff und zu den Formen der Gerechtigkeit, ARSP 1993, 457ff.; *Kriele,* Kriterien der Gerechtigkeit, Berlin 1963; *Luhmann,* Gerechtigkeit in den Rechtssystemen der modernen Gesellschaft, Rechtstheorie 4 (1973); *Perelman,* Über die Gerechtigkeit, München 1967; *Platon,* Politeia, dt. Übers. v. Schleiermacher, bearb. v. Hofmann, Werke Bd. 4, hrsg. v. Eigler, Darmstadt 1971; Gorgias, dt. Übers. v. Schleiermacher, bearb. v. Kurz, Werke Bd. 2, hrsg. v. Eigler, Darmstadt 1973; Nomoi, dt. Übers. v. Schöpsdau, Gesetze VI, Werke Bd. 8 Teil 1, hrsg. v. Eigler, Darmstadt 1977; *Radbruch,* Rechtsphilosophie, hrsg. v. Wolf/Schneider, 8. Aufl., Stuttgart 1973; *Rawls,* A Theory of Justice, Oxford 1972, dt. Übers. v. Vetter, Eine Theorie der Gerechtigkeit, Frankfurt a.M 1975; *Stratenwerth,* Wie wichtig ist Gerechtigkeit?, in: Strafgerechtigkeit, FS für Arthur Kaufmann zum 70. Geb., Heidelberg 1993, S. 353ff.

Fragt man, wie ein Gesetz beschaffen sein *soll,* wovon sich eine juristische Fallentscheidung leiten lassen *soll,* so wird man meist zur Antwort bekommen, das Gesetz oder die Fallentscheidung sollten „gerecht" sein. In diesem Kapitel geht es zunächst um die historischen Voraussetzungen des Begriffs der Gerechtigkeit, während die (inhaltlichen) Kriterien der Gerechtigkeit ein Gegenstand anschließender Kapitel sein werden. 1

---

[54] In diesem Sinne auch *Hofmann,* Rechtsphilosophie, in: *Koslowski,* Orientierung durch Philosophie, S. 118ff.

## 1. Die Bedeutung von „Gerechtigkeit“ in der historischen Entwicklung

### a) Die Grundlagen in der Antike: Platon und Aristoteles

2 Was „Gerechtigkeit“ bedeute, ist eine der zentralen und auch eine der ältesten Fragen der Rechtsphilosophie. Schon die griechische Philosophie hat sich um eine Beantwortung der Frage bemüht und damit zugleich den Rahmen abgesteckt, innerhalb dessen die Bedeutung von „Gerechtigkeit“ auch heute noch in den meisten Fällen diskutiert wird. Platon (427–347 v. Chr.) verstand unter Gerechtigkeit eine politische Tugend, die er in erster Linie mit „das Seinige tun und nicht vielerlei treiben“[1] umschrieb. Diese Tugend sollte das Zusammenleben der Menschen im griechischen Stadtstaat ermöglichen. Aristoteles (384–322 v. Chr.), der sich noch ausführlicher mit dem Begriff der Gerechtigkeit befaßt hat, greift solche Überlegungen auf und entwickelt sie weiter, indem er Gerechtigkeit u. a. als eine Tugend anspricht, „durch die jeglicher das Seine erhält“[2]. Was „das Seine“ für den einzelnen war, ergab sich aus seiner ganz konkreten Stellung im Gemeinwesen, aus seinem „Stand“, und wurde zum Problem erst dann, wenn sich jemand mit dieser Stellung nicht abfinden wollte oder von anderen nicht der Stellung gemäß behandelt wurde.

3 Neben diesem „jeder das Seine“ bzw. „jedem das Seine“, erscheint bei ihm allerdings auch deutlicher als bei Platon ein anderer Aspekt der Gerechtigkeit. Gerecht ist nach der Auffassung des Aristoteles jemand, „der sich an die Gleichheit hält“[3]. Damit ist langfristig ein Zweifel am „selbstverständlich Vorgegebenen“ an-

---

[1] *Platon,* Politeia IV, 433a, dt. Übers. v. Schleiermacher, bearb. v. Hofmann, Werke Bd. 4, hrsg. v. Eigler, S. 321; vgl. aber auch Gorgias 508; dt. Übers. v. Schleiermacher, bearb. v. Kurz, Werke Bd. 2, hrsg. v. Eigler, S. 451; Nomoi VI, 757, dt. Übers. v. Schöpsdau, Gesetze VI, Werke Bd. 8 Teil 1, hrsg. v. Eigler, S. 357.

[2] *Aristoteles,* Rhetorik, Buch 1, Kap. 9, 1366b, dt. Übers. v. Sieveke, S. 47f.

[3] *Aristoteles,* Nikomachische Ethik, Buch 5, Kap. 3, 1129b 30, dt. Übers. v. Rolfes, S. 103.

gelegt, denn nun gibt es einen Maßstab, an dem das Vorgegebene gemessen und u. U. verworfen werden kann. Soweit geht Aristoteles freilich noch nicht. Gleichheit ist bei ihm nur für einen Teilbereich des Gerechtigkeitsproblems relevant. Gerechtigkeit verwirklicht sich nach seiner Auffassung nämlich auf zweierlei Weise: Als austeilende und ausgleichende Gerechtigkeit, d. h. als Zuteilung von Gütern und Ehrenstellungen durch einen Dritten oder im Verkehr zwischen einzelnen Personen bei Handlungen, die wir im Bereich des Rechts heute als vertraglich oder deliktisch bezeichnen würden. Die Zuteilung sei gerecht, wenn jeder proportional nach seiner Würdigkeit berücksichtigt werde, der Verkehr zwischen den Menschen dagegen sei gerecht, wenn diese einander als Gleiche behandelten und Leistung und Gegenleistung ausgeglichen seien. Die Tradition unterteilt diese ausgleichende Grechtigkeit noch einmal in die ausgleichende Gerechtigkeit i. e. S., als eingriffsverbietende, Rechts-restituierende Gerechtigkeit, und die Tausch-Gerechtigkeit als wechselseitige Interessenkoordination[4].

Beide wichtigen Aspekte von Gerechtigkeit, die Proportionalität und die Gleichheit, werden später immer wieder aufgegriffen. 4
So spielt das „suum cuique" bei den mittelalterlichen Juristen und Theologen eine große Rolle, während in der Zeit der Aufklärung Gleichheit als Element der Gerechtigkeit besonders hervorgehoben wird[5]. Eine gewisse Schwerpunktverlagerung ergibt sich allerdings bei den Gegenständen, von denen das Gerecht-Sein ausgesagt wird. Während wir heute meist das Recht, d. h. einzelne Rechtsnormen, einzelne Entscheidungen oder auch ganze Rechtsordnungen auf ihre Gerechtigkeit hin zu befragen suchen, waren Antike und Mittelalter stärker (wenn auch nicht nur) an der Gerechtigkeit als Tugend einzelner Menschen interessiert.

---

[4] *Arisoteles* (o. Anm. 3), Kap. 5, 6, 7 einerseits und Kap. 8 andererseits. Zu den verschiedenen Formen der Gerechtigkeit *M. Köhler,* Iustitia distributiva. Zum Begriff und zu den Formen der Gerechtigkeit, ARSP 1993, 457 ff.

[5] Zur Geschichte des Gerechtigkeitsbegriffs vgl. die kurzen Übersichten bei *Engisch,* Auf der Suche nach der Gerechtigkeit, S. 147 ff. und *Tammelo,* Theorie der Gerechtigkeit, München 1977, S. 29 ff.

**b) Inhaltsleere Formeln?**

5 Die wichtigsten Aspekte des Gerechtigkeitsbegriffs, so wie er sich historisch entwickelt hat, die Gebote „jedem das Seine" und „jedem das Gleiche", scheinen in ihrer Unterschiedlichkeit zu einer „Zweideutigkeit des Gerechtigkeitsbegriffs"[6] zu führen. Indessen sind historisch beide Aspekte selten in einem Gegeneinander verstanden worden und auch heute wird, wo man Gerechtigkeit zu definieren sucht, meist nach einer Formel gesucht, die beide Forderungen vereinigt. Wesentlich Gleiches dürfe nicht ungleich behandelt werden, wesentlich Ungleiches nicht gleich, so kann man häufig lesen[7], oder es wird gefordert, daß „Wesen derselben Wesenskategorie auf dieselbe Art und Weise behandelt werden müssen"[8].

6 Soll „Gleiches gleich behandeln" den wesentlichen Gehalt von Gerechtigkeit ausmachen, so scheint freilich der Vorwurf nahezuliegen, hier handle es sich um eine inhaltsleere Formel[9]. Denn die Frage, welcher Art die Übereinstimmungen zwischen Personen oder Situationen sein müssen, damit das Recht sie auch gleich behandeln muß, bleibt ja gerade außerhalb eines solchen Begriffs von Gerechtigkeit. Oder anders formuliert: Welche Unterschiede das Recht zu welchen Ungleichbehandlungen legitimieren (bei der Regelung welcher Materien ist der Gleichheitsunterschied ein „wesentlicher"?) sagt diese Formel nicht. Ob man den Vorwurf der inhaltlichen Leere schon dadurch zurückweisen kann, daß man die Negation der Formel entgegenhält („Gleiches soll ungleich behandelt werden!") und auf deren Verstoß gegen moralisches Empfinden verweist[10], erscheint zweifelhaft. Denn ohne eine Klärung der Frage, was denn „gleich" bedeute, ist diese Negation des Satzes nicht ausdrucksstärker als der positiv formulierte Satz. Ent-

---

[6] So *Engisch* (o. Anm. 5), S. 153.

[7] Vgl. nur BVerfGE 1, 14ff.

[8] *Perelman,* Über die Gerechtigkeit, S. 28.

[9] *Kelsen,* Was ist Gerechtigkeit?, S. 23ff.; *Stratenwerth,* Wie wichtig ist Gerechtigkeit?, in: Strafgerechtigkeit, FS für Arthur Kaufmann zum 70. Geb., S. 353ff. (353f.).

[10] *Tammelo* (o. Anm. 5), S. 24.

scheidend dürfte jedoch sein, daß wir von jeher bei der Formulierung des Gerechtigkeitsbegriffs immer schon etwas mehr hinzudenken, als in der Verkürzung zu einer „Gleichbehandlung des Gleichen“ ausdrücklich genannt ist.

Man kann dieses zusätzlich Mitgedachte so formulieren, daß **7** „prima facie Menschenwesen das Recht haben, gleichbehandelt zu werden“[11], und so das Gerechtigkeitsprinzip als Zwang zu einer *Begründung* der Ungleichbehandlung interpretieren. Man kann es aber auch darin sehen, daß die Entscheidung über Gleichbehandlung oder Ungleichbehandlung an *Prinzipien* oder *Regeln* gemessen werden kann[12], mit anderen Worten, daß der Anwendung des Prinzips ein Maßstab zugrunde liegen muß, der seinerseits gleichmäßig in den Einzelfällen Verwendung findet, daß Willkür in der Entscheidung über das Vorliegen von Gleichheit also ausgeschlossen bleibt.

Aber auch das *Fehlen persönlicher Interessiertheit* ist eine häufig **8** genannte Anforderung an eine dem Gerechtigkeitprinzip genügende Entscheidung darüber, ob etwas wesentlich gleich oder ungleich zu behandeln sei (in diesem Sinn wird heute meist die Augenbinde der Justitia interpretiert). Die heute in den englischsprachigen Ländern, seit einiger Zeit aber auch in Deutschland meistdiskutierte Theorie der Gerechtigkeit, die von John Rawls, hat hierin sogar ihren Ausgangspunkt. Die Grundsätze, nach denen die Rechte der einzelnen Mitglieder einer Gesellschaft sowie die Verteilung der Güter bestimmt werden, sollen von den Menschen unter Zugrundelegen einer (hypothetischen) Situation aufgestellt werden, in der keiner der Beteiligten seine Stellung in der Gesellschaft sowie seine natürlichen Gaben kennt[13]. Die Kriterien der Gerechtigkeit, die Rawls daraus entwickeln zu können glaubt, werden uns erst in den nächsten Kapiteln interessieren.

---

[11] So *Hart,* The Concept of Law, Oxford 1961, S. 157, dt. Übers. v. von Baeyer, Der Begriff des Rechts, Frankfurt a. M. 1973, S. 223.

[12] *Perelman* (o. Anm. 8), S. 6ff.; vgl. auch *Kriele,* Kriterien der Gerechtigkeit, S. 67ff.

[13] *Rawls,* A Theory of Justice, S. 12, dt. Übers. v. Vetter, Eine Theorie der Gerechtigkeit, S. 29.

9 Der Begriff der Gerechtigkeit, so wie er meist definiert wird und wie er auch hier dargestellt worden ist, kann zwar, verbunden mit den genannten Konnotationen, nicht als „leer" bezeichnet werden. Er ist aber dennoch bloß formal, wenn man ihn mit der Frage konfrontiert, wie eine Rechtsordnung insgesamt oder die Regelung einer bestimmten Situation zu sein habe. Die Forderung, Gleiches gleich zu behandeln, gibt also, selbst wenn man Regelorientierung und „Objektivität" hinzudenkt, nur einen Rahmen an, füllt ihn aber nicht konkret aus. Die Formel enthält kein Kriterium für die Gleichbehandlung, sagt also nicht, was ein wesentlicher Unterschied sei. Soll z. B. nach Leistung, nach sozialem Rang, nach Bedürfnis oder nach dem Nutzen für die Allgemeinheit zugeteilt werden? Oder zieht gar das Freiheitsprinzip schlechthin einer Zuteilung durch Dritte oder gar den Staat gewisse Schranken? Zudem gibt der Gerechtigkeitsbegriff nur eine Proportion an, nach welcher zuzuteilen bzw. auszutauschen ist, sagt aber nichts über den Gegenstand der Zuteilung oder des Austauschs.

10 Man mag die noch zu beantwortende Frage nach dem konkreten Inhalt der Gerechtigkeitsformel unterschiedlich bezeichnen: z. B. als Frage nach der materialen Gerechtigkeit, nach der Zweckmäßigkeit des Rechts oder nach dem richtigen Recht, oder auch schlicht nach Kriterien der Gerechtigkeit. Ob sich diese Frage überhaupt rational beantworten läßt, ist umstritten. Wir gelangen mit ihr in den Argumentationsbereich, dem man früher die Überschrift „Naturrecht" gab. Zuvor seien allerdings noch kurz einige im Zusammenhang mit der „Gerechtigkeit" auftauchende Probleme einer begrifflichen Klarstellung nähergebracht.

## 2. Billigkeit, Rechtssicherheit und Gerechtigkeit

In einem nicht ganz geklärten Verhältnis zur Gerechtigkeit stehen die Billigkeit und die Rechtssicherheit. 11

Unter Billigkeit versteht man seit Aristoteles[14] eine Korrektur des gesetzlichen Rechts, soweit dieses wegen seiner Allgemeinheit den Einzelfall nicht zufriedenstellend lösen kann. Ein Gesichtspunkt der Gerechtigkeit ist hier insofern angesprochen, als ein im Verhältnis zu anderen Fällen ungleicher Fall eben nicht mit diesen Fällen nach demselben Gesetz – also gleich – behandelt werden soll[15]. Gelegentlich wird die Billigkeit aber auch als Ergebnis „des Mitleids, des Erbarmens, der Menschenliebe" der Gerechtigkeit gegenübergestellt[16]. Ob man die Billigkeit zur Gerechtigkeit zählen will oder nicht, ist ein terminologisches Problem. Die Entscheidung hängt davon ab, wie weit man im Begriff der Gerechtigkeit den Bereich der rechtlich zu berücksichtigenden Ungleichheiten, also der Unterschiede von Personen und Situationen, ausdehnt. Unabhängig von dieser terminologischen Frage wird hier freilich ein sachliches Problem betroffen: die Frage, ob das Recht durch eine Generalisierung seine vornehmste Aufgabe erfüllt, die allenfalls in Extremfällen einer „handgesteuerten" Korrektur bedarf, oder ob der Generalisierung flächendeckend ein anderes Prinzip gegenüber oder wenigstens *zur* Seite gestellt werden muß[17] (dazu unten § 11.3). 12

Ähnliche terminologische Schwierigkeiten stellen sich beim Begriff der Rechtssicherheit. Auch sie läßt sich, je nach dem, wie weit man den Begriff der Gerechtigkeit faßt, als Element dieser Gerechtigkeit oder als Gegengewicht zu ihr auffassen. Gustav Radbruch hat sie als dritten „Bestandteil der Rechtsidee" neben die (formale) Gerechtigkeit und die „Zweckmäßigkeit" (die Elemente 13

---

[14] *Aristoteles,* Nikomachische Ethik, Buch 5, Kap. 12–14, 1137 a/b (o. Anm. 3), S. 124 ff.

[15] Vgl. dazu z. B. *Henkel,* Einführung in die Rechtsphilosophie, 2. Aufl., München 1977, S. 423.

[16] Vgl. z. B. *Tammelo* (o. Anm. 5), S. 82.

[17] In diesem letzten Sinn ist das Lob der aristotelischen „Billigkeit" bei *Adorno,* Negative Dialektik, Frankfurt a. M. 1973, S. 305 zu verstehen.

der materialen Gerechtigkeit und bloß hypothetische Nützlichkeitserwägungen enthält) gestellt[18]. Radbruch sah Rechtssicherheit zu Recht einerseits in einem möglichen Gegensatz zur Gerechtigkeit, insofern unter dem Begriff der Rechtssicherheit Gründe diskutiert werden, warum das positive Recht unter Umständen auch ohne Rücksicht auf seine Gerechtigkeit gelten solle. Andererseits hat er auch richtig erkannt, daß Anforderungen an das Recht wie inhaltliche Bestimmtheit, Vorausberechenbarkeit, Einheitlichkeit und Kontinuität der Rechtsprechung sowie Friedenssicherung durch Verbot der Justizverweigerung, auch Elemente des Gerechtigkeitsbegriffs sind – man denke etwa an die ihm immanenten Gesichtspunkte der Regelorientierung und Objektivität[19].

**14** Während all diese Überlegungen sich noch in Bahnen bewegen, die schon durch die antike Rechtsphilosophie gewiesen wurden, gibt es neuerdings eine Tendenz, Gerechtigkeit ausdrücklich insgesamt auf Aspekte der Rechtssicherheit zu reduzieren. Niklas Luhmann erklärt bereits die Frage nach einem Prinzip der Gerechtigkeit insofern für sinnlos, als sie sich auf Gerechtigkeit von Handlungen oder einzelnen Normen beziehe. Moderne Gesellschaften seien zu komplex, die Bedeutung einzelner Handlungen oder Normen sei zu wenig überschaubar, als daß man sie noch je für sich als „gerecht" oder „ungerecht" einstufen könnte. Ein Gerechtigkeitsurteil lasse sich allenfalls über das Rechtssystem als ein Ganzes abgeben[20]. Einmal hier angelangt, hält er die alte Gleichheitsformel für völlig unzureichend; die Frage: „Was ist eigentlich gleich?" sei gar nicht zu beantworten, wenn man nicht bereits ein Gerechtigkeitkriterium voraussetze[21], ein Zirkel, den man nur ideologisch durchbrechen könne. Luhmann schlägt deshalb eine

---

[18] *Radbruch,* Rechtsphilosophie, hrsg. v. Wolf/Schneider, S. 164ff.

[19] *Radbruch,* Vorschule der Rechtsphilosophie, 2. Aufl., Göttingen 1959, S. 30f.; *Engisch* (o. Anm. 5), S. 193, wonach die üblichen Umschreibungen für Rechtssicherheit auf das hinauslaufen, was teils durch Gerechtigkeit, teils durch Zweckmäßigkeit gefordert wird.

[20] *Luhmann,* Gerechtigkeit in den Rechtssystemen der modernen Gesellschaft, S. 131ff. (143).

[21] *Luhmann* (o. Anm. 20), S. 133f.

gänzliche Neuformulierung des Begriffs der Gerechtigkeit vor: „Gerechtigkeit wäre danach zu verstehen als adäquate Komplexität des Rechtssystems"[22]. Die Komplexität des Rechtssystems sei adäquat zu nennen, „wenn und soweit sie mit konsistentem Entscheiden im System noch vereinbar ist"[23].

Diese Formulierung geht davon aus, daß moderne Gesellschaf- 15
ten insgesamt komplexer seien, als das Recht (als Teilsystem des Systems Gesellschaft) sein dürfe, um seine Funktion noch erfüllen zu können. Würde das Recht auf jede einzelne Situation dieses Systems angemessen reagieren, so würde es insgesamt seinen Zusammenhalt verlieren und wäre damit nicht mehr in der Lage, eine gesellschaftliche Friedensordnung zu gewährleisten[24]. Die Rechtsordnung dürfe also nur so komplex sein, daß sie noch „konsistentes Entscheiden" erlaube. Damit verlagert Luhmann das Gerechtigkeitsproblem auf eine andere Ebene. Nicht mehr darauf soll es für „Gerechtigkeit" ankommen, daß Gleiches gleich und Ungleiches ungleich in einer Entscheidung behandelt werde, sondern die Entscheidungen als solche sollen miteinander vereinbar sein.

Luhmanns These ist jedoch gar nicht so revolutionär, wie sie auf 16
den ersten Blick erscheint. Er schlägt nur einen Aspekt dessen, was herkömmlich unter dem Begriff der „Rechtssicherheit" gefaßt wurde, als Bestimmung der „Gerechtigkeit" vor. Er greift damit einseitig ein Element der traditionellen Diskussion heraus, nämlich daß die Rechtssicherheit ein wesentliches Element der Gerechtigkeit sei. Zur Begründung für diese Einseitigkeit, welche alle übrigen normativen Elemente des Gerechtigkeitsbegriffs ausblendet, stellt er eine empirisch anmutende, aber schwerlich operationalisierbare Behauptung auf: daß moderne Gesellschaften zu komplex seien, als daß man in ihnen einzelne Normen oder Handlungen mit rationaler Begründung als vorzugswürdig auszeichnen könne. Das Problem, daß zielgerichtete soziale Handlungen un-

---

[22] *Luhmann* (o. Anm. 20), S. 142.

[23] *Luhmann* (o. Anm. 20), S. 145.

[24] Ein weiteres für die Alternativendebatte unter dem Stichwort der „Abstraktion" (oben § 1.2b und § 4.2) wichtiges Argument.

vorhergesehene Folgen haben, ist nicht neu[25] – der Gerechtigkeitsdiskurs aber hat immer *davon* abstrahiert gerade um *seiner* möglichen Funktion willen.

**17** Nur um auf die Vielfältigkeit terminologischer Anstrengungen hinzuweisen, sei noch erwähnt, daß es auch für Luhmann einen Begriff der „Rechtssicherheit" gibt, den er von seinem Begriff der „Gerechtigkeit" unterscheidet: für ihn ist Rechtssicherheit „abstrakte Entscheidungsfähigkeit für einen nicht vorweg regulierbaren Problemfall"[26], ist also identisch mit dem Verbot der Justizverweigerung. Es liegt auf der Hand, daß das Verbot der Justizverweigerung, das ja nur besagt, daß überhaupt entschieden werden muß und nicht wie (auch nicht, daß konsistent entschieden werden muß), sich von Luhmanns Begriff der Gerechtigkeit unterscheiden muß. Luhmann verteilt also die verschiedenen Aspekte, die ursprünglich im Begriff der „Rechtssicherheit" vereinigt wurden, auf „Gerechtigkeit" und „Rechtssicherheit".

## § 8 Das Naturrecht

**Literatur:** *Aristoteles,* Politik, dt. Übers. v. Rolfes, 4. Aufl., Hamburg 1981; *Coing,* Grundzüge der Rechtsphilosophie, 5. Aufl., Berlin/New York 1993; *Diels/Kranz* (Hrsg.), Fragmente der Vorsokratiker, Bd. 1, 12. Aufl. (1966); *Duns Scotus,* opera omnia Bd. VII 1, Lyon 1639, Neudruck Hildesheim 1968; *Hegel,* Grundlinien der Philosophie des Rechts (1820), in: Werke Bd. 7, Edition Moldenhauer/Michel, Frankfurt a. M. 1970; *Hobbes,* Leviathan (1651), English Works vol. 3, Edition Molesworth, London 1839, 2. Nachdruck Aalen 1966; *Hobbes,* De cive (1642), Opera Latina vol. 2, Eition Molesworth London 1839, 2. Nachdruck Aalen 1966; *Höffe,* Politische Gerechtigkeit. Grundlegung einer kritischen Philosophie von Recht und Staat, Frankfurt a. M. 1987; *Hume,* A treatise of human nature, Bd. III (of morals) (1740), The philosophical works Bd. 2, Edition Green/Grose, London 1886; *Moore,* Principia Ethica, dt. Übers. v. Wisser, Stuttgart 1970; *Ilting,* Stichwort „Naturrecht", in: *Brunner/Conze/Koselleck* (Hrsg.), Geschichtliche Grundbegriffe. Historisches Lexikon zur politisch-sozialen Sprache in Deutschland Bd. 4, Stutt-

[25] *Merton,* Die unvorhergesehenen Folgen zielgerichteter sozialer Handlung (1936), in: *Dreitzel* (Hrsg.), Sozialer Wandel, Neuwied u. a. 1967, S. 169ff.
[26] *Luhmann* (o. Anm. 20), S. 166.

gart 1978, S. 245ff.; *Kant,* Grundlegung zur Metaphysik der Sitten (1785), Werke Bd. 4, Edition Weischedel, Darmstadt 1956; *Platon,* Protagoras 337c–d, dt. Übers. v. Schleiermacher, bearb. v. Hofmann, Werke Bd. 1, hrsg. v. Eigler, Darmstadt 1977; Politeia 1. Buch, dt. Übers. v. Schleiermacher, bearb. v. Hofmann, Werke Bd. 4, hrsg. v. Eigler, Darmstadt 1971; *Pufendorf,* De iure naturae et gentium, Edition Mascovius, Frankfurt/Leipzig 1759, Nachdruck Frankfurt a.M. 1967; *Friedrich Carl v. Savigny,* Vom Beruf unserer Zeit für Gesetzgebung und Rechtswissenschaft, Heidelberg 1814; *Shaftesbury,* Characteristicks of Men, Manners, Opinions, Times (1711), Neudruck Meisenheim/Glan 1978; *Thomas v. Aquin,* Summa Theologica, II II, Buch II., Teil II, dt. Übers. v. Dominikanern und Benediktinern Deutschlands und Österreichs, Die deutsche Thomas-Ausgabe (zweisprachig) Bd. 18, Heidelberg/München/Graz/Wien/Salzburg 1953.

## 1. Das Naturrecht und seine Geschichte

### a) Was heißt und was bezweckt „Naturrecht"?

Die Frage nach den Kriterien der Gerechtigkeit führt zur Proble- 1
matik einer Begründung überpositiver Normen. Traditionell werden alle Versuche dazu unter dem Begriff des „Naturrechts" zusammengefaßt.

Unter Naturrecht wird in der heutigen Diskussion meist die 2
Gesamtheit der praktischen, d.h. auf menschliche Handlungen bezogenen Grundsätze verstanden, die der Mensch aus eigener Vernunft erkennen kann[1]. Kennzeichnend für naturrechtliche Normen ist, daß sie auch ohne und im Konfliktfall gegen positives Recht verbindlich sein sollen[2]. Das Naturrecht wird deshalb häufig in einem Gegensatz zum Rechtspositivismus gesehen. Als Rechtspositivismus gilt hierbei eine Haltung, die eine vom positi-

---

[1] *Höffe,* Grundzüge einer Theorie politischer Gerechtigkeit, in: *Heintel* (Hrsg.), Philosophische Elemente der Tradition des Politischen Denkens, Wien/München 1979, S. 45ff. (47).

[2] Vgl. *Ilting,* Stichwort „Naturrecht", in: *Brunner/Conze/Koselleck* (Hrsg.), Geschichtliche Grundbegriffe. Historisches Lexikon zur politisch-sozialen Sprache in Deutschland, Bd. 4, S. 245ff. (245). Zur historischen Entwicklung auch *Loos/Schreiber,* Stichwort „Recht, Gerechtigkeit", in: *Brunner/Conze/Koselleck* (Hrsg.), Geschichtliche Grundbegriffe. Historisches Lexikon zur politisch-sozialen Sprache in Deutschland, Bd. 5, Stuttgart 1984, S. 231ff.; *Coing,* Grundzüge der Rechtsphilosophie, S. 5ff.

ven, also staatlich inkraft gesetzten oder gewohnheitsrechtlich geltenden Recht verschiedene Instanz des Richtigen leugnet[3] und damit bereits die theoretische Möglichkeit eines Auseinanderfallens von positivem Recht und sittlich richtigem Recht bestreitet. Wie wir oben § 2.2 sehen konnten, besteht ein solcher Gegensatz für einen rein terminologischen Rechtspositivismus nicht zwingend. Auch jemand, der unter „Recht" nur die positiv geltenden Normen und Entscheidungen erfassen will, kann u. U. nichtpositive Kriterien des Richtigen akzeptieren. Er kann insofern de facto ein Naturrechtler sein, würde seine Kriterien aber nicht als natur*rechtlich* benennen (sondern z. B. als „rechtsethisch"). Eine Lehre gilt im übrigen selbstverständlich auch dann als naturrechtlich, wenn sie im konkreten Fall eine Übereinstimmung von sittlichen Maßstäben und positivem Recht behauptet oder die Positivität des Rechts oder den Gehorsam gegenüber dem positiven Recht als sittlich notwendig fordert.

3 Naturrechtliche Argumentation kann politisch gesehen zweierlei Ziele verfolgen: Positives Recht durch eine von ihm verschiedene Instanz zu legitimieren oder aber unter Berufung auf eben diese Instanz infrage zu stellen[4]. Welche Art der Geltung diesen naturrechtlichen Normen zukommen soll, ist im einzelnen auch unter Naturrechtlern umstritten, etwa ob man sie als unmittelbar geltendes Recht zu begreifen hat oder bloß als Beurteilungsmaßstab für positives Recht. Bei Annahme der von den heutigen Naturrechtlern favorisierten zweiten Auffassung würde das Naturrecht nicht zusätzliches Recht zum positiven Recht schaffen können, wohl aber käme ihm die Fähigkeit zu, positives Recht im Einzelfall außerkraft zu setzen.

4 Allen naturrechtlichen Lehren dürfte als kleinster gemeinsamer Nenner der Grundgedanke gemeinsam sein, daß die universale Verfügungsgewalt des Staates über das Recht verneint wird, daß

---

[3] *Höffe* (o. Anm. 1), S. 48.

[4] Zur Doppelfunktion des Naturrechts in Legitimation (einschließlich des ideologischen Aspekts) und Kritik positiven Rechts s. a. *Bloch,* Naturrecht und menschliche Würde, Frankfurt a. M. 1961.

also die Unverfügbarkeit von Recht wenigstens in seinen wichtigsten Grundsätzen behauptet wird[5].

**b) Antike Naturteleologie**

Der Beginn naturrechtlichen Denkens wird nach Lage der Quel- 5
len für den europäischen Rechtskreis im antiken Griechenland angenommen. Für das griechische Denken war in erster Linie die ewige Ordnung der Natur Grundlage des Rechts. Diese Naturordnung, insbesondere die Vorstellung einer vorgesellschaftlichen Natur des Menschen, wurde bei einigen Sophisten gegen das positive Recht ausgespielt[6], in der klassischen Philosophie von Sokrates bis Aristoteles dagegen eher zur Legitimation bestehender Verhältnisse verwendet. Mit Ausnahme vielleicht einiger Schriften von Platon wird im griechischen Naturrechtsdenken eine normative Ordnung nicht deutlich von der Naturordnung unterschieden. Die Natur (physis) selbst wird im Unterschied zum neuzeitlichen Naturbegriff nicht nur als kausaler, sondern auch als finaler Zusammenhang aufgefaßt. Man brauchte dann nur die Ordnung der Natur (kosmos) im Hinblick auf ihre Ziele zu betrachten, um auch Anweisungen für menschliche Handlungen zu erhalten. Berühmt ist die Vorstellung des Aristoteles, die er freilich schon von Philosophen vor ihm übernommen hat, daß der Mensch von Natur ein auf die Polis, also das Gemeinwesen, bezogenes Lebewesen

---

[5] Vgl. hierzu *Ellscheid,* Das Naturrechtsproblem. Eine systematische Orientierung, in: *Arthur Kaufmann/Hassemer* (Hrsg.), Einführung in die Rechtsphilosophie und Rechtstheorie der Gegenwart, 5. Aufl., Heidelberg 1989, S. 143ff. (148f.)

[6] *Antiphon* – dazu *Diels/Kranz* (Hrsg.), Fragmente der Vorsokratiker, Bd. 1, S. 350ff.; *Hippias* – dazu *Platon,* Protagoras 337c–d, dt. Übers. v. Schleiermacher, bearb. v. Hofmann, Werke Bd. 1, hrsg. v. Eigler, S. 155; *Alkidamas* – dazu *Aristoteles,* Rhetorik 1406a 22 und b 11, 1373b 18 (Scholion), in der dt. Übersetzung v. Sieveke, München 1980, S. 174ff., 70ff.; *Kallikles* – dazu *Platon,* Gorgias 483a–484b, dt. Übers. v. Schleiermacher, bearb. v. Kurz, Werke Bd. 2, hrsg. v. Eigler, Darmstadt 1973, S. 379; *Trasymachos* – dazu *Platon,* Politeia 1. Buch, dt. Übers. v. Schleiermacher, bearb. v. Hofmann, Werke Bd. 4, hrsg. v. Eigler, S. 3ff.

sei[7]. Aus dieser naturteleologischen Auffassung zieht er Folgerungen für die Polis und das Leben in ihr. Die menschliche Vernunft spielt zwar auch im griechischen Naturrecht, insbesondere in der Stoa, eine große Rolle, in erster Linie aber als Organ zum Erfassen der in der Natur bereits angelegten Teleologie. Eine Entgegensetzung von Naturzielen und Vernunftzielen besteht allenfalls in ersten Ansätzen.

### c) Der Sprengsatz christlicher Theologie

6 Diese der Vernunft zugängliche Naturteleologie erhält ihre ersten Risse durch die christliche Lehre von der Offenbarung. Nun ist eine überpositive Instanz vorhanden, die der natürlichen Ordnung, etwa im Wunder, nicht selten zuwiderläuft und die gerade nicht durch die Vernunft, sondern durch einen göttlichen Eingriff erst erkennbar wird. Zudem verdrängt heilsgeschichtliches Denken die Vorstellung des zeitlosen Kosmos[8]. Denkt man menschliche (und später auch gesellschaftliche) Entwicklungen linear im Sinne eines Fortschreitens zu einem Ziel, so unterscheidet sie sich schon dadurch vom ewig gleichen – in der Darstellung oft kreisförmigen – Lauf der Natur[9].

7 Während bis zum Hochmittelalter aber eher noch an einer Harmonisierung von „ius divinum" und „ius naturale" gearbeitet wird, entwickeln sich später im 13. und 14. Jahrhundert, insbesondere bei Duns Scotus (1266–1308), methodische Folgerungen aus dem Dilemma. Aus dem Auseinanderfallen von göttlicher Gesetzgebung und vernunftgemäßem Recht wird gefolgert, daß die Verbindlichkeit von Naturrechtsnormen nicht in einer natürlichen Ordnung, sondern im Willen Gottes begründet liege[10]. Damit wird das Normative vom Seienden unterschieden. Zugleich läßt

---

[7] *Aristoteles,* Politik Buch 1, Kap. 5, 1252b–1253a, dt. Übers. v. Rolfes, S. 2ff.

[8] Vgl. dazu *Löwith,* Weltgeschichte und Heilsgeschehen, 4. Aufl., Stuttgart 1953, S. 14ff.

[9] Viel später, z. B. bei Darwin, wird dann allerdings auch die Natur in einem Fortschrittskonzept erfaßt.

[10] *Duns Scotus,* quaestiones, lib. III. Sententiarum dist. XIX., quaestio unica, schol. nu. 7, opera omnia Bd. VII 1, S. 417: „Omne aliud a Deo ideo est

sich unter Berufung auf „ius divinum“ und/oder „ius naturale“, die angesichts möglicher Differenzen variabel geworden sind, *neues* positives Recht legitimieren[11].

Autoren der spanischen Spätscholastik ergänzen im 16. Jahrhundert diese Entwicklung, die man auch als naturrechtliche Begründung der Positivierung des Rechts verstehen kann, durch zwei Differenzierungen: Beim göttlichen Willen wird in besonderer Hervorhebung eines schon bei Thomas von Aquin auffindbaren Gedankens unterschieden zwischen dem, was er wirklich anordnet und dem, was er erlaubt (und was deshalb zur Disposition des Menschen steht), und beim Naturrecht generell wird eine noch deutlichere Unterscheidung als vorher zwischen (wenigen) unveränderlichen Prinzipien und geschichtlich wandelbaren Prinzipien ausgearbeitet[12]. **8**

Hobbes (1588–1679) setzt diese Entwicklung im 17. Jahrhundert fort und macht die nunmehr erreichte Differenz von natürlicher Ordnung und Naturrecht dadurch deutlich, daß er (in deutlichem Unterschied zum antiken Naturrecht) den Naturzustand jetzt ausdrücklich als etwas darstellt, was zu überwinden sei. Der Naturzustand ist nämlich für ihn gerade kein Rechtszustand, sondern das Gegenteil davon: In ihm hat jeder das „Recht“ zu allem, d. h. die Freiheit von jeglicher sein Handeln einschränkender Form des Zwangs; aber er hat damit auch auf nichts ein Recht, d. h. keine verbindlichen Ansprüche an das Verhalten der anderen[13]. Er ist der Gewalt der anderen ausgeliefert wie sie der seinen. So stellt sich der Naturzustand als „bellum omnium contra omnes“ dar. **9**

---

bonum, quia a Deo volitum, et non e converso“. Zu *Duns Scotus* vgl. *Ilting* (o. Anm. 2), S. 266ff.

[11] Dazu *Luhmann,* Positivität des Rechts als Voraussetzung einer modernen Gesellschaft, in: *ders.,* Ausdifferenzierung des Rechts, Frankfurt a. M. 1981, S. 113ff. (bes. 119ff.).

[12] Ausführlich *Seelmann,* Die Lehre des Fernando Vazquez de Menchaca vom dominium, Köln/Bonn/Berlin/München 1979, S. 106ff.

[13] *Hobbes,* Leviathan, Kap. 14, English Works vol. 3, Edition Molesworth, S. 116: „The right of nature ... is the liberty each man hath, to use his own power, as he will himself, for the preservation of his own nature“; dt. Übers. v. Euchner, hrsg. v. Fetscher, Neuwied/Berlin 1984, S. 99.

Aus ihm treten die Individuen durch den Gesellschaftsvertrag heraus, eine willentliche Übereinkuft der einzelnen, die darin einen der ihrigen ermächtigen, als Herrscher ihren Umgang untereinander verbindlich zu regeln[14]. Die Verbindlichkeit des positiven Rechts gründet in dieser freiwilligen Unterwerfung des einzelnen im Gesellschaftsvertrag. Motiv für dieses „exeundum e statu naturae" bleibt freilich die „Natur" des Menschen (als Egoismus und als Furcht). Darin ist die antike Tradition teilweise aufbewahrt.

**10** Pufendorf (1632–1694) übernimmt die klare Unterscheidung von Hobbes zwischen Natur und Recht. Seine Dichotomie zwischen natürlicher und normativer Ordnung wirkt fort in der Gegenüberstellung von „Reich der Natur" und „Reich der Freiheit" noch bei Kant und dem deutschen Idealismus. Das Recht ist menschliche Schöpfung wie bei Hobbes, hat jedoch eine Basis in der menschlichen Natur. Damit übernimmt Pufendorf von Hobbes die *methodische* Trennung, entwickelt das Recht aber *inhaltlich* doch (optimistischer als Hobbes) aus der natürlichen „socialitas" des Menschen, der für sich genommen aber noch keine Normativität zukommt[15].

### d) Kant und die Folgen

**11** Ist bei Hobbes und Pufendorf die individuelle Entscheidung, dem Gesellschaftsvertrag beizutreten – gefällt aus Nützlichkeitserwägungen oder aus natürlichem Trieb (Überleben, Selbsterhaltung, Sicherheit bzw. socialitas) –, die naturrechtliche Grundlage des Rechts, so wird bei Kant zur Grundlage des richtigen Handelns die Selbstgesetzgebung (Autonomie) des vernünftigen Willens. Da dieser vernünftige Wille nur etwas Verallgemeinerbares wollen kann, wird zum Kriterium richtigen Handelns die Möglichkeit, die Regel, nach der es erfolgt, als eine universell gültige

---

[14] *Hobbes,* De cive, Kap. 6, 12, Opera Latina vol. 2, Edition Molesworth, S. 224; dt. Übers. v. Frischeisen-Köhler, bearb. v. Gawlick, in: Vom Menschen/Vom Bürger, hrsg. v. Gawlick, S. 137.

[15] *Pufendorf,* De iure naturae et gentium, lib. II, cap. III 16, 20, Edition Mascovius, Frankfurt/Leipzig 1759, S. 205ff., 211ff.

Regel zu denken[16], sie zu „universalisieren", wie man das heute nennt. Das Richtigkeitskriterium ist nunmehr (man kann dies als äußerste Konsequenz des Hobbesschen Programms interpretieren) gänzlich von der Natur abgehoben, da nunmehr selbst die Motive, den Naturzustand zu verlassen, keine natürlichen (Furcht vor Gewalt, socialitas) mehr sind, sondern allein aus dem formalen Modus des Vernünftigseins resultieren.

Von diesem allgemeinen Richtigkeitskriterium der Vernunft **12** unterscheidet Kant aber noch einmal das Recht als solches (dazu genauer oben § 2.6b und § 3.2a). Das Recht kann weder sittliches Handeln durchsetzen, noch Willensfreiheit i.S. der Autonomie garantieren (die ist vielmehr immer schon vorausgesetzt); Aufgabe des Rechts ist es vielmehr, die (äußere) Handlungsfreiheit der Individuen zu gewährleisten und ihre Freiheitssphären miteinander verträglich zu gestalten. Als Kriterium des Rechts dient also folgende Formel: „Eine Handlung ist recht, die oder nach deren Maxime die Freiheit der Willkür eines jeden mit jedermanns Freiheit nach einem allgemeinen Gesetz zusammen bestehen kann"[17].

Neuere naturrechtliche Konstruktionen knüpfen im wesentli- **13** chen an die Lehre Kants an. Autoren des 19. Jahrhunderts haben in der heutigen Debatte über die Möglichkeit einer Begründung überpositiver Normen eine vergleichweise geringe Bedeutung. Insbesondere blieb Hegels Versuch, das klassische teleologische Naturrecht (der Antike) mit dem rationalen Naturrecht (der Neuzeit) in einem System zu vereinigen, im Bereich der Naturrechtslehre zunächst lange Zeit folgenlos. Sein Einwand gegen das neuzeitliche Naturrecht war, daß bereits das Selbstbewußtsein den Bezug auf andere voraussetze und deshalb Gesellschaftsvertragstheorien auch als theoretisches Konstrukt naiv seien. Die Tradition des neuzeitlichen Naturrechts kritisiert Hegel also als einseitig individualistisch. Seine „Grundlinien der Philosophie des Rechts"

---

[16] *Kant,* Grundlegung zur Metaphysik der Sitten, 1. Abschnitt, sowie Kritik der praktischen Vernunft (1788), § 4 Lehrsatz III, Werke Bd. 4, Edition Weischedel, S. 27f., auch S. 58ff., sowie S. 135ff.

[17] *Kant,* Metaphysik der Sitten (1797), Einleitung in die Rechtslehre, § C (o. Anm. 16), S. 337.

lassen sich lesen als Kritik an der sozialen Defizienz des Subjekts in dieser Tradition. Freiheit verwirklicht sich für ihn erst in konkreten Sozialbeziehungen[18]. Recht kann deshalb nach seiner Auffassung nicht nur (negative) Beschränkung der individuellen Willkür durch die Willkür der anderen sein, sondern erfordert zur Verwirklichung der Freiheit den (positiven) Bezug der Menschen aufeinander (vgl. auch oben § 2.6c). Damit vollendet sich zwar die Kritik am Naturrecht als einer dem Individuum vorgegebenen („natürlichen") Werteordnung, auch wird eine Ethik der Intersubjektivität bei Hegel ansatzweise ins Spiel gebracht, gleichwohl aber nicht hinreichend ausgearbeitet[19].

**14** In dem meist „Vernunftrecht" genannten Naturrecht der Neuzeit, von der Ausarbeitung der Gesellschaftsvertragstheorien seit dem frühen 17. Jahrhundert bis zu deren fundamentaler Kritik im frühen 19. Jahrhundert, kommt der Vernunft also eine ganz andere Aufgabe zu als im antiken Naturrecht: Nicht mehr eine vorhandene natürliche Ordnung den Menschen erkennbar zu machen, sondern in zunehmender Ablösung von der Natur die Mindestvoraussetzungen dafür zu schaffen, daß Menschen in Freiheit zusammen leben können. War im antiken Naturrecht die gegebene Ordnung das Primäre, so ist es im rationalen Naturrecht der Neuzeit der einzelne Mensch, der, zuerst noch stark an Bedürfnissen orientiert und dann immer mehr zum Vernunftsubjekt sich entwickelnd, die Ordnung erst konstituiert.

---

[18] *Hegel,* Grundlinien der Philosophie des Rechts, bes. §§ 82ff. als Kritik des (abstrakten) Rechts und §§ 129ff. als Kritik einer individualistischen Moral, in: Werke Bd. 7, Edition Moldenhauer/Michel, S. 172ff. und 243ff.

[19] Gut diagnostiziert bei *Theunissen,* Die verdrängte Intersubjektivität in Hegels Philosophie des Rechts, in: Henrich/Horstmann, Hegels Philosophie des Rechts, Die Theorie der Rechtsform und ihrer Logik, Stuttgart 1982, S. 317–381.

## 2. Traditionelle neuzeitliche Begründungen für Naturrecht als Vernunftrecht

### a) Die subjektiven Rechte als Voraussetzung für Vernunftrecht

Orientiert sich das Vernunftrecht der Neuzeit am Menschen als 15
Bedürfnis- und Vernunftwesen, so muß es von dessen Rechten seinen Ausgang nehmen. Es basiert mithin auf der Vorstellung von individuellen subjektiven Rechten der einzelnen. Gegen Ende des Mittelalters und dann besonders im 16. Jahrhundert entstand die Denkfigur des „subjektiven Rechts" (und daraus dann später der „Menschenrechte") auf der Grundlage einer starken Subjektivierung des Eigentumsbegriffs – eines sehr weiten Eigentumsbegriffs, der Eigentum „am eigenen Körper" und „an Handlungen" mit umfaßte. Dieser Begriff des „dominium" war Voraussetzung für die Systematisierung (Recht als System von subjektiven Ansprüchen) ebenso wie für die Positivierung (der Geltungsgrund der Rechte wird aus vorgegebenen sozialen Qualifikationen herausverlagert) des Rechts und hat seinerseits zur Voraussetzung eine historische Erklärung dafür, wie das „omnia communia" zum „dominium in particulari", zum individuellen Eigentum werden konnte[20]. Zwar war es ein seit dem Hochmittelalter diskutierter Fragenkomplex, wie trotz der Aussage im Decretum Gratiani (ca. 1140) vom ursprünglichen „omnia communia"[21] individuelles Eigentum entstehen konnte, wobei man sich meist damit behalf, das Gemeineigentum nur als (normativ irrelevanten) Natur*zustand*[22] oder als bloße göttliche Er-

---

[20] Ausführlich *Seelmann* (o. Anm. 12), S. 112ff.; *Luhmann,* Gesellschaftsstruktur und Semantik Bd. 2, Frankfurt a. M. 1993, S. 45ff. Zum neuzeitlichen Zusammenhang von Besitz, Freiheit und Recht vgl. *Baruzzi,* Freiheit, Recht und Gemeinwohl. Grundfragen einer Rechtsphilosophie, Darmstadt 1990, S. 10ff.

[21] D. 8c. 1, Introductorium (im Corpus Iuris Canonici).

[22] *Thomas v. Aquin,* Summa Theologica, II II q. 57, 1 (Buch II., Teil II, Frage („Quaestio") 66); dt. Übers. v. Dominikanern und Benediktinern Deutschlands und Österreichs, Die deutsche Thomas-Ausgabe (zweisprachig) Bd. 18, S. 196.

laubnis[23] anzusehen. Mit Duns Scotus entstand die Vorstellung vom ausdrücklichen göttlichen Widerruf des Gemeineigentums aufgrund des Sündenfalles[24]. Obwohl oder gerade weil damit das „omnia communia" als primäres göttliches Gebot angesehen wurde, enthielt der Widerruf ein um so größeres auch normatives Gewicht.

16 In der Spätscholastik entstand auf der Suche nach Begründungen dafür dann eine ausgearbeitete Lehre von der Nützlichkeit des Individualeigentums, ja von dessen Überlebensnotwendigkeit angesichts knapper Güter[25]. Noch im 16. Jahrhundert aber schwang ein beträchtliches Unbehagen angesichts dieses Sündenfalles der Rechtsentwicklung mit[26], der ja gerade die Metapher für das Gegenteil des Sicheinpassens in die vorgegebene Ordnung zur Norm machte[27]. Auf diese Weise aber war das individuelle subjektive Recht zur Grundlage des Rechts überhaupt geworden, wobei es, wie Kant noch richtig sah (vgl. oben § 2.6b), allerdings einen emphatischen Personenbegriff voraussetzte, der paradoxerweise aus dem „omnia communia" i. S. eines ursprünglichen Besitzerwerbsrechts entwickelt werden mußte.

#### b) Drei rivalisierende Begründungstypen: Natur des Menschen, Natur der Sache, Rationalität

17 Ausgehend von diesem subjektivierenden Denkmodell des Rechts kennt die neuzeitliche vernunftrechtliche Argumentation

---

[23] *Francisco de Vitoria* (ca. 1483–1546), De Iustitia, Edition Vicente Beltran de Heredia, Tom. I, Madrid 1934, q. 62, nu. 20.

[24] *Duns Scotus,* Quaestiones, lib. IV Sententiarum dist. XV., quaestio 2, commentarius nu. 3, opera omnia Bd. IX, Lyon 1639, Neudruck Hildesheim 1968, S. 152 (ein Kommentar zu den Sentenzen des Petrus Lombardus).

[25] Insbes. *Fernando Vazquez de Menchaca* (1512–1579), Controversiarum Illustrium aliarumque usu frequentium libri tres, Venedig 1564, liber I, cap. 4, nu. 4f.

[26] *Vazquez* (o. Anm. 25), u. a. liber I, cap. 4, nu. 3: „infausta illa pronomina meum et tuum".

[27] Noch nachzuempfinden bei *Benjamin,* Kritik der Gewalt (1921), Gesammelte Schriften Bd. II, hrsg. v. Tiedemann/Schweppenhäuser, Frankfurt a. M. 1977, S. 179ff. (196) und *Derrida,* Force de Loi: Le „Fondement mystique de L'autorité", in: Deconstruction and the Possibility of Justice, Cardozo Law Review vol. 11 (1990), S. 920ff.

in erster Linie drei unterschiedliche Begründungstypen, die alle vom Menschen ihren Ausgang nehmen: direkt von der Natur des Menschen, von einer konkreten, historisch gewachsenen menschlichen Ordnung und schließlich aus dem Gedanken formaler Rationalität.

Als Grundlage naturrechtlicher Überlegungen sind Aussagen 18
über die Natur des Menschen besonders häufig anzutreffen. Bekannt ist etwa der Streit um die Frage, ob es sich beim Menschen um ein von Natur egoistisches Wesen handle, das nur nach seinem eigenen Glück strebe (Hobbes) oder ob er von Natur zum Altruismus neige (Shaftesbury) oder ob sich im Menschen natürliche Selbstliebe und natürliche Sympathie verbinden (Hume)[28]. Man kann aus solchen Annahmen unterschiedliche Naturrechtskonzeptionen entwickeln. Wer z. B. menschliche Eigensucht zugrundelegt, wird möglicherweise eher dazu neigen, einen starken Staat zu fordern, der den Krieg aller gegen alle verhindern soll. Wer dagegen genuinen Altruismus annimmt, befürwortet vielleicht stärker ein liberales System oder gar eins nach der Devise „Jedem nach seinen Bedürfnissen". Wer Egoismus mit Altruismus kombiniert, wird das öffentliche Wohl vielleicht am besten dadurch gewährleistet sehen, daß jedermann nach der Befriedigung seiner eigenen Bedürfnisse strebt.

Da man für jede dieser Behauptungen eine Vielzahl von Erfah- 19
rungen anführen zu können glaubt, dürften sie sich gegenseitig weitgehend paralysieren[29]. Überdies verfällt, wer unmittelbar aus der faktischen Natur des Menschen Grundnormen herleiten will, unversehens der Gefahr des „naturalistischen Fehlschlusses"[30]: der logisch fehlerhaften Ableitung normativer Urteile aus deskripti-

---

[28] Vgl. *Hobbes,* Leviathan, Kap. 28 (o. Anm. 13), S. 297f.; in der dt. Übers. S. 237f.; *Shaftesbury,* Characteristicks of Men, Manners, Opinions, Times (1711), vol. II, p. 22ff., p. 216f.; *Hume,* A treatise of human nature, Bd. III (of morals) (1740), The philosophical works Bd. 2, Edition Green/Grose, S. 229ff. (304–313).

[29] Dazu *Höffe* (o. Anm. 1), S. 52.

[30] Vgl. *Moore,* Principia Ethica, dt. Übers. v. Wisser, S. 39–53, 75f. (1. engl. Aufl. 1903).

ven Urteilen. Die Strategie der Verteidiger solcher Auffassungen läuft zudem nicht selten darauf hinaus, die Aussagen über die Natur des Menschen der Erfahrung zu entziehen, indem darauf hingewiesen wird, daß die „wahre" Natur des Menschen durch irgendwelche Umstände verschleiert werde. Wegen der Abstraktheit, die den Aussagen über die Natur des Menschen zumeist zueigen ist, erscheint überdies – ihre Plausibilität einmal unterstellt – jedenfalls die Ableitung konkreter Naturrechtsnormen aus ihnen nicht leicht.

**20** Heutige Rechtsanthropologie ist in ihren Schlüssen vom empirischen Menschenbild (das zu konstruieren seinerseits eine Fülle methodischer Probleme aufwirft) auf den Menschen, wie er sein soll (vom „Abbild" auf das „Vorbild") ausgesprochen vorsichtig[31]. Als (logisch nicht zu beanstandende) empirische Grundlage für eine dann aber normativ zu leistende Begründung des Rechtszwangs finden sich politische Anthropologien (Kooperationsmodell versus Konfliktmodell) in der neueren Anarchismusdebatte[32] und berühren natürlich auch die Alternativendiskussion (oben § 1.2a).

**21** Eine zweite in der Neuzeit nicht seltene Begründung für naturrechtliche Normen ist die konkrete, historisch gewachsene Ordnung (anders als der die Natur mit umfassende Kosmos antiker Naturrechtslehren). Am bekanntesten dürfte die Begeisterung der „Historischen Rechtsschule" zu Beginn des 19. Jahrunderts für die „inneren, stillwirkenden Kräfte", für den „organische(n) Zusammenhang des Rechts mit dem Wesen und Charakter des Volkes"[33] sein. Es ist dies eine Position, die noch in den wissenschaftlichen Positivismus eines Franz v. Liszt hinein fortwirkt, für den „das Seiende als ein geschichtlich Gewordenes" zugleich das „Seinsol-

---

[31] Deutlich bei *Lampe,* Das Menschenbild im Recht – Abbild oder Vorbild? In: *ders.* (Hrsg.), Rechtsanthropologie, ARSP Beiheft 22 (1985), S. 9ff. (21).

[32] *Höffe,* Politische Gerechtigkeit. Grundlegung einer kritischen Philosophie von Recht und Staat, S. 217ff.

[33] *Friedrich Carl v. Savigny,* Vom Beruf unserer Zeit für Gesetzgebung und Rechtswissenschaft, S. 11f.

lende" ist[34]. Als weiteres Beispiel für das Argumentieren aus einem solchen geschichtlich produzierten – und nicht dem menschlichen Handeln vorgeordneten – Verweisungszusammenhang sei hier die Lehre von der „Natur der Sache" genannt, die auch in unserem Jahrhundert wieder eine Renaissance erlebt hat. Gustav Radbruch, dem die alte Lehre von der „natura rerum" eine Wiederbelebung verdankt, verstand unter den „Sachen" zwar neben sozialen Vorformen von Rechtsverhältnissen und rechtlich bereits geregelten Lebensverhältnissen auch Naturtatsachen[35]. Der Schwerpunkt in der sich daraus entwickelnden Debatte lag aber bei den sozialen „Sachgesetzlichkeiten"[36]. So versuchten andere Autoren aus sozialen Beziehungen wie Käufer-Verkäufer, Lehrer-Schüler, Eltern-Kinder und ihrer jeweiligen Typizität, also aus dem Rollenverhalten, Folgerungen für das gesollte Verhalten zu ziehen[37] oder gelangten von der „sachlogischen Struktur" des Schuldgedankens ganz konkret zur Notwendigkeit der Berücksichtigung des Verbotsirrtums und zur Ablehnung der sogenannten extremen Akzessorietät im Strafrecht[38]. Auch solche Lehren können, nimmt man sie beim Wort, nur mühsam den naturalistischen Fehlschluß verbergen.

Bei der Ableitung überpositiver Normen aus dem „Wesen des Menschen" oder der „Natur der Sache" scheint es also so, als wolle man ein „Sollen" aus einem „Sein" entwickeln und bedürfe damit zur Begründung des Sollens keiner Wertung. Die Problematik des „naturalistischen Fehlschlusses" stellt sich in den meisten Fällen aber nur scheinbar. Denn was hier als ein „Sein" er- 22

---

34 *Franz v. Liszt,* Das „richtige Recht" in der Strafgesetzgebung, ZStW Bd. 26 (1906), S. 553ff. (556).

35 *Radbruch,* Die Natur der Sache als juristische Denkform, in: FS für Rudolf Laun, Hamburg 1948, S. 177ff.

36 Vgl. dazu *Engisch,* Auf der Suche nach der Gerechtigkeit – Hauptthemen der Rechtsphilosophie, München 1971, S. 235.

37 *Maihofer,* Die Natur der Sache, ARSP 44 (1958), S. 145ff.

38 *Welzel,* Naturrecht und Rechtspositivismus, in: *Maihofer* (Hrsg.), Naturrecht oder Rechtspositivismus, 2. Aufl., Darmstadt 1972, S. 322ff. (334ff.). Als *ein* Element einer normativen Grundlegung der Rechtsphilosophie sieht auch *Coing* die „Natur der Sache", vgl. (o. Anm. 2), S. 181ff.

scheint, ist keine bloße Faktizität, sondern ein bereits mit Wertungen behaftetes „Sein". Mit anderen Worten liegen den Aussagen über das „Wesen des Menschen" oder die „Natur der Sache" bereits Wertungen zugrunde und keine rein empirischen Aussagen. Bei der Frage, was das „Wesentliche" am Menschen ist, schleichen sich Wertungen ein, und Wertungen sind es auch, die in vielleicht langer Tradition eine Ordnung geprägt haben und die nun mit der immanenten Ordnung von Lebensverhältnissen wie selbstverständlich verbunden werden[39].

**23** Als dritte verbreitete neuzeitliche Begründung für naturrechtliche Normen darf der Hinweis auf die formale Rationalität gelten. Erwähnt sei in diesem Zusammenhang Kants Beispiel des Versprechensbruchs[40]: Die Maxime, sich an ein Versprechen nicht gebunden zu erachten, würde, zum allgemeinen Gesetz gemacht, sich selbst zerstören. Das Nichteinhalten bestimmter Prinzipien wird also als innerer Widerspruch aufgezeigt, sofern das unrechtmäßige Verhalten als allgemein geübt gedacht wird. Es sind insbesondere diese und ähnliche Argumentation, deren Weiterentwicklung auch in der heutigen Diskussion noch eine zentrale Rolle spielt. Sie sind deshalb unter § 9 im einzelnen aufzugreifen.

## § 9 Die aktuelle Normbegründungsdebatte

**Literatur:** *Albert,* Traktat über Kritische Vernunft, 2. Aufl., Tübingen 1969; *Alexy,* Theorie der juristischen Argumentation, Frankfurt a. M. 1978; *Apel/Pozzo* (Hrsg.), Zur Rekonstruktion der praktischen Philosophie. GS für Ilting, Stuttgart/Bad Cannstatt 1990; *Ayer,* Sprache, Wahrheit und Logik (1936), dt. Übers. v. Herring, Stuttgart 1970; *Bentham,* An Introduction to the Principles of Morals and Legislation (1789), hrsg. v. Burns/Hart, London 1982; *Beran,* The Consent Theory of Political Obligation, London 1987; *Eder,* Zur Rationaliserungsproblematik des modernen Rechts, in: Soziale Welt 29

---

[39] *Engisch* (o. Anm. 36), S. 221 ff. (237 f.). Zu den Problemen eines Verständnisses von Rechts*wissenschaft* unter Verzicht auf normative Entscheidungen, *Hofmann,* Rechtsphilosophie, in: Koslowski (Hrsg.), Orientierung durch Philosophie, Tübingen 1991, S. 118 ff. (129 ff.).

[40] *Kant,* Grundlegung zur Metaphysik der Sitten (1785) 1. Abschnitt (o. Anm. 16), S. 29 ff.

(1978), 247; *Habermas,* Diskursethik – Notizen zu einem Begründungsprogramm, in: *ders.,* Moralbewußtsein und kommunikatives Handeln, Frankfurt a. M. 1983, S. 53ff.; *Hare,* The Language of Morals, Oxford 1952, dt. Übers. v. von Morstein, Die Sprache der Moral, Frankfurt a. M. 1972; *Hare,* Moral Thinking. Its Levels, Method and Point, Oxford 1981; *Hoerster,* Zum Problem der absoluten Normbegründung, FS für Robert Walter, Wien 1991, S. 255ff.; *Apel,* Das Problem der philosophischen Letztbegründung im Lichte einer transzendentalen Sprachpragmatik, in: FS für Gerhard Frey, Innsbruck 1976, S. 55ff.; *Hoerster,* Rechtsethik ohne Metapysik, JZ 1982, S. 265ff.; *Hösle,* Wahrheit und Geschichte, Stuttgart/Bad Cannstatt 1984; *Trapp,* „Nicht-klassischer" Utilitarismus. Eine Theorie der Gerechtigkeit, Frankfurt a. M. 1988; *Ilting,* Der Geltungsgrund moralischer Normen, in: *Kuhlmann/Böhler,* Kommunikation und Reflexion – Zur Diskussion der Transzendentalpragmatik, Frankfurt a. M. 1982; *Ilting,* Gibt es eine kritische Ethik und Rechtsphilosophie Kants?, in: Archiv für Geschichte der Philosophie, Bd. 63 (1981), S. 325ff.; *Ilting,* Der naturalistische Fehlschluß bei Kant, in: *Riedel* (Hrsg.), Rehabilitierung der praktischen Philosophie Bd. 1, Freiburg i. Br. 1972, S. 113ff.; *Joerden,* Drei Ebenen des Denkens über Gerechtigkeit, ARSP 1988; *Kant,* Kritik der praktischen Vernunft (1788), Werke Bd. 4, Edition Weischedel, Darmstadt 1956; *Kersting,* Stichwort „Vertrag, Gesellschaftsvertrag, Herrschaftsvertrag", in: Brunner/Conzel/Koselleck (Hrsg.), Geschichtliche Grundbegriffe. Historisches Lexikon zur politisch-sozialen Sprache in Deutschland Bd. 6, Stuttgart 1990; *Kohlberg,* Moralische Entwicklung und demokratische Erziehung, in: *Lind/Raschert* (Hrsg.), Moralische Urteilsfähigkeit. Eine Auseinandersetzung mit Lawrence Kohlberg, Weinheim/Basel 1987, S. 25ff.; *Mackie,* Ethik. Auf der Suche nach dem Richtigen und Falschen, dt. Übers. v. Ginders, 2. Aufl., Stuttgart 1992; *Moore,* Principia Ethica (1903), Stuttgart 1970; *Rawls,* A Theory of Justice, Cambridge/Mass. 1972, dt. Übers. v. Vetter, Eine Theorie der Gerechtigkeit, Frankfurt a. M. 1975; *Rüßmann,* Zur Einführung: Die Begründung von Werturteilen, JuS 1975, S. 352ff.; *Schmücker,* Recht und Moral. Zur Kritik der revidierten Diskursethik, Rechtsphilosophische Hefte 1–1992, S. 135ff.; *Toulmin,* The Use of Arguments, Cambridge 1958, dt. Übers. v. Berk, Der Gebrauch von Argumenten, Kronberg/Ts 1975.

Ehe einzelne Versuche einer rationalen Begründung nichtpositiver Richtigkeitskriterien erörtert werden können (2–4), müssen einige methodische Vorüberlegungen angestellt werden. **1**

### 1. Probleme einer Normbegründung

Die vielfachen Probleme mit der Begründung von Normen, wie sie bereits die Geschichte des Naturrechts dokumentiert (oben § 8), haben einerseits Strategien zu einer möglichen Vermeidung normativer Begründungen beflügelt (a), sie haben andererseits **2** aber das Interesse an der formalen Struktur einer *Begründung* geweckt (b).

### a) Rationale Klärungen im Vorfeld normativer Begründungen

3 Auch rechtsphilosophische Relativisten, die normative Begründungen als Wertungen gänzlich einer rationalen Überprüfung entzogen glauben, gestehen zu, daß im Bereich der „Werturteile" dennoch die Möglichkeit zu einer wissenschaftlichen Betrachtungsweise besteht. Die wissenschaftliche Erörterung vermöge aber nicht das Werturteil als solches zu erfassen, sondern gewissermaßen nur in seinem Vorfeld tätig zu werden. So könne, wenn ein Zweck als wertvoll gewählt sei, wissenschaftlich überprüft werden, welche Mittel sich für die Realisierung dieses Zwecks eigneten, welche Nebenwirkungen zu gewärtigen seien und welche Folgeprobleme entstünden[1]. Zur Debatte stehen dann Kausalbeziehungen im Bereich des „Seins", welche das „Sollen" als solches gar nicht betreffen.

4 Einer solchen Vorgehensweise ist zuzugestehen, daß viele Streitigkeiten, in denen es scheinbar um Werturteile geht, sich in Wahrheit auf unterschiedliche Einschätzungen hinsichtlich nötiger Mittel oder wahrscheinlicher Folgen zurückführen lassen. So kann beispielsweise die Kontroverse, ob man ein elterliches Züchtigungsrecht befürworten soll, möglicherweise in vielen Fällen dadurch geschlichtet werden, daß man dem, der das Schlagen befürwortet, wissenschaftlich ergründbare und auch in seinen Augen negative Folgen des Schlagens vor Augen hält. Oder man kann möglicherweise jemanden, der eine Verschärfung des Abtreibungsstrafrechts fordert, dadurch von der Richtigkeit des Gegenteils überzeugen, daß man darlegt, aus welchen Gründen eine solche Verschärfung gar nicht die (auch von ihm) erhofften Wirkungen hervorbringen kann.

5 Neben einer solchen Klärung des deskriptiv erfaßbaren Umfelds von Wertungen lassen sich – auch für den rechtsphilosophischen

---

[1] *Engisch,* Auf der Suche nach der Gerechtigkeit – Hauptthemen der Rechtsphilosophie, München 1971, S. 200; zur Folgendiskussion *Rüßmann,* Zur Einführung: Die Begründung von Werturteilen, S. 352ff. (357).

Relativisten – logisch konkretere Wertungen auf allgemeinere Wertungen zurückführen. Die Sätze, man dürfe niemanden bestehlen oder man dürfe niemanden betrügen, können möglicherweise zurückgeführt werden auf den Satz, man dürfe niemandem ungerechtfertigt Nachteile zufügen. Und schließlich bestreitet auch der Relativist nicht die Möglichkeit, Wertungsakte unter psychologischen, soziologischen oder historischen Gesichtspunkten zu untersuchen – denn auch hierbei beschränkt sich die wissenschaftliche Bemühung auf die tatsächliche Seite der Wertungen und es wird nicht der Versuch gemacht, wissenschaftlich einen Wertungsakt als solchen zu treffen[2].

**b) Der Streit zwischen Emotivismus, Präskriptivismus, Naturalismus und Intuitionismus**

Ob normative Begründungen auch in ihrem Inhalt einer wissen- **6**
schaftlichen Behandlung zugänglich sind, läßt sich nur erörtern, wenn man zunächst die Struktur normativer Begründungen untersucht. Insbesondere die britische und amerkanische analytische Philosophie hat sich mit diesem Problem umfassend beschäftigt. Man bezeichnet solche Untersuchungen, die nicht selbst zu moralischen Fragen Stellung nehmen, sondern auf einer „Metaebene" betrachten, wie sich dieser moralische Diskurs abspielt, als „metaethisch".

Hinsichtlich der rationalen Begründbarkeit von Wertungen gibt **7**
es Positionen, die als „Kognitivismus" und „Nonkognitivismus" bezeichnet werden und die in unterschiedlichen Ausprägungen – z. T. auch in Annäherungen aneinander – auftreten.

Nonkognitivistische Positionen leugnen prinzipiell die Mög- **8**
lichkeit argumentationsgeleiteter Begründungen für Wertungen oder generell für praktische Orientierungen. Zu den bedeutendsten dieser nonkognitivistischen Positionen zählen der metaethische „Emotivismus" und der metaethische „Präskriptivismus".

Der „Emotivismus" bestreitet, daß Wertungen überhaupt etwas **9**
einem Wahrheitsbeweis Zugängliches behaupteten, sie seien we-

---

[2] Zu den beiden zuletzt genannten Möglichkeiten vgl. *Engisch* (o. Anm. 1), S. 251.

der Beschreibungen von empirischen noch von nicht-empirischen Eigenschaften oder Relationen. Sie hätten nur die Funktion, Gefühle auszudrücken oder hervorzurufen[3]. Dieser Erklärungsversuch von Wertungen dürfte psychologisch verkürzt sein. Die psychische Motivation oder Wirkung einer Aussage erfaßt noch nicht ihre Bedeutung und begründet auch nicht hinreichend, daß Wertungen nicht der Argumentation zugänglich seien.

**10** Eine neuere nonkognitivistische Position ist der „Präskriptivismus“ insbesondere bei *R. M. Hare.* Auch er geht zunächst einmal davon aus, daß die Bedeutung einer wertenden Aussage nicht identisch ist mit den deskriptiven Kriterien für die Abgabe dieser Wertung[4]. Er folgt also den Emotivisten darin, daß mit Wertungen nichts beschrieben werde. Dennoch hält er die Vorstellung, daß mit Wertungen nur Gefühle ausgedrückt oder hervorgerufen würden, für zu eng. Wertungen sagten nicht nur etwas über diese psychische Situation aus, sondern ihre Funktion bestehe auch darin, eine Aussage darüber zu treffen, was (nach Auffassung des Wertenden) getan werden *solle.* Aus diesem Grund spricht man von „Praeskriptivismus“ (praescribere = vorschreiben). Daraus nun gewinnt Hare immerhin einen wenn auch sehr schmalen Zugang für Argumente in Bezug auf Wertungen: Wertungen als Urteile darüber, was getan werden solle, träten mit dem Anspruch auf Universalisierbarkeit auf: deskriptiv gleiche Situationen müßten gleich beurteilt werden. Hare geht sogar so weit, dieses Prinzip in die Nähe des Kantischen Universalisierungsprinzips (dazu oben § 8.1 d) zu rücken. Mehr als diesen Gleichbehandlungsgrundsatz hält er allerdings bei Zugrundelegung seiner metaethischen Theorie nicht für begründbar. Der Grund einer Wertung und damit der Präferenz einer moralischen Regel liege in der individuellen Entschei-

---

[3] So u. a. *Ayer,* Sprache, Wahrheit und Logik (1936), dt. Übers. v. Herring, S. 135 ff. Zum Emotivismus *Frankena,* Analytische Ethik, dt. Übers. v. Hoerster, 3. Aufl., München 1981, S. 127 ff.

[4] *Hare,* The Language of Morals, S. 83 ff., dt. Übers. v. von Morstein, Die Sprache der Moral, S. 114 ff. Zu Hare s. a. *Kaulbach,* Ethik und Metaethik, Darmstadt 1974, S. 126 ff.

dung[5] – wobei Hare selbst sich für eine Variante des Utilitarismus (dazu unten § 10.1) entscheidet[6].

Der darin zum Ausdruck kommenden Skepsis gegenüber einer rationalen Begründbarkeit von Wertungen widersprechen kognitivistische Theorien. Zu diesen kognitivistischen Theorien zählt der metaethische „Naturalismus" und in einem weiteren Sinne auch der mit ihm eng verwandte, manchmal auch als eine bestimmte Variante des Naturalismus apostrophierte metaethische „Intuitionismus". 11

Zum „Naturalismus" zählt man insbesondere Versuche, normative Ausdrücke wie „gut" oder „gerecht" durch empirisch-deskriptive Ausdrücke zu definieren. Das normative Urteil, z. B. ein Auto sei gut, könnte dann ersetzt werden durch eine Reihe von empirisch-deskriptiven Aussagen wie die, das Auto sei schnell, sicher, bequem, zuverlässig etc. Die normative Aussage, ein Urteil sei gerecht, ließe sich definieren durch Aussagen wie die, dieses Urteil teile die Verfahrenskosten gleichmäßig auf oder stifte langfristig Frieden zwischen den Parteien des Rechtsstreits. Auch die Begründung einer Wertung damit, daß ein bestimmtes Verhalten „Lust bereite"[7] (eine empirische Aussage), wäre eine naturalistische Begründung. Wertungen sind, folgt man dem „Naturalismus", dann zwar ebenso gut zu begründen wie empirisch-deskriptive Aussagen, verlieren andererseits so aber jede eigenständige Bedeutung[8]. Die Begründung versagt weiter gegenüber demjenigen, der bestimmte zur Definition angeführte empirische Eigenschaften gerade nicht als positiv bewertet (es z. B. gar nicht so gut findet, daß Autos schnell fahren). 12

Der metaethische „Intuitionismus", der Ähnlichkeiten mit Schelers materialer Wertethik aufweist[9], erwächst zum Teil aus 13

[5] *Hare* (o. Anm. 4), S. 77, 196, in der dt. Übers. S. 105, 242.

[6] *Hare,* Moral Thinking. Its Levels, Method and Point, bes. S. 44 ff.

[7] Vgl. *Bentham,* An Introduction to the Principles of Morals and Legislation (1789), hrsg. v. Burns/Hart, S. 40.

[8] Zum metaethischen Naturalismus *Alexy,* Theorie der juristischen Argumentation, Frankfurt a. M. 1978, S. 55 ff.

[9] *Scheler,* Der Formalismus in der Ethik und die materiale Wertethik, 5. Aufl., Bern/München 1966, S. 87, 93.

der Kritik am Naturalismus. Wie der Naturalismus geht er davon aus, daß mit Wertungen Eigenschaften festgestellt werden. Diese Eigenschaften sind nach Auffassung der Intuitionisten aber keine empirischen Eigenschaften, da diese nur die Existenz, aber eben nicht die positive Bewertung von etwas erfaßten. Wir können, so das Argument G. E. Moores, auf alle nichtwerthaften Eigenschaften hin immer noch die Frage stellen: „Ist dies aber gut?" (Moores „open question argument")[10]. Jede Übersetzung einer Wertung, d. h. einer Aussage, wonach etwas „gut" sei, in eine Feststellung über nicht-werthafte Eigenschaften wäre also ein Fehlschluß – von Moore als „naturalistischer Fehlschluß" bezeichnet[11]. Aus seiner Kritik am Naturalismus folgert Moore, daß es eine nicht weiter definierbare Werteigenschaft des Gutseins geben müsse. Diese könne aber nicht durch eine empirische Wahrnehmung, sondern nur durch eine im Bereich des Nicht-empirischen gegebene Intuition erfaßt werden. Der Intuitionismus behauptet also die (intuitive) *Erkennbarkeit* von Werten, kann aber Wertungen auch nicht *begründen*. Gegen den „Intuitionismus" läßt sich nämlich mit Recht einwenden, daß er keine Kriterien für echte oder unechte Evidenzen liefere, obwohl doch verschiedene Menschen ganz verschiedene Evidenzen erleben[12]. Eine kognitivistische Theorie ist der Intuitionismus also nur, wenn man darunter alle nicht-skeptischen metaethischen Theorien zählen will.

### c) Die Struktur von normativen Begründungen: Toulmin und Alberts „Münchhausen-Trilemma"

**14** Die bisher betrachteten metaethischen Theorien machen allesamt keine allzu große Hoffnung auf eine rechtsphilosophisch relevante rationale Begründbarkeit nichtpositiver Richtigkeitskriterien, weder – ex definitione – die nonkognitivistischen, noch – in

[10] *Moore,* Principia Ethica (1903), S. 29ff.; dazu *Hoerster,* Zum Problem der Ableitung eines Sollens aus einem Sein in der analytischen Moralphilosophie, ARSP 55 (1969), S. 11ff.

[11] Vgl. dazu oben § 2, Anm. 33.

[12] Vgl. *Alexy* (o. Anm. 8), S. 59f.; *Koch/Rüßmann,* Juristische Begründungslehre, München 1982, S. 360f.

Verfehlung der Wertungsdimension – der Naturalismus und – mangels argumentativen Gehalts – der Intuitionismus. Versuchen wir, uns die Probleme des Begründens normativer Richtigkeitskriterien noch einmal mit der Hilfe eines Autors klarzumachen, der versucht hat, ein genaueres Strukturschema für Begründungen zu entwickeln, S. Toulmin.

Eine Behauptung ist danach begründet, wenn sie als Konklusion **15**
(K) aus einer Tatsachenbehauptung (Toulmin spricht von Daten (D)) aufgefaßt werden kann. Dazu muß aber gezeigt werden, in welcher Weise die Daten für die Schlußfolgerung Relevanz haben. Dazu bedarf es einer Schlußregel (SR). Graphisch ergibt sich folgendes Schema[13]:

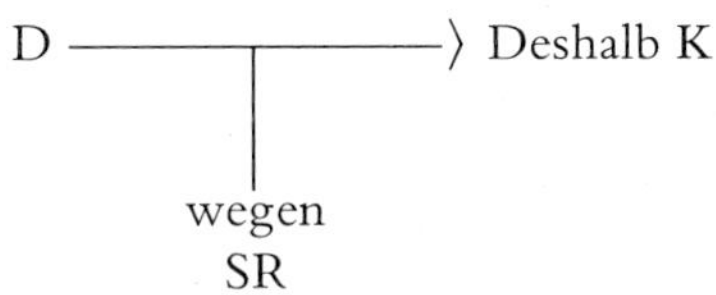


Als Beispiel gibt Toulmin an, daß Harry die britische Staatsangehörigkeit hat (K), weil er auf den Bermudas geboren wurde (D), was die Schlußregel (SR) voraussetzt, daß, wer auf den Bermudas geboren wurde, die britische Staatsangehörigkeit bekommt. Nun muß aber auch die Schlußregel SR begründet werden, wozu es wiederum des Hinweises auf eine Tatsache bedarf – eben daß es ein entsprechendes Gesetz auf den Bahamas gibt[14].

R. Alexy hat unter Verwendung weiterer Schriften von Toul- **16**
min das Schema auf normative Aussagen angewandt[15]. Soll die normative Aussage begründet werden, A habe moralisch schlecht gehandelt, so kann der Grund dafür sein, daß A gelogen hat. Diese Folgerung ist nur gültig, wenn eine Schlußregel besteht, die lautet: „Lügen ist moralisch schlecht“. Das ist eine erste Stufe moralischen Argumentierens. Auf ihr wird ein Handeln im Hinblick auf

---

[13] *Toulmin,* The Use of Argument, S. 99, dt. Übers. v. Berk, Der Gebrauch von Argumenten, S. 90.

[14] *Toulmin* (o. Anm. 13), S. 99ff., in der dt. Übers. S. 91ff.

[15] Zum folgenden *Alexy* (o. Anm. 8).

eine sozial anerkannte Norm (wie diese Schlußregel sie formuliert) gerechtfertigt oder verurteilt. Auf einer zweiten Stufe freilich ist auch die Schlußregel zu begründen. Nun geht es nicht mehr um die Rechtfertigung einer Handlung, sondern um die einer moralischen Norm. Dies geschieht durch Verweisung auf die (tatsächlichen) Folgen einer sozialen Praxis nach dieser Norm oder entgegen einer solchen Norm. Eine Rechtfertigung für die Schlußregel wäre „Lügen hat die Zerstörung des Vertrauens zwischen den Menschen zur Folge und verursacht so unnötiges Leiden". Durch dieses Modell wird die Begründung von Wertungen präzisiert. Eine solche Begründung muß angeben, was Grund für die Geltung der Wertung sein soll, und nach welcher Regel dies Grund für die Wertung sein kann. Da die Regel (und nicht der deskriptive Grund) den präskriptiven (wertenden) Aspekt mit sich bringt, kommt es vor allem wieder auf ihre Begründung an. Es muß dann aber für ihre Begründung wieder eine Regel vorausgesetzt werden, damit die Tatsachengrundlage (bestimmte Folgen der ersten Regel) zu einem Grund für ihre Geltung werden kann. Als eine solche Regel könnte gelten: „Wenn eine Praxis unnötige Leiden verursacht, ist sie nicht gerechtfertigt". Üblicherweise wird man in praktischen Diskursen an dieser Stelle nicht nach weiteren Begründungen fragen. Auf der Basis solcher Annahmen über letzte, nicht hinterfragbare Richtigkeitskriterien können ganze ethische Systeme, wie das des Utilitarismus (dazu unten § 10.1), errichtet werden.

**17** Nun *könnte* man aber sehr wohl noch nach einer Begründung für diese Regel fragen. Da bei dieser Begründung ebenfalls wieder Regeln und für deren Begründungen nochmals Regeln usw. vorauszusetzen sind, gerät man in einen infiniten Regreß, wenn man das Ideal der zureichenden Begründung konsequent vertritt[16].

**18** Hans Albert hat in diesem Zusammenhang vom „Münchhausen-Trilemma" gesprochen: Man hat bei der Begründung im all-

---

[16] *Leibniz* (1646–1716), Monadologie, (1714), § 32, in: Hauptschriften zur Grundlegung der Philosophie Bd. 2, hrsg. v. Cassirer, 3. Aufl., Hamburg 1966, S. 443.

gemeinen und damit auch bei der Begründung von Wertungen drei Möglichkeiten, die alle darauf hinauslaufen, sich am eigenen Schopf aus dem Sumpf zu ziehen:

- einen infiniten Regreß, der aber praktisch nicht durchzuführen ist,
- einen logischen Zirkel, indem man beim Begründungsverfahren auf Aussagen zurückgreift, die vorher schon als begründungsbedürftig aufgetreten waren,
- und schließlich einen Abbruch des Verfahrens, der das Prinzip der zureichenden Begründung willkürlich suspendieren würde[17].

In dieser scheinbar ausweglosen Situation hat die moderne Rechts- und Sozialphilosophie verschiedene Methoden entwikkelt, wie man gleichwohl zu einer rationalen Diskussion über normative Begründungen gelangen könne: Man sucht, statt immer weitere Begründungen einer normativen Aussage zu fordern, lediglich nach den Anforderungen an den Begründungsprozeß als solchen, fragt, unter welchen Umständen eine Bewertung zustandegekommen sein muß, damit sie als gültig betrachtet werden kann (unten 2). Oder man versucht durch eine immanente Kritik des „Münchhausen-Trilemmas" die Möglichkeit von „Letztbegründungen" in einem bestimmten Umfang unter dem Stichwort einer „transzendentalpragmatischen" Begründung zu erweisen (unten 3). Schließlich kann man von einem Modell der Anerkennung von Normen auf der Basis von wechselseitiger Anerkennung und intersubjektiv geteilten Interessen ausgehen (unten 4). 19

## 2. Konsensuelle Richtigkeitstheorien

Wenn inhaltliche Richtigkeitskriterien objektiver Art am Begründungstrilemma scheitern, liegt es nahe, nach formaleren und stärker subjektiven (oder: inter-subjektiven) Kriterien Ausschau zu halten. Es gehört zu den in der Neuzeit verbreiteten Intuitionen, daß der *Konsens* aller Betroffenen ein solches Richtigkeitskri- 20

[17] *Albert*, Traktat über Kritische Vernunft, S. 13.

terium sein kann[18]. Konsenstheorien tauchen insbesondere als Vertragstheorien oder als Diskursethik auf.

### a) Kontraktualistische Richtigkeitstheorien.

21 Kontraktualistische (vertragstheoretische) Richtigkeitstheorien[19] bedürfen in Zusammenhang mit der Normbegründung keiner ausführlichen Erörterung. Sie treten auf als Modelle eines historischen oder eines hypothetischen Gesellschaftsvertrags.

22 Die Vorstellung von einem historischen Gesellschaftsvertrag wurde kaum je ernsthaft im Sinne eines einmal ausdrücklich geschlossenen Vertrages verstanden. Versteht man sie aber im Sinne eines permanenten „konkludenten Einverständnisses", so ist dieser „Zustimmungskonsens" eher ein Problem des praktischen Diskurses[20] und somit der Diskursethik (s. u. b). Will man in einem historischen Kontext gleichwohl an der Vertragsmetapher festhalten, so setzt man sich zwei bekannten Einwänden aus:

23 Da gibt es zunächst ein Paradoxon, das sich bei der Frage nach dem Verpflichtungsgrund einer kontraktualistischen Begründung stellt: Falls jede Verpflichtung aus einem Vertrag entspringt, dann auch der Satz „pacta sunt servanda". Woraus erwächst dann aber die Verpflichtung zur Einhaltung desjenigen Vertrags, in welchem das „pacta sunt servanda" erst vereinbart wurde, dem es also noch nicht zugrundelag?[21]. Dies müssen dann offensichtlich Vernunft-

---

[18] Überblick bei *Beran,* The Consent Theory of Political Obligation. Zur „Zustimmungsfähigkeit eines jeden" als Prinzip „das in der deutschen Diskussion vorherrscht" *Höffe,* Politische Gerechtigkeit. Grundlegung einer kritischen Philosophie von Recht und Staat, Frankfurt a. M. 1987, S. 85.

[19] Ausführlicher Überblick bei *Kersting,* Stichwort „Vertrag, Gesellschaftsvertrag, Herrschaftsvertrag", in: Brunner/Conzel/Koselleck (Hrsg.), Geschichtliche Grundbegriffe. Historisches Lexikon zur politisch-sozialen Sprache in Deutschland, Bd. 6, S. 901 ff.

[20] *Kersting,* Liberalismus, Kommunitarismus, Republikanismus, in: *Apel/Kettner* (Hrsg.), Zur Anwendung der Diskursethik in Politik, Recht und Wissenschaft, Frankfurt a. M. 1992, S. 127 ff. (138).

[21] Dazu *Seelmann,* Versuche einer Legitimation von Strafe durch das Argument selbstwidersprüchlichen Verhaltens des Straftäters, in: Jahrbuch für Recht und Ethik/Annual Review of Law and Ethics, Bd. 1 (1993), S. 315 ff.

gründe sein, die in der Vertragskonstruktion selbst nicht zum Ausdruck kommen. Das ist spätestens seit dem jungen Fichte immer wieder als Problem formuliert worden[22]. Es gibt aber noch eine weitere Schwierigkeit für die Vorstellung, der Vertragsschluß selbst rechtfertige Normen: Stützt man Normen auf einen Vertrag, so könnte sich der Staat oder, was heute praktisch relevanter erscheint, der Rechtsstaat selbst vertraglich abschaffen[23]. Wir kennen das Problem heute im Verfassungsrecht als das der Unabänderlichkeit bestimmter Grundordnungen und Grundrechte gegenüber einer auch noch so großen Parlamentsmehrheit (Art. 79 Abs. 3 GG). Diese Unabänderlichkeit aber bedarf ihrerseits einer Legitimation, die der Vertragsgedanke, der ja als solcher in Bezug auf Staatsordnung und Individualrechte inhaltlich leer ist, nicht zu begründen vermag.

Die von der so zu kritisierenden Vorstellung eines historischen Gesellschaftsvertrags abweichende Idee des hypothetischen Gesellschaftsvertrags fragt hingegen danach, was *vernünftigerweise* Inhalt eines Gesellschaftsvertrags sein *müßte,* wenn man in der Situation wäre, ihn zu schließen. Diese zweite Variante verweist damit bereits ausdrücklich auf *andere* Richtigkeitskriterien (Was ist *vernünftig*?), die mit der Denkfigur des Vertrags gar nicht notwendig zusammenhängen. Die Diskussion über „hypothetische Gesellschaftsverträge" gehört deshalb in den Zusammenhang des jeweiligen normativen Kriteriums, das sich hinter der Vertragsmetapher verbirgt. **24**

Wenn hier der Vertragsmetapher in Zusammenhang mit der Begründung von Richtigkeitskriterien eine eher untergeordnete Rolle zugewiesen wird, so scheint dies in Gegensatz damit zu stehen, daß eine der heute meistdiskutierten Normbegründungstheorien, die von John Rawls, mit dem Modell eines Naturzustandes und einer Vereinbarung im Naturzustand arbei- **25**

[22] Dazu *Schottky,* Die staatsphilosophische Vertragstheorie als Theorie der Legitimation des Staates, in: *Graf Kielmansegg,* Legitimationsprobleme politischer Systeme, PVS-Sonderheft 7, 1976, S. 81ff. (98ff.).

[23] Dies ist ein Element in *Hegels* Kritik der Lehre vom Gesellschaftsvertrag, vgl. dazu *Seelmann* (o. Anm. 21).

tet[24]. Die Normbegründung ergibt sich für Rawls aber in Wahrheit aus einem komplizierten Abstimmungsprozeß zwischen den vorhandenen sozialen Normen und einem Gedankenexperiement der Normenauswahl in einem Zustand der Unparteilichkeit[25] – der Vertragsgedanke spielt dabei keine eigenständige Rolle (dazu unten 4c). Die inhaltlichen Richtigkeitskriterien der Konzeption von Rawls lassen sich zudem unabhängig von diesem Begründungszusammenhang würdigen (dazu unten § 10.3).

**b) Diskursethik: Habermas**

26 Eine genauere Betrachtung verdient jedoch die Konsenstheorie in der insbesondere durch Jürgen Habermas vertretenen Variante der Diskursethik. Habermas verbindet den Konsensgedanken mit dessen diskursiver (also nicht vertraglicher oder auf andere Richtigkeitskriterien verweisender) Einlösung.

27 In der Tradition des Universalisierungsgedankens einerseits und der Konsenstheorie andererseits hält er eine Norm dann für gültig, wenn

> „die Folgen und Nebenwirkungen, die sich jeweils aus ihrer *allgemeinen* Befolgung für die Befriedigung der Interessen eines *jeden* einzelnen (voraussichtlich) ergeben, von *allen* Betroffenen akzeptiert (und den Auswirkungen der bekannten alternativen Regelungsmöglichkeiten vorgezogen) werden können"[26]

28 Zum Verständnis dieser konsensorientierten Fassung des Universalisierungsprinzips ist nicht unwichtig, daß sie sich von früher, etwa bei Kant, formulierten Fassungen in eben dieser Konsensorientierung unterscheidet: Habermas macht nicht zum Kriterium, ob der einzelne Entscheider die Befolgung der Norm durch alle anderen akzeptieren könnte oder ob jeder *in der Lage* des Entscheiders das Inkrafttreten einer entsprechenden Norm wollen könne; Kriterium ist vielmehr, daß jeder Betroffene – auch wenn

---

[24] *Rawls,* A Theory of Justice, S. 118ff., dt. Übers. v. Vetter, Eine Theorie der Gerechtigkeit, S. 140ff.

[25] *Rawls* (o. Anm. 24), S. 21f., 48ff., in der dt. Übers. S. 38f., 68ff.

[26] *Habermas,* Diskursethik – Notizen zu einem Begründungsprogramm, in: *ders.,* Moralbewußtsein und kommunikatives Handeln, S. 53ff. (75ff.).

er in einer ganz anderen Situation lebt und ganz andere Interessen hat als andere – die Folgen der Normbegründung akzeptieren kann[27]. Neuerdings unterscheidet Habermas dabei im Anschluß an Klaus Günther zwischen einer Begründung universeller Gebote nach dem angeführten Universalisierungsprinzip und der Normanwendung nach dem Prinzip der Angemessenheit (Kohärenz von Normen im Einzelfall)[28].

Ob eine generelle Norm oder eine Normanwendung nun diesen **29**
Bedingungen einer Konsensorientierung genügt, kann nach Habermas nur in praktischen Diskursen entschieden werden[29] – eben deshalb wird seine Variante der Konsenstheorie auch „Diskursethik" genannt. An diese praktischen Diskurse wiederum werden bestimmte prozedurale Anforderungen gestellt, damit Geltungsansprüche nicht durch Herrschaftsansprüche verzerrt werden – die Anforderungen der „idealen Sprechsituation". Dazu gehört etwa, daß jeder die gleiche Chance hat, Diskurse zu eröffnen, zu perpetuieren und zu problematisieren, daß jeder seine Diskursbeiträge wahrhaftig und aufrichtig vorbringen kann und daß die Diskursteilnehmer gleiche Machtpositionen bereits vor der Zulassung zum Diskurs innehatten[30].

An dieser Stelle braucht nicht weiter verfolgt zu werden, ob **30**
damit die Voraussetzungen einer „idealen Sprechsituation" richtig

---

[27] Zu den in unterschiedlichem Maße konsensorientierten Fassungen des Universalisierungsprinzips vgl. *Mackie,* Ethik. Auf der Suche nach dem Richtigen und Falschen, dt. Übers. v. Ginders, S. 104ff.; *Tugendhat,* Zur Entwicklung von moralischen Begründungsstrukturen im modernen Recht, ARSP, Beiheft 14 (1980), S. 1ff. (12ff.).

[28] *Habermas,* Erläuterungen zur Diskursethik, in: *ders.,* Erläuterungen zur Diskursethik, Frankfurt a. M. 1991, S. 137ff.; *Günther,* Der Sinn für Angemessenheit. Anwendungsdiskurse in Recht und Ethik, Frankfurt a. M. 1988; kritisch dazu *Schmücker,* Recht und Moral. Zur Kritik der revidierten Diskursethik, Rechtsphilosophische Hefte 1, S. 135ff. (146ff.).

[29] *Habermas* (o. Anm. 26), S. 103.

[30] *Habermas,* Wahrheitstheorien, in: FS für Walter Schulz, Pfulligen, 1973, S. 211ff. (255ff.). Ähnliche, z. T. aber auch ganz andere Voraussetzungen für eine Diskurssituation werden von anderen Autoren genannt, vgl. z. B. *Alexy,* Theorie der juristischen Argumentation, S. 234ff. (242); *Perelman,* Über die Gerechtigkeit, ARSP 51 (1965), 167ff.

wiedergegeben sind und auch nicht, ob dieses Postulat einer „idealen Sprechsituation" auch die Diskursethik, ähnlich wie die Vertragstheorie, von normativen Vorbedingungen abhängig macht, die ihrerseits anders als diskursethisch begründet werden müßten[31]. Die Diskursethik, so wie insbesondere Habermas sie vorschlägt, führt als Theorie der Normbegründung sicherlich in vielen Fällen zu Ergebnissen, die unseren moralischen Intuitionen entsprechen. Ihre Plausibilität stößt aber dort an Grenzen, wo eine Norm universalisierbar ist und auch diskursiv akzeptiert wird, das Ergebnis aber weit verbreiteten moralischen Intuitionen widerspricht. Moores Einwand gegen die „Naturalisten" (oben 1), daß man gegenüber einer deskriptiven Definition eines normativen Richtigkeitskriteriums immer noch die Frage stellen kann „Ist dies auch gut?" trifft natürlich auch Konsenstheorien, für die der Konsens die faktische (und einzige) Voraussetzung der normativen Richtigkeit ist. Ist etwa Witwenverbrennung schon dann moralisch, wenn auch die Witwen dieser Verbrennung zustimmen[32]? Sicher sind unsere Zweifel zunächst nur intuitiv und somit keineswegs besser begründet. Sie lassen es aber geraten erscheinen, danach zu suchen, ob es nicht doch bessere Richtigkeitskriterien gibt als das diskursethische.

**31** Aber auch ein praktischer Einwand gegen die Diskursethik liegt nahe: Häufig wird rein tatsächlich ein Konsens wegen verbleibender Differenzen nicht zustandekommen[33]. Die Frage ist also, ob das konsensorientierte Universalisierungsprinzip nicht auch deshalb der Ergänzung durch ein inhaltliches Richtigkeitskriterium bedarf und ob sich ein solches Kriterium postulieren läßt, ohne daß man dadurch wieder in das „Münchhausen-Trilemma" gerät.

---

[31] Zur Kritik an der Diskurstheorie unter dem Gesichtspunkt der inhaltlichen Leere *Arthur Kaufmann,* Prozedurale Theorien der Gerechtigkeit, München 1989, S. 16ff.

[32] Dazu *Steinvorth,* Klassische und moderne Ethik. Grundlinien einer materialen Moraltheorie, Reinbek 1990, S. 112f.

[33] Zum Majoritätsprinzip in diesem Fall vgl. *Zippelius,* Zur Funktion des Konsenses in Gerechtigkeitsfragen, in: FS für Hans-Jürgen Bruns, Köln/Berlin/Bonn/München 1978, S. 1ff. (5).

Gibt es nicht doch ausgehend von einem prozeduralen Richtigkeitskriterium etwas wie eine „Letztbegründung"?

### 3. Versuche einer „Letztbegründung"

„Letztbegründung" scheint ihrem Begriff nach eine „absolute Normbegründung" zu sein, sie scheint ein Verfahren zu sein, eine Norm unabhängig von irgendeinem Willen der Beteiligten (Normgeber oder Normadressat) zu begründen[34]. Was zur Zeit unter „Letzbegründung" erörtert wird, ist in seinem Anspruch aber bescheidener: Es setzt zunächst den Willen zu bestimmten Handlungen bei den Normadressaten voraus und arbeitet auf dieser Basis mit einem Widersprüchlichkeitsargument: 32

K. O. Apel[35] hält bestimmte Diskursregeln für „transzendental-pragmatisch" begründet. Damit soll gesagt werden, diese Regeln formulierten normative Bedingungen der Möglichkeit des Argumentierens überhaupt. Wer immer in den Diskurs eintrete, indem er etwas behaupte und für die Geltung seiner Behauptung argumentiere, könne dies nicht tun, ohne daß diese Regeln vorausgesetzt seien. Diese Regeln brächten nämlich nur zum Ausdruck, was gelten müsse, damit ein Argument ein Argument sein könne. 33

Apel will diesen transzendentalpragmatischen Status den vorhin in Zusammenhang mit der Diskursethik genannten pragmatischen und semantischen Diskursregeln zuerkennen. Wer diese Regeln bestreiten wolle, müsse sie, um dies zu tun (denn auch Bestreiten ist ein Argumentationsakt), zugleich voraussetzen. Er würde sich mithin selbst widersprechen[36]. Aussagen, deren Gegenteil ein Selbstwiderspruch sei, müßten aber als „letztbegründet" gelten. 34

---

[34] Zu diesem Verständnis „absoluter Normbegründung" *Hoerster,* Zum Problem der absoluten Normbegründung, FS für Robert Walter, S. 255ff. (258).

[35] *Apel,* Von Kant zu Peirce. Die semiotische Transformation der transzendentalen Logik, in: ders., Transformation der Philosophie, Bd. 2, Frankfurt a. M. 1973, S. 157ff.; *ders.,* Das Problem der philosophischen Letztbegründung im Lichte einer transzendentalen Sprachpragmatik, in: FS für Gerhard Frey, S. 55ff.

[36] *Apel* (o. Anm. 35 – FS für G. Frey), S. 55ff.

35 In der Struktur ähnliche Argumente finden sich auch bei anderen Autoren, auch wenn sie in ganz anderen Traditionen der Ethik stehen. Ulrich Steinvorth etwa vertritt eine „klassische“ Ethik, eine Ethik, in welcher der Grund für die Verbindlichkeit von Handlungsprinzipien nicht in den Subjekten, sondern in Eigenschaften der Objekte liegt. Aber auch er argumentiert für die Vorzugswürdigkeit des Seins gegenüber dem Nichtsein nicht etwa – „vormodern“ – damit, daß wegen der Faktizität bestimmter Eigenschaften diese auch wertvoll seien – dies wäre ein heute allgemein gemiedener „naturalistischer Fehlschluß“. Er argumentiert vielmehr auch mit einem Selbstwiderspruch desjenigen, der das Nichtsein dem Sein vorziehen wollte: dieser Seinsverneiner beraube sich selbst aller Gründe, die er gegen eine erzwingbare Durchsetzung des Prinzips der Seinszerstörung anführen könnte[37].

### a) Das Letztbegründungsproblem in der neueren Philosophiegeschichte

36 Das Letztbegründungsargument gilt als kennzeichnend für die Philosophie des deutschen Idealismus. Teilweise wird bereits Kant heute so interpretiert, daß für ihn die praktische Philosophie auf Freiheit als auf ihre eigene Bedingung reflektiere[38]. Kant wäre dann so zu verstehen, daß Freiheit i. S. von Autonomie (Selbstgesetzgebung des Subjekts) in der praktischen Philosophie notwendig vorausgesetzt werden müsse, weil schon die Frage nach der Möglichkeit von Freiheit eine Entscheidungskompetenz über eben diese Frage und damit eben diese Autonomie voraussetze. Der historische Kant dürfte in seiner Begründung der Autonomie dagegen noch mehr Elemente „vorkantischer“ Metaphysik verwendet haben, als man heute häufig wahrnehmen will. Bei Kant fehlt es gerade an einer transzendental-reflexiven Begründung eines Grundprinzips der Ethik, er bricht den Begründungsversuch durch die Behauptung der Gewißheit des Sittengesetzes als eines

[37] *Steinvorth* (o. Anm. 32), S. 163.

[38] *Smid,* Einführung in die Philosophie des Rechts, München 1991, S. 109.

„Faktums der Vernunft" gerade ab[39]. Indem er so die empirische Unwiderstehlichkeit einer Gewissensintuition zur Grundlegung des Sittengesetzes heranzieht, widerspricht er seinem eigenen transzendentalen Begründungsanspruch[40]. Freilich leistet er insofern für eine Begründung Vorarbeit, als er die Vernunft als einziges normatives Kriterium für moralische Richtigkeitsansprüche ausweist: Vernunft als Medium der Kritik muß zugleich deren Maßstab sein.

Das moderne Letztbegründungsargument läßt sich wohl zuerst **37** bei Hegel wahrnehmen. Es sei hier beispielhaft an einem seiner Strafbegründungsargumente nachgezeichnet[41]. Hegel geht davon aus, in einer Straftat werde ein Anerkennungsverhältnis zwischen dem Täter und dem Opfer und damit, da beide Rechtssubjekte seien, zwischen dem Täter und der Rechtsordnung insgesamt verletzt. Der Täter entziehe dem Opfer die Anerkennung, indem er sich einseitig über das Opfer erhebe und dessen Dispositionsbefugnis über die äußere Sphäre seines Lebens in Frage stelle. Der Täter verletze damit etwas, was für Hegel in der Tradition Fichtes Voraussetzung des Personseins, also des Rechtssubjektseins und darüber hinaus sogar des Selbstbewußtseins ist. Entziehe der Täter dem Opfer als Rechtssubjekt die geschuldete Anerkennung, so reduziere er das konkrete Opfer und die Rechtsordnung auf bloße Mittel seiner eigenen Willkür. Da aber Anerkennung ein wechselseitig bedingtes Verhältnis sei, entziehe der Täter sich auf diese Weise selbst die Anerkennung. Ist Anerkennung aber die Voraussetzung für Selbstbewußtsein und gewillkürte Interaktion, so läßt sich gegen die Notwendigkeit wechselseitiger Anerkennung nicht

---

[39] *Kant,* Kritik der praktischen Vernunft, 1. Hauptstück, § 7, Werke Bd. 4, Edition Weischedel, S. 141f. Dazu ausführlich *Ilting,* Gibt es eine kritische Ethik und Rechtsphilosophie Kants?, in: Archiv für Geschichte der Philosophie, Bd. 63, S. 325ff. (bes. 338ff.); *ders.,* Der naturalistische Fehlschluß bei Kant, in *Riedel* (Hrsg.), Rehabilitierung der praktischen Philosophie, Bd. 1, S. 113ff. Ihm ausdrücklich zustimmend *Apel,* Faktische Anerkennung oder einsehbar notwendige Anerkennung? in: *Apel/Pozzo* (Hrsg.), Zur Rekonstruktion der praktischen Philosophie. GS für Ilting, S. 67ff. (75).

[40] Dazu *Adorno,* Negative Diealektik, Frankfurt a. M. 1973, S. 267f.

[41] Zum Folgenden ausführlich *Seelmann* (o. Anm. 21).

ohne Selbstwiderspruch argumentieren – ist Argumentieren doch schon auf eine funktionierende Interaktionsbeziehung angewiesen, die gerade Anerkennung voraussetzt. Will man das Anerkennungsargument bestreiten, so liegt darin ein prinzipieller Selbstwiderspruch: Man erkennt in ein und demselben Augenblick das an, was man bestreitet, ja man erkennt es dadurch an, daß man es bestreitet. Wer gegen Anerkennung argumentiert, setzt eben Anerkennung als Argumentations- und Interaktionsmöglichkeit voraus. Da der Straftäter aber für Hegel in seiner Tat einem anderen diese Anerkennung verweigert, somit konkludent gegen deren Notwendigkeit argumentiert, handelt er selbstwidersprüchlich. U. a. daraus begründet Hegel die Strafe.

38 Daß bei einer solchen Argumentation die Prämissen fragwürdig sind (Jede Straftat eine Anerkennungsverletzung? Jede Anerkennungsverletzung ein Argument gegen die prinzipielle Notwendigkeit wechselseitiger Anerkennung?), braucht an dieser Stelle nicht weiter erörtert zu werden.

### b) Die Reichweite des modernen „Letztbegründungs"-Arguments: Apel versus Hösle

39 Für die gegenwärtige Debatte über nichtpositive Richtigkeitskriterien ist umstritten, ob sich im Sinne von Apel lediglich einzelne Diskursregeln als letztbegründet, weil in ihrer Negation als selbstwidersprüchlich, erweisen lassen, oder ob sich der Anspruch des deutschen Idealismus wieder aufgreifen läßt, daß man Philosophie insgesamt in eine Letztbegründungssstruktur nach dem gezeigten Muster bringen kann[42]. Dies hängt ganz wesentlich davon ab, ob und gegebenenfalls inwieweit sich das „Münchhausen-Trilemma" entkräften läßt.

---

[42] Die Frage wird kontrovers beantwortet von *Hösle,* Wahrheit und Geschichte, bes. S. 748f. und *ders.,* Die Stellung von Hegels Philosophie des objektiven Geistes in seinem System und ihre Aporie, in: *Jermann* (Hrsg.), Anspruch und Leistung von Hegels Rechtsphilosophie, Stuttgart/Bad Cannstatt 1987, S. 11ff. (14ff.) einerseits und *Apel,* Kann der postkantische Standpunkt der Moralität noch einmal in substantielle Sittlichkeit „aufgehoben" werden? in: *Kuhlmann* (Hrsg.), Moralität und Sittlichkeit, Frankfurt a. M. 1986, S. 217ff. andererseits.

Gegen das „Münchhausen-Trilemma" wird eingewandt, es sei selbst widersprüchlich: Werde die Behauptung „Letztbegründung ist unmöglich" mit einem Geltungsanspruch aufgestellt, so bestehe ein Widerspruch in dieser Behauptung selbst, nämlich zwischen dem Inhalt des Satzes und seinem Anspruch. Der apodiktisch-voraussetzungslose Anspruch des Satzes widerspreche seinem eigenen Inhalt, der doch gerade die Möglichkeit solcher apodiktisch-voraussetzungsloser Geltungsansprüche bestreite[43]. 40

Die in der modernen „Transzendentalpragmatik" punktuell verwendete Argumentation mit dem „pragmatischen" oder „performativen Selbstwiderspruch"[44] – der Inhalt des Satzes (die Proposition) widerspricht seinem vorgetragenen Geltungsanspruch (seinem „performativen Gehalt") – wird hier auf die den Letztbegründungsanspruch bestreitende Behauptung angewandt. Damit läßt sich aber wohl nicht die „Punktualität" der Apelschen Strategie überwinden; mehr als daß das „Münchhausen-Trilemma" nicht voraussetzungslos gilt, daß es also im Falle „performativer Selbstwidersprüche" nicht gilt, wird so auch nicht belegt. Offen bleibt, in welchen Fällen wirklich von einem solchen Selbstwiderspruch die Rede sein kann – ob also auch nur alle von Apel angegebenen Diskursregeln wirklich dazu zählen. Bei genauerer Betrachtung spricht einiges dafür, daß wirkliche performative Widersprüche sich nur bei ganz wenigen, eher trivialen Diskursregeln ergeben können, also „daß echte Letztbegründung nur bescheidene philosophische Einsichten vermittelt"[45]. 41

### c) Der „intellektualistische Fehlschluß": Iltings Kritik

Dies braucht hier allerdings gar nicht näher erörtert zu werden. Man muß nämlich bezweifeln, daß überhaupt die Bedingung für rationales Argumentieren – das Vermeiden von Widersprüchen – zugleich ein Geltungsgrund für letztbegründete moralische Normen sein kann. Hier werden die Bedingungen, die man einhalten 42

---

[43] *Hösle,* Die Stellung von Hegels Philosophie (o. Anm. 42), S. 19f.

[44] *Apel* (o. Anm. 42), S. 225.

[45] *Trapp,* „Nicht-klassischer" Utilitarismus. Eine Theorie der Gerechtigkeit, S. 172.

muß, um zu einer rationalen Erkenntnis zu gelangen, unter der Hand zu Normen erklärt, die man voraussetzen müsse, wenn man in moralisch und rechtlich geordneten Verhältnissen leben wolle. Man kann diese Vorgehensweise als einen „intellektualistischen Fehlschluß"[46] bezeichnen. Schon Kelsen hat zu Recht den Schluß von Regeln des Vernunftgebrauchs auf absolut geltende moralische Normen kritisiert[47]. Es handelt sich bei einem solchen Schluß um eine Spätfolge der stoischen „recta ratio"-Vorstellung (oben § 8.1b) – einer unzulässigen Vermengung (statt sinnvoller Kombination) von Erkenntnisvermögen und Wille.

### 4. Anerkennung zumutbarer Normen oder: doppelte Anerkennung

43 Trägt auch das Argument des performativen Selbstwiderspruchs nicht zur Begründung der Geltung von Normen bei, so läßt sich der Erkenntnis nicht ausweichen, daß Normen ihrerseits nur normativ begründbar sind – weder durch Rekurs auf Fakten noch durch Rekurs auf intellektuelle Widersprüche. Normen müssen für ihre Geltung von den Betroffenen *anerkannt* werden. Damit scheinen letztlich doch die Konsenstheorien, insbesondere die Diskursethik, den Geltungsgrund von Normen richtig anzugeben. Auch diese Annahme wäre aber vorschnell. Konsenstheorien und Diskursethik geben nämlich entweder – wenn sie auf bloß faktischen Konsens abstellen – den Anspruch auf eine *rationale* Normbegründung auf, oder aber sie führen – wenn sie zur Vermeidung von Trivialität auf ideale Sprechsituationen, kompetente Urteiler etc. abstellen – durch die Hintertür zusätzliche normative Vorgaben ein. Rationale Normbegründung muß ihre Vorausset-

---

[46] Ich verwende diesen Begriff i. S. von *Ilting*, Der Geltungsgrund moralischer Normen, in: *Kuhlmann/Böhler*, Kommunikation und Reflexion – Zur Diskussion der Transzendentalprogmatik, S. 612. In der Sache ähnlich *Schnädelbach*, Rationalität und Normativität, in: *Apel/Pozzo* (o. Anm. 39), S. 124ff. Der zentrale Einwand des „intellektualistischen Fehlschlusses" wird m. E. durch *Apel* (o. Anm. 39) nicht ausgeräumt.

[47] *Kelsen*, Das Problem der Gerechtigkeit, in: *ders.*, Reine Rechtslehre, 2. Aufl., Wien 1960, S. 357ff., 415ff.

zungen explizit machen. Der Geltungsgrund von Normen kann nur eine solche (reale) Anerkennung der Betroffenen sein, die ihnen (normativ) zumutbar ist[48].

**a) Was ist „zumutbar"?**

Zumutbar sind die Voraussetzungen, die vorliegen müssen, damit ein Zustand ermöglicht wird, der im langfristigen Interesse aller Betroffenen liegt. Im langfristigen Interesse aller Menschen liegt ein Zustand, der in der neuzeitlichen Tradition durch die Metapher des „Herausgehens aus dem Naturzustand" gekennzeichnet wird (vgl. oben § 8.1 c). Damit ist ein Zustand gemeint, in welchem bei Interessenkollisionen nicht die zufällige Überlegenheit den Ausschlag gibt, sondern solche Argumente entscheiden, deren generelle Gültigkeit im Interesse aller Beteiligten liegt[49]. **44**

Diese Abhängigkeit vom langfristigen Interesse am Ziel begrenzt natürlich die Reichweite der Zumutbarkeitsthese. Demjenigen gegenüber, der im „Naturzustand" bleiben will, läßt sich der Zustand unter allgemeingültigen interessenneutralen Kollisionsregeln (er sei hier kurz „Argumentationszustand"[50] genannt) nicht begründen[51]. Zwar wird der Verweigerer gleichwohl von den anderen nicht „wie im Naturzustand" behandelt werden dürfen (dazu gleich unten), aber er kann sich *argumentativ* nicht darüber beschweren, *so* behandelt zu werden wie diejenigen, die ein entsprechendes Interesse haben. Welcher Art die Motivation der **45**

---

[48] Diese Terminologie verwendet Ilting in seiner richtigen Kritik an Kants letztlich doch „vorkritischer" Geltungsbegründung und am „intellektualistischen Fehlschluß" von Apels „Letztbegründungs"-Argument, vgl. (o. Anm. 39), S. 343 ff. und (o. Anm. 46), S. 627 ff.

[49] *Joerden,* Drei Ebenen des Denkens über Gerechtigkeit, ARSP, S. 307 ff. (309).

[50] Üblicherweise wird dem „Naturzustand" der „Rechtszustand" gegenübergestellt. Dieser Begriff ist verkürzt, da es bei den zu begründenden Richtigkeitskriterien nicht *nur* um solche des Rechts geht – diesen Umstand erfaßt auch der lateinische Begriff des „status civilis".

[51] Ähnlich *Schnädelbach* (o. Anm. 46), S. 149: „letztlich ist es die Präferenz einer bestimmten Lebensform, die uns dazu bringt, nur so und nicht anders zu entscheiden".

einzelnen für ihr Interesse am Argumentationszustand ist – das Hobbessche Argument, daß im „Naturzustand" auch der Schwächste den Starken töten kann[52], oder der Gesichtspunkt der Selbstachtung[53] – braucht hierfür nicht geklärt zu werden.

**46** In der Kantischen Tradition stehende Autoren beklagen an einer solchen Normbegründung, die prima facie nur dem entsprechend Interessierten gegenüber verbindlich ist, daß man mit ihr dem in seinen Interessen Abweichenden gegenüber keine Begründungsmöglichkeit hat. Das mag man in der Tat bedauern – es gibt dazu aber nur eine Scheinalternative: dem Abweichenden eine vernünftige Selbstgesetzgebung (Autonomie) zuzubilligen und in deren Namen ihm gegenüber Normen zu begründen. Auch dabei wird der Abweichende an Kriterien gemessen, die nicht seinem empirischen Willen entsprechen.

**47** Welches aber sind nun die Voraussetzungen, die jeder notgedrungen in Kauf nimmt, der den Zustand argumentativer Streitentscheidung wählt[54]? Man muß zunächst den anderen als taugliches Subjekt einer Einigung anerkennen. Das impliziert zweierlei: Er muß mit einem selbst insofern *gleich* sein, als man seine jeweiligen Handlungen voreinander mit denselben Gründen zu verantworten hat, und er muß insoweit *frei* sein, als er in der Einigung nur Gründen unterworfen ist, die bereits Gegenstand der Einigung waren oder aber ihrerseits Voraussetzungen argumentativer Streitentscheidung sind. Dies erfordert offensichtlich weiter einen gewissen (historisch und kulturabhängig zu definierenden) *Mindeststandard* von Gleichheit in den materiellen Lebensbedingungen und die *Mitwirkung* aller an einem apriorisch nicht konstruierbaren System positiver Normen.

**48** Man kann diese Voraussetzungen, die sich im gezeigten Sinn in einen „status negativus", einen „status positivus" und einen „sta-

---

[52] *Hobbes,* Leviathan (1651), Kap. 13, English Works vol. 3, Edition Molesworth, London 1839, Nachdruck Aalen 1966, S. 110ff., dt. Übers. v. Euchner, hrsg. v. Fetscher, Neuwied/Berlin 1966, S. 94.

[53] Dazu *Ilting* (o. Anm. 46), S. 633.

[54] Ähnlich hinsichtlich der folgenden Voraussetzungen *Joerden* (o. Anm. 49), S. 309ff.; *Ilting* (o. Anm. 46), S. 634.

tus activus" aufgliedern lassen, unter die traditionelle Bezeichnung einer wechselseitigen „Anerkennung als Personen" fassen. Damit wird schon deutlich, daß solche Überlegungen in der Tradition von Fichte und Hegel stehen (dazu oben § 2.6b). Für beide spielt diese wechselseitige Anerkennung nicht nur bei der Begründung des Rechts (dazu unten § 11), sondern bereits bei der Begründung des „Selbstbewußtseins", das sich überhaupt nur von einem anderen Individuum her wissen könne, eine zentrale Rolle. Unter dem Gesichtspunkt menschlicher Kommunikation als Voraussetzung für die „Ich-Identität" greift die moderne Psychologie diesen Gedanken auf[55]. Es liegt also offenbar der Möglichkeit zur Einigung, sei es zur vertraglichen Einigung oder sei es – in der alten Metapher – schon zur Einigung über das Verlassen des „Naturzustandes", etwas an wechselseitigem Bezug der Menschen voraus, was sich auf diese Formel von der wechselseitigen Anerkennung bringen läßt. Fichtes und Hegels Anerkennungstheorie hat folglich, auch wenn sie keine „Letztbegründung" (oben 3) liefert, sehr wohl Bedeutung für die Frage, was wechselseitig zumutbar ist.

Damit ergibt sich als Grundlage der Normbegründung eine *doppelte Anerkennung: die Norm* muß, um begründet zu sein, *anerkannt* werden, eine Normanerkennung, die sich wohl nur im Sinne der Diskursethik (oben 2b) erfassen läßt. Der mögliche Inhalt gültiger Normen wird aber dadurch beschränkt, daß er mit der *wechselseitigen Anerkennung* der Individuen als Voraussetzung argumentativer Streitentscheidung kompatibel bleibt. Was bedeutet dies nun aber für diejenigen, die sich der Normanerkennung und der wechselseitigen Anerkennung verweigern? Oben wurde schon erwähnt, daß sie nicht wieder „in den Naturzustand zurückfallen" dürfen, m. a. W. „friedlos" gelegt werden dürfen. Fichte hat diese wichtige Konsequenz durch die Konstruktion eines „Abbüßungsvertrags" mit demjenigen, der sonst „vogelfrei" **49**

[55] Dazu *Krappmann*, Neue Rollenkonzepte als Erklärungsmöglichkeit für Sozialisationsprozesse, in: *Auwärter/Kirsch/Schröter* (Hrsg.), Seminar: Kommunikation, Interaktion, Identität, Frankfurt a. M. 1976, S. 307ff. (316).

würde, zu erfassen versucht[56]. Eben diese „Friedloslegung" zu vermeiden ist auch das berechtigte Anliegen der Autoren, die, wie gezeigt, darauf insistieren, man müsse auch dem Abweichenden gegenüber die Norm *begründen* können. Ein in den praktischen Konsequenzen äquivalentes Ergebnis erreicht man aber auch bei konsequenter Anwendung des Anerkennungsmodells: wechselseitige Anerkennung kann ihr Ziel – „Selbstbewußtsein" im Sinne einer einigungsfähigen Subjektivität von sich selbst als frei und im Verantwortungszwang gleich Empfindenden – nur erreichen bei notfalls kontrafaktischer Zuschreibung dieser Eigenschaften.

**50** Wenn Anerkennung von Normen auf der Basis wechselseitiger Anerkennung von Personen der Geltungsgrund von Normen ist, so stellt dies, wie zu sehen war, eine Kurzformel für folgenden Umstand dar: Für jeden, der eine argumentative Konfliktlösung bejaht, ergeben sich, als deren Voraussetzungen, gleiche wechselseitige Verantwortlichkeit, gleiche Freiheit, ein Mindeststandard von Gleichheit in den materiellen Lebensbedingungen und die Mitwirkung aller an einem System positiver Normen. Wenn diese Prinzipien Voraussetzungen dafür sind, daß Konflikte durch Argumente gelöst werden, die auch im Interesse des jeweils anderen liegen, so fällt auf, daß die eigentlichen Gerechtigkeitsfragen nicht solche Voraussetzungen, sondern Gegenstand der Vereinbarung sein müssen – bestimmte Kriterien insbesondere von Verteilungsgerechtigkeit lassen sich nicht als notwendige Bedingungen eines Argumentationszustandes ausweisen. Daß gleichwohl auch dort noch argumentiert werden kann, soll unten § 10 gezeigt werden.

### b) Kohlbergs Stufenleiter des moralischen Urteils

**51** Der amerikanische Psychologe L. Kohlberg hat eine – in empirischen Untersuchungen erhärtete – Theorie der Entwicklung des

---

[56] *Fichte,* Grundlage des Naturrechts nach Principien der Wissenschaftslehre (1796), § 20, Werke Bd. 3, hrsg. v. I. H. Fichte, Berlin 1845/46, Neudruck Berlin 1971, S. 261.

moralischen Urteils aufgestellt, die inzwischen auch von Philosophen beachtet wird[57]. Das liegt an ihrem normativen Anspruch – Kohlberg geht davon aus, die jeweils „höhere" Entwicklungsstufe sei gegenüber der in der Entwicklung davorliegenden Stufe nicht nur bei den meisten Menschen die faktisch spätere, sondern auch die normativ-moralisch besser ausgewiesene. Die nach Kohlberg höchst-erreichbare „Stufe VI" hat Ähnlichkeit mit dem hier favorisierten Normbegründungsmodell einer Anerkennung wechselseitig zumutbarer Grundnormen: Er spricht insoweit von „selbstgewählten ethischen Prinzipien unter Berufung auf umfassende logische Extension, Universalität und Konsistenz" und rechnet dazu „universelle Prinzipien der Gerechtigkeit, der Gegenseitigkeit und Gleichheit der Menschenrechte und des Respekts vor der Würde des Menschen als individueller Person"[58]. Daher liegt es nahe, einen kurzen Blick auf die Begründungsstruktur seines normativen Konzepts zu werfen.

Kohlbergs Stufenmodell ist unterteilt in drei Hauptstufen: prä- 52
konventionelle, konventionelle und postkonventionelle Ebene der Moralentwicklung. Auf der prä-konventionellen Ebene sind die Menschen geleitet durch Androhung und Inaussichtstellung von Strafen bzw. Belohnungen individueller anderer Personen, an denen sie ihr Handeln egozentrisch orientieren. Auf der konventionellen Stufe lassen Menschen sich durch (auch verinnerlichte) Regeln leiten, sind gewissermaßen „exzentrisch" an Autorität orientiert. Erst auf der post-konventionellen Ebene orientieren sich die Menschen an (universalisierbaren) Prinzipien – zunächst noch im Sinne eines Aushandelns von Interessen („Sozialvertrags-Orientie-

---

[57] Einige Beispiele: *Eder,* Zur Rationaliserungsproblematik des modernen Rechts, in: Soziale Welt 29, 247; *Habermas,* Moralbewußtsein und kommunikatives Handeln, in: *ders.,* ders. Titel, Frankfurt a. M. 1983, 127; *Tugendhat,* Zur Entwicklung von moralischen Begründungsstrukturen im modernen Recht, in: ARSP, Beiheft 14 (1980), 1.

[58] *Kohlberg,* Moralische Entwicklung und demokratische Erziehung, in: *Lind/Raschert* (Hrsg.), Moralische Urteilsfähigkeit. Eine Auseinandersetzung mit Lawrence Kohlberg, S. 25 ff. (27).

rung") auf „Stufe V", dann auf „Stufe VI" aber (s. o.) durch eigene Prinzipienbildung[59].

**53** Was ist nun der Grund dafür, die jeweils „höhere" Stufe als die normativ besser ausgewiesene auszuzeichnen? Man wird Kohlberg so verstehen müssen, daß die jeweils höhere Stufe Handlungskonflikte besser löst als die vorausgehende[60]: Regelbeachtung erleichtert durch Generalisierung von Imperativen die Handlungsorientierung gegenüber der Abhängigkeit allein von wechselnden Einzelbefehlen, und Prinzipienorientierung ist Voraussetzung für die Bewältigung von Normenkollisionen; Prinzipien, die man ad hoc selbst weiterzuentwickeln weiß, sind wiederum für die Handlungsorientierung leistungsfähiger als solche, die in einem ursprünglichen Vertrag festgeschrieben werden. Kohlbergs Stufenleiter der Entwicklung des moralischen Urteils ist also als „Höherentwicklung" in dem Sinne zu verstehen, daß zunehmend komplexere Handlungsorientierungen möglich werden, die zugleich ebenso zunehmend die Interessen aller Beteiligter zu berücksichtigen erlauben. Dennoch ist die „höchste" Stufe damit nur relativ „begründet", zumal keineswegs ausgeschlossen ist, daß sie in dem hier entwickelten Sinn durch eine „siebte Stufe" überboten werden könnte[61].

**54** Berücksichtigt man all diese Vorbehalte, so verdient doch Beachtung, daß eine Normbegründung unter dem Gesichtspunkt von Anerkennung der Betroffenen und wechselseitiger Zumutung von Grundnormen aus einem ganz anderen Diskussionszusammenhang heraus eine argumentative Unterstützung erfährt.

---

[59] *Kohlberg* (o. Anm. 58), S. 26f.

[60] Dazu auch *Habermas* (o. Anm. 57), S. 136, 181.

[61] Zu dieser Debatte vgl. nur *Gilligan,* In a Different Voice: Women's Conceptions of the Self and of Morality, in: Harvard Educational Review 47 (1977), 481ff., dt. Übers. v. Stein, Die andere Stimme, 1. Aufl., München 1984; *K. Günther,* Der Sinn für Angemessenheit. Anwendungsdiskurse in Moral und Recht, Frankfurt a.M. 1988, S. 176ff.

### c) Ähnlichkeiten moderner Normbegründungstheorien in deren praktischen Folgen: 2-Stufen-Modelle

Die hier genannten Prinzipien sind inhaltlich weitgehend identisch mit den Prinzipien, die eine individualrationale Interessentheorie als gültig ausweisen kann. Die individualrationale Interessentheorie[62] hält Normen stets nur im Hinblick auf ein bestimmtes Individuum für begründet, verneint also die Möglichkeit einer „objektiven" Normbegründung. Ihr Kriterium ist das individuelle Interesse. Natürlich läßt sich auch für diese Theorie von einer intersubjektiven Begründung sprechen – dann nämlich, wenn die fragliche Norm Interessen verschiedener Menschen förderlich ist. Gesellschaftlich relevant sind allein solche intersubjektiv wirksamen Begründungen. Wenn z. B. viele Menschen das Interesse haben, nicht getötet zu werden, so ist für sie eine Norm, die das Töten verbietet, begründet. Eine solche Norm hätte für sie mehr Vorteile als ein normloser Zustand[63]. **55**

Entsprechend begrenzt wie bei der Anerkennungstheorie ist notwendig auch die Begründungsleistung der Interessentheorie: dem gegenüber, der selbst im „Naturzustand" bleiben will, läßt sich der Argumentationszustand einschließlich seiner Voraussetzungen gerade nicht begründen. Der Unterschied zwischen beiden Ansätzen zur Normbegründung ist ein anderer: Normen sind nicht schon begründet, wenn sie im langfristigen Interesse des Betroffenen liegen – eine Position, die als „soft paternalism" nicht unproblematisch ist – sondern erst dann, wenn sie außerdem noch tatsächlich von den Betroffenen anerkannt werden. **56**

Zu dem für die Rechtsphilosophie nicht unwichtigen Ergebnis, daß eigentliche Gerechtigkeitsfragen nicht in irgendeiner Weise letztbegründbar entschieden werden können, gelangen fast alle modernen Theorien der Normbegründung. Die hier favorisierte Auffassung zur Frage des Geltungsgrundes von Normen befindet sich darin in Übereinstimmung mit Konsenstheorien und Diskurs- **57**

---

[62] Sie wird vertreten im Anschluß insb. an *Hume* und *Mackie* von *Hoerster*, Rechtsethik ohne Metapysik, JZ 1982, S. 265 ff.

[63] *Hoerster* (o. Anm. 62), S. 269.

ethik ebenso wie mit Apels Letztbegründungsmodell: Auch für Apel ist nämlich letztbegründet nur das Einhalten von Diskursregeln – Inhalt und Ergebnis des Ethik-Diskurses sind nicht „letztbegründbar". Diese inhaltlichen Normen haben auch für Apel – darin stimmt er John Rawls zu – „nur den Status von revidierbaren Vorschlägen im Rahmen praktischer Diskurse"[64]. Selbst Autoren, die sich heute ausdrücklich zum „Naturrecht" bekennen, gestehen zu, daß dieses nicht die zahllosen Fragen lösen könne, die sich dem Richter stellen[65].

**58** Ist dies aber so, dann ergibt sich für mehrere heute diskutierte Normbegründungen ein „Zwei-Stufen-Modell" mit recht ähnlichem Inhalt: Einigen gut begründbaren (der Streit geht darüber, wie „absolut" sie begründet werden können) Voraussetzungen eines normativ geregelten friedlichen Zusammenlebens stehen alle übrigen nichtpositiven Richtigkeitskriterien gegenüber, von denen zugegeben wird, daß es zu ihren Gunsten nur (aber immerhin!) mehr oder weniger gute Gründe gibt, Gründe, deren Überzeugungsfähigkeit viel mit den ganz unterschiedlichen Interessen und kulturell vorgeformten moralischen Intuitionen zu tun hat.

**59** Über die *Methoden,* mit solchen Gründen möglichst rational umzugehen, gibt es natürlich auch die verschiedensten Vorstellungen. Verbreitet waren von jeher Strategien des Absehens von den eigenen Interessen. Das Problem hierbei ist allerdings, daß dabei vom Interesse an der Herstellung eines gerechten Ergebnisses nicht abstrahiert werden darf und eben dieses Interesse kulturell vielfältig vorgeprägt zu sein pflegt. Rawls hat deshalb das Modell eines Hin-und-her-Wandern des Blicks zwischen eben diesen kulturell vorgegebenen Richtigkeitskriterien („Fairness") und ihrer Überprüfung anhand einer hypothetischen Situation des Nichtwissens („Schleier des Nichtwissens") über die eigene Position in der Gesellschaft entwickelt („reflektives Gleichgewicht")[66]. Solche Methodenfragen sollen hier jedoch nicht weiterverfolgt werden.

---

[64] *Apel* (o. Anm. 39), S. 90, 104.

[65] *Finnis,* Natural Law and Legal Reasoning, in: *George* (Hrsg.), Natural Law Theory. Contemporary Essays, Oxford 1992, S. 134ff. (151).

[66] *Rawls* (o. Anm. 24.), S. 21f., 48ff., in der dt. Übers. S. 38f., 68ff.

Vielmehr wird beispielhaft am Problem der Verteilungsgerechtigkeit nun endlich die inhaltliche Debatte über Richtigkeitskriterien betrachtet. Inwieweit kann auch hier noch mit guten Gründen argumentiert werden?

## § 10 Die aktuelle Gerechtigkeitsdebatte

**Literatur:** *Baurmann,* Zweckrationalität und Strafrecht. Argumente für ein tatbezogenes Maßnahmerecht, Opladen 1987; *Bentham,* Introduction to the Principles of Morals and Legislation (1789), hrsg. v. Burns/Hart, London 1970; *Dworkin,* Taking Rights Seriously, Oxford 1977, 8. Aufl., Cambridge/Mass. 1984, dt. Übers. v. Wolf, Bürgerrechte ernstgenommen, Frankfurt a. M. 1984; *Höffe* (Hrsg.), Einführung in die utilitaristische Ethik – Klassische und zeitgenössische Texte, München 1975; *Honneth* (Hrsg.), Kommunitarismus. Eine Debatte über die moralischen Grundlagen moderner Gesellschaften, Frankfurt a. M./New York 1993; *Locke,* Two Treatises of Government (1690), The Second Treatise, Works vol. 5, London 1823, Nachdruck Aalen 1963, dt. Übers. v. Euchner, Frankfurt a. M. 1977; *Nozick,* Anarchy, State and Utopia, Oxford 1974, dt. Übers. v. Vetter, Anarchie, Staat, Utopia, München 1976; *Rawls,* A Theory of Justice, Cambridge/Mass. 1972, dt. Übers. v. Vetter, Eine Theorie der Gerechtigkeit, Frankfurt a. M. 1975; *Rawls,* Die Idee des politischen Liberalismus, Aufsätze 1978–1989, hrsg. v. Hinsch, Frankfurt a. M. 1992; *Scanlon,* Contractualism and utilitarianism, in: Sen/Williams, Utilitarism and beyond, Cambridge 1982, S. 103ff.; *Walzer,* Spheres of Justice. A Defense of Pluralism and Equality, New York 1983, dt. Übers., Sphären der Gerechtigkeit. Ein Plädoyer für Pluralität und Gleichheit, Frankfurt a. M./New York 1992.

Unter den heute erörterten Theorien der Verteilungsgerechtigkeit werden drei Positionen international besonders intensiv diskutiert, die hier schlagwortartig als rechte-orientiert (unten 2), fairness-orientiert (unten 3) und kommunitaristisch (unten 4) bezeichnet werden sollen. Vorweg bedarf es einer kurzen Auseinandersetzung mit einer gleichfalls weit verbreiteten ethischen Theorie, dem Utilitarismus, der aber, wie sich zeigen wird, letztlich nicht als Theorie der Verteilungsgerechtigkeit apostrophiert werden kann (unten 1). **1**

## 1. Probleme des Utilitarismus: Benthams Erben

2 Eine herausragende Bedeutung in der gegenwärtigen Debatte über nichtpositive Richtigkeitskriterien kommt immer noch dem Utilitarismus zu. In seiner klassischen Form, wie er im 18. Jahrhundert von Jeremy Bentham (1748–1832) entwickelt wurde, bestimmt er als Kriterium bei der Beurteilung von Handlungen oder Normen deren Nutzen (i. S. einer Bedürfnis- und Interessenerfüllung) für die Gesamtheit der Betroffenen. Vorzugswürdig sind also Handlungen und Normen, die bei der Abwägung ihrer positiven und negativen Folgen den größten Gesamtnutzen für die Betroffenen mit sich bringen[1]. Beim Utilitarismus handelt es sich insofern um eine „rationale Ethik", als bei Zugrundelegen seines Richtigkeitskriteriums (Gesamtnutzen) Handlungen und Normen sich im Einzelfall kohärent und nachvollziehbar bewerten lassen[2]. Für das zugrundeliegende Kriterium muß allerdings an ein Evidenzerlebnis (eine Intuition!) appelliert werden.

3 In Deutschland verbreitete Vorbehalte gegen den Utilitarismus allein deshalb, weil es sich dabei um eine an den *Folgen* von Handlungen und Normen orientierte Ethik handelt oder weil es um *Nutzen* von Handlungen und Normen geht, greifen sicherlich zu kurz. Das eigentliche Problem des Utilitarismus liegt in seinem Abstellen auf den *Gesamtnutzen,* und dafür ist er auch in seinen angelsächsischen Ursprungsländern kritisiert worden. Man kann also wohl sagen, daß der Utilitarismus in Deutschland nicht die Aufmerksamkeit gefunden hat, die er verdient, in seiner Heimat aber die Kritik gefunden hat, die er verdient[3].

4 Innerhalb der Rechtswissenschaft hat sich der Utilitarismus vor allem in der „ökonomischen Analyse des Rechts" (dazu oben § 3 3c) und im Strafrecht verbreiten können. In beiden Bereichen läßt sich auch gut die Problematik des Utilitarismus erkennen.

---

[1] *Bentham,* Introduction to the Principles of Morals and Legislation (1789), hrsg. v. Burns/Hart, S. 2.

[2] Dazu *Höffe,* Einleitung zu *ders.* (Hrsg.), Einführung in die utilitaristische Ethik – Klassische und zeitgenössische Texte, München 1975, S. 7f.

[3] *Steinvorth,* Menschenrechte und Sozialstaat, in: Rechtsphilosophische Hefte 1–1992, S. 9.

Die „ökonomische Analyse des Rechts" stellt für die Einschätzung rechtlicher Regeln darauf ab, ob sie gesamtgesellschaftlich Ressourcen verschwenden. Das im Hinblick auf den Umgang mit den Ressourcen effizientere Gesetz ist nach den Kriterien dieser Rechtstheorie also allemal das Bessere. Das wird, wenn alle anderen Randbedingungen gleich sind, schwerlich jemand bestreiten wollen. In ihren teilweise sehr subtilen Effizienz-Analysen hat die „ökonomische Analyse des Rechts" deshalb wichtige Arbeit geleistet. Einwände liegen aber nahe, wenn der Eindruck erweckt wird, es handle sich bei ihr bereits um eine Gerechtigkeitstheorie[4]. Ob nämlich das effizientere Gesetz im Hinblick auf die Verteilungsgerechigkeit problematisch erscheint, kann für die „ökonomische Analyse des Rechts" kein Thema sein: Das gesamtgesellschaftlich effizientere Gesetz ist also ihrzufolge auch dann vorzuziehen, wenn seine Konsequenzen für die Menschen gänzlich unterschiedlich ausfallen. Die Interessen eines einzelnen Betroffenen gehen in das Richtigkeitskriterium also nicht als solche ein, sondern lediglich als Rechnungswert für die Berechnung des Gesamtnutzens. Die Vermeidung eklatanter Ungerechtigkeiten kann so nur durch ein zusätzliches Kriterium aus dem Bereich der Theorien über die Verteilungsgerechtigkeit erfaßt werden. 5

Ganz ähnlich stellt sich das Problem im Strafrecht: Stellt man allein auf die Präventionsleistungen des Strafrechts ab, etwa darauf, welches Strafgesetz oder welcher Strafvollzug bei geringstmöglichem Eingriff in die Rechte der Beteiligten optimal abschreckt oder bessert, so bleiben durchaus Fälle denkbar, in denen um des eindeutigen Gesamtnutzens willen ein Einzelner eklatant ungerecht behandelt werden müßte. Bekannt sind Beispiele wie das des Schwarzen in einem der Südstaaten der USA, der, obwohl an der ihm zur Last gelegten Tat auch nach Wissen des Gerichts gänzlich unschuldig, doch zum Tode verurteilt wird, weil man nur so den weißen Mob davon abhalten kann, eine Siedlung von Schwarzen zu überfallen und dabei viele Menschen zu töten. Der 6

---

[4] So aber *Schäfer/Ott,* Lehrbuch der ökonomischen Analyse des Zivilrechts, Berlin/Heidelberg u. a. 1986, S. 5f.

Gesamtnutzen, also der Verrechnungssaldo, wäre positiv: Rettung vieler Menschen durch Opferung eines (unschuldigen) Menschen[5]. Dennoch dürfte diese Lösung den Gerechtigkeitsintuitionen der meisten Menschen widersprechen. Der auf Evidenzen bauende Utilitarismus wird so gewissermaßen mit seinen eigenen Waffen geschlagen. Er bedarf einer Ergänzung, die seine Kriterien teilweise wieder zurücknimmt. Auch das geltende deutsche Recht beachtet diesen Zusammenhang: Die Befugnisse des im Aggressivnotstand Befindlichen werden in § 34 Satz 1 StGB an einem utilitaristischen Verrechnungssprinzip bemessen, in Satz 2 dieser Vorschrift aber durch ein Angemessenheitsprinzip wieder beschränkt.

**7** Gegen diesen Standardeinwand wird von modernen Utilitaristen häufig entgegnet, der „Regelutilitarismus" erzeuge keine solchen unhaltbaren Resultate. Regelutilitarismus meint, daß man nicht nach dem Gesamtnutzen einzelner Handlungen fragt, sondern nach dem Gesamtnutzen einer Regel, die solche Handlungen anordnet. Die Regel, notfalls auch Unschuldige zu bestrafen, würde bei jedem die Angst erzeugen, grundlos bestraft zu werden, würde also rationale Lebensplanung bei allen praktisch unmöglich machen und damit auch insgesamt mehr Schaden als Nutzen bewirken. Daß Unschuldige nicht bestraft werden sollten, ließe sich somit auch utilitaristisch begründen. Dennoch werden auch durch den Regelutilitarismus Vorbehalte nicht wirklich ausgeräumt. Es sind auch gesellschaftliche Verhältnisse denkbar, unter denen selbst die regelmäßige Bestrafung Unschuldiger einen größeren rein rechnerischen Gesamtnutzen schafft als der Verzicht darauf (z. B. die regelmäßige ungerechtfertigte Bestrafung einer ausgegrenzten gesellschaftlichen Minderheit)[6].

**8** Darin liegt also das generelle Problem des Utilitarismus: Mißt man eine Handlung oder eine Norm nur an ihrem kollektivem

---

[5] Zu diesem Standardeinwand *Hoerster,* Die Begründung staatlichen Strafens, in: Theorie der Normen, FS für Ota Weinberger, Berlin 1984, S. 225ff. (231).

[6] *Baurmann,* Zweckrationalität und Strafrecht. Argumente für ein tatbezogenes Maßnahmerecht, S. 213f.

Gratifikationswert (wofür in vielen Fällen durchaus ein Evidenzerlebnis sprechen mag), so sieht man gänzlich ab von Verteilungsgerechtigkeit und setzt sich außerdem in Widerspruch zu einem anderen fast universal verbreiteten Evidenzerlebnis, daß nämlich die Idee der Unverletzlichkeit der einzelnen Person auch nicht dem maximalen Wohlergehen aller anderen geopfert werden dürfe[7]. Diesem Einwand dürfte auch ein „negativer Utilitarismus"[8] ausgesetzt sein: Die größtmögliche Abwendung des Elends von so vielen Menschen wie möglich als Verrechnungskriterium (und nur dann handelt es sich um einen Utilitarismus) kann auch die Interessen einzelner übergehen (man denke an einen zu Heilzwekken nicht nötigen medizinischen Eingriff bei einzelnen, um ein Medikament zur Schmerzlinderung bei vielen Menschen zu entwickeln).

Natürlich lassen sich die Probleme mit dem klassischen Utilitarismus dadurch entschärfen, daß man mit ihm unterschiedliche Gerechtigkeitsintuitionen verknüpft. Man kann etwa, anstatt nur die Erwartungsnutzen zu summieren, die Verdienste der Betroffenen mit in die Berechnung einbeziehen oder die Präferenzen der einzelnen anhand ihrer Motive moralisch gewichten[9]. Allerdings wird man daran zweifeln müssen, ob die Bezeichnung als „Gerechtigkeits-*Utilitarismus*" dann noch adäquat ist, ob das Entscheidungsprinzip in diesem Fall also wirklich ausschließlich das der Nutzenaggregation ist. 9

## 2. Die rechte-orientierte Gerechtigkeitstheorie: Streit über Locke

In einem deutlichen Gegensatz zu den Utilitaristen stehen die Anhänger einer rechte-orientierten Gerechtigkeitstheorie. In den angelsächsischen Ländern ist diese Position in den letzten Jahr- 10

[7] *Höffe* (o. Anm. 2), S. 29.

[8] *Arthur Kaufmann,* Rechtsphilosophie zum Mitdenken, Jura 1993, S. 73ff., (76).

[9] In diesem Sinn *Trapp,* Nicht-klassischer Utilitarismus. Eine Theorie der Gerechtigkeit, Frankfurt a. M. 1988, insbes. S. 214, 324, 327.

zehnten gerade in Auseinandersetzung mit dem Utilitarismus entstanden, dem gegenüber sie darauf besteht, daß eine ethische Theorie gerade von unveräußerlichen Rechten des einzelnen auszugehen habe[10].

**11** Eine solche Gerechtigkeitstheorie geht in ihren Grundzügen auf die Philosophie John Lockes (1632–1704) zurück. Anders als Hobbes, für den der Naturzustand ein Zustand des Kampfes aller gegen alle und des Rechtes auf alles und damit zugleich auf nichts war, ging Locke davon aus, daß die Menschen schon im Naturzustand bestimmte unveräußerliche Rechte innegehabt haben, darunter insbesondere die Rechte auf Leben, Freiheit und auf die Resultate der eigenen Arbeit[11]. Probleme der Verteilungsgerechtigkeit ergeben sich insbesondere aus letzterer Annahme, denn mit ihr begründet Locke das Privateigentum: zwar seien alle Güter der Erde ursprünglich Gemeineigentum, nur nicht das Eigentum am eigenen Körper und deshalb auch nicht an den Produkten der eigenen Arbeit. Angesichts der wertschaffenden Kraft der Arbeit hält Locke den Umstand, daß damit auch in Gemeineigentum stehende Güter in Privateigentum übergehen, für quantitativ praktisch bedeutungslos[12]. Eines Staates bedarf es danach nur zum Schutz dieser individuellen Rechte und zur Schlichtung von Streitigkeiten.

**12** Viele haben diese Konzeption bis in unsere Tage aufgegriffen und mit ihrer Hilfe zu begründen versucht, warum es Aufgabe des Staates als Rechtsordnung nur sein dürfe, solche (subjektiven) Rechte zu garantieren, und warum deshalb Umverteilungen, etwa nach utilitaristischen Kriterien, nicht zulässig seien . Die schon erwähnte „Angemessenheitsklausel" in § 34 S. 2 StGB wird deshalb auch häufig ganz im Locke'schen Sinn interpretiert als Garantie für unverrechenbare Grund-Rechte. Robert Nozick hat in unseren Tagen die meistbeachtete Rekonstruktion der Lockeschen

---

[10] Als wichtigste Schrift dieser Bewegung gilt *Nozick,* Anarchy, State and Utopia, Oxford 1974, dt. Übers. v. Vetter, Anarchie, Staat, Utopia.

[11] *Locke,* Two Treatises of Government, The Second Treatise, §§ 4ff., 25ff., Works vol. 5, S. 339ff., 352ff., dt. Übers. v. Euchner, S. 201ff., 215ff.

[12] *Locke* (o. Anm. 11), §§ 40, 43, S. 361, 363, in der dt. Übers. S. 225, 226f.

Gerechtigkeitstheorie übernommen. Sein Fazit ist ein klassisch-liberales: Der Staat hat sich auf den Schutz der Individualrechte zu beschränken, d. h. auf den Schutz von Leben, Eigentum und Freiheit, er muß ein „Minimalstaat" sein – jede sozialstaatliche Tätigkeit wäre eine Verletzung der Rechte einzelner[13].

Da somit jede staatliche Zuteilung von Gütern, sofern sie nicht **13**
notwendige Konsequenz der Schutzfunktion des Staates ist (z. B. Bezahlung von Polizisten, Soldaten etc.), per se ungerecht wäre, scheint diese „rechte-orientierte" Gerechtigkeitstheorie darüber hinausgehende Probleme von Verteilungsgerechtigkeit überhaupt nicht aufkommen zu lassen.

Aber selbst Autoren, die diesen rechte-orientierten Ansatz im **14**
Prinzip überzeugend finden, äußern insoweit Vorbehalte. Zwei von vielen Versuchen, bei Wahrung der Prämissen von Locke und Nozick gleichwohl zu anderen Ergebnissen zu gelangen, seien beispielhaft aufgeführt:

Postema[14] greift Nozicks Zugeständnis auf, daß der Minimal- **15**
staat bestimmte gefährliche Handlungen verbieten dürfe, dafür aber Schadensersatz leisten müsse. Da dieser Schadensersatz aber gezahlt würde, ohne daß dies eine Kompensation für verletzte Rechte wäre, müßten entsprechende staatliche Zahlungen auch in anderen Situationen ohne Rechtsverletzungen zulässig sein, wenn es um den Ausgleich von Benachteiligungen gehe, die durch den staatlichen Eigentumsschutz entstünden.

Grundsätzlicher setzt Steinvorth[15] an Lockes Prämissen an: Da **16**
auch nach Locke alle Güter Gemeineigentum der Menschheit insgesamt seien und eine Ausnahme hiervon nur für den Körper und die Ergebnisse seines Gebrauchs gelte, müsse zunächst genauer bestimmt werden, in welchem Umfang in das Arbeitsprodukt noch Gemeineigentum (= vorher unbearbeitete Natur) eingehe. Bei knappen Gütern sei dessen Wert keineswegs vernachlässigenswert – wie Locke meinte (s. o.). Locke gelange zu seiner Auffas-

---

[13] *Nozick* (o. Anm. 10), dt. Übers. S. 167ff.

[14] *Postema,* Nozick on Liberty, Compensation, and the Individual's Right to Punish, in: Social Theory and Practice 1980, 311ff.

[15] *Steinvorth* (o. Anm. 3), S. 9.

sung aber infolge einer normativen Vorgabe: weil er eine Wirtschaft mit Privateigentum für produktiver halte als eine mit Gemeineigentum[16]. Dies aber sei ein Utilitätsargument, kein Rechte-Argument. Für eine wirklich rechte-orientierte Gerechtigkeitstheorie müsse deshalb den Nichteigentümern an Naturgütern für den ihnen zustehenden Anteil am Gemeineigentum eine Entschädigung gezahlt werden – so könne man sozialstaatliche Leistungen gerade *mit* einer rechte-orientierten Gerechtigkeitstheorie begründen[17].

**17** Andererseits wird man durchaus zugeben müssen, daß die Metapher von den „ursprünglichen" Rechten im Sinne bloßer Abwehrrechte auch einen guten Sinn haben kann: daran zu appellieren, der Staat möge doch um der Freiheit des Individuums willen bestimmte Lebensbereiche als für ihn „unverfügbar" ansehen. Nur welche Bereiche sollen dies sein und in welchem Umfang? Behauptung und Gegenbehauptung hinsichtlich „ursprünglicher" Rechte helfen da kaum weiter. Es bedarf hierfür offensichtlich eines plausiblen normativen Kriteriums.

### 3. Das „Fairness"-Prinzip: Rawls und Dworkin

**18** Die heute wohl weltweit am meisten beachtete „Theorie der Gerechtigkeit", die von John Rawls, sucht solche Kriterien letztlich aus dem Prinzip der „Fairness" zu entwickeln. Sie fragt danach, was an diesem Prinzip orientierte Menschen für richtig halten würden, sofern sie von ihrer konkreten Situation in der Gesellschaft, über deren Struktur sie bestimmen sollen, nichts wissen (s. o. § 9.6). An dieser Stelle soll nicht die so konstruierte „original position" als Entscheidungsgrundlage interessieren, sondern es geht um die inhaltlichen Gerechtigkeitspinzipien, die „faire" Menschen in dieser Situation nach Ansicht von Rawls auswählen würden. Diese lauten (verkürzt):

---

[16] *Locke* (o. Anm. 11), § 34, S. 357, in der dt. Übers. S. 220. Zur Geschichte des Arguments *Seelmann,* Die Lehre des Fernando Vazquez de Menchaca vom dominium, Köln/Berlin/Bonn/München 1979, S. 112ff.

[17] *Steinvorth* (o. Anm. 3), S. 16f.

1. Jedermann hat gleiches Recht auf das umfangreichste Gesamtsystem gleicher Grundfreiheiten, das für alle möglich ist,
2. Soziale und wirtschaftliche Ungleichheiten müssen so beschaffen sein, daß sie dem an wenigsten Begünstigten den größtmöglichen Vorteil bringen und mit Positionen verbunden sind, die jedem offenstehen[18].

Historisch wird damit mehr an Rousseau (1712–1778)[19] als an **19**
Locke angeknüpft, mehr an eine Vermutung für Gleichheit als Grundlage der Gerechtigkeit als an eine Vermutung der Legitimität eines status quo von Rechten. Eine in der Tradition von Rousseau und Rawls stehende Gerechtigkeitstheorie geht davon aus, daß Freiheit und Eigentum nicht Rechte sind, die der einzelne gewissermaßen in die Gesellschaft *einbringt,* sondern Rechte, die überhaupt erst *in* der Gesellschaft, im sozialen Zusammenhang entstehen. Die Frage ist also von Anfang an die nach einer gerechten *Verteilung.* Geht man nun von der in der abendländischen Tradition verbreiteten Intuition aus, daß Menschen (als Geschöpfe Gottes, als moralische Personen o. ä.) *gleich* sind, so muß eben jedes Abweichen von der Gleichheit begründet werden. Rawls hält nun ein solches Abweichen im Bereich der Freiheit für überhaupt nicht begründbar: Freiheit muß gleich verteilt sein – selbst dann, wenn eine ungleiche Verteilung von weit größerem Gesamtnutzen wäre. Darin liegt eine scharfe Abgrenzung zum Utilitarismus (dessen Anhänger Rawls in früheren Jahren selbst war) – in dieser Abgrenzung sind sich das „Fairness"-Prinzip und die rechte-orientierte Gerechtigkeitstheorie einig. Aber auch für soziale und wirtschaftliche Ungleichheiten gilt in der Theorie von Rawls die Vermutung, daß sie zu vermeiden seien – außer dann, wenn es im Falle ihrer Existenz auch dem am schlechtesten Gestellten noch besser geht als in einer Situation völliger Gleichheit.

---

[18] *Rawls,* A Theory of Justice, S. 60f., dt. Übers. v. Vetter, Eine Theorie der Gerechtigkeit, S. 81.

[19] *Rousseau,* Du Contrat Social ou Principes du Droit Politique (1762), oeuvres complètes, tome 2, édition du Seuil, Paris 1971, S. 518ff., dt. Übers. v. Denhardt, Der Gesellschaftsvertrag: oder die Grundsätze des Staatsrechts, hrsg. v. Weinstock, Stuttgart 1958.

20 In dieser Formel stecken natürlich viele Interpretationsprobleme: welches sollen etwa die Kritierien dafür sein, daß jemand in einer bestimmten Verteilungssituation mehr Vorteile hat als in einer anderen? Geht es nur um materielle Güter oder auch um psychisches Wohlbefinden? Die Literatur über Rawls' Gerechtigkeitstheorie in diesem und anderen Punkten ist inzwischen international unüberschaubar geworden[20] und es kann auch hier nicht darum gehen, alle einzelnen Probleme einer Lösung näher zu bringen. Beachtung verdient nur, daß sich Rawls auch bei der Verteilung sozialer und wirtschaftlicher Ungleichheiten vom Utilitarismus abgrenzt: auch hier entscheidet nicht der größere Gesamtnutzen einer Situation der Ungleicheit, sondern ausnahmslos der Einzelnutzen: wirklich für *alle* muß Ungleichheit hier von Vorteil sein, damit sie legitim ist.

21 Man wird Rawls' Gerechtigkeitstheorie angesichts des von ihr geforderten absoluten Vorrangs für Freiheit und Nutzendefinitionsmacht des einzelnen als – auch in der deutschen politischen Terminologie – „liberal" bezeichnen können, freilich im Unterschied zur klassisch-liberalen (oder „wirtschaftsliberalen") Position der rechte-orientierten Gerechtigkeitstheorie von Nozick eher als „sozial-liberal".

22 Eine insoweit ähnliche (und auch international stark beachtete) Gerechtigkeitstheorie hat Ronald Dworkin entwickelt[21]. Auch er geht aus von einer Vermutung für die Gleichheit, grenzt diese aber scharf gegen die Gleichheitsvorstellung des Utilitarismus ab: Wenn die Utilitaristen nach dem größten Gesamtnutzen einer Handlung oder einer Regel fragten, so würden in diese Rechnung die einzelnen Nutzenwerte für alle Individuen in gleicher Weise eingehen: bei der Verrechnung zählten alle Individuen gleich, auch wenn als Ergebnis dieser Verrechnung einzelne Individuen mit ihren Interessen unter den Tisch fallen könnten. Dworkin fordert

---

[20] Einen knappen Überblick gibt *Sterba,* Recent Work on Alternative Conceptions of Justice, American Philosophical Quarterly 23 (1986), S. 1ff. (5ff.).

[21] *Dworkin,* Taking Rights Seriously, S. 266ff., dt. Übers. v. Wolf, Bürgerrechte ernstgenommen, S. 429; vgl. auch Dworkin, Why Liberals should believe in Equality, The New York Review of Books 1983, 32.

dagegen Gleichheit im Sinne einer gleichen Berücksichtigung auch im Ergebnis (ein der Fairness ganz ähnlicher Gesichtspunkt) und er läßt individuelle Rechte nur dann gelten, wenn sie sich mit Gleichheit in diesem Sinne vereinbaren lassen, ja mehr noch, wenn sie von dieser Gleichheit gefordert werden. Das sei natürlich der Fall bei Rechten wie denen auf Pressefreiheit oder Religionsfreiheit, es sei hingegen nicht der Fall beim Recht auf freie Verfügung über das Eigentum. Letzteres würde die gleiche Berücksichtigung auch nur im Sinne von gleichen Chancen für alle gerade behindern.

Fairness-Prinzipien wie die von Rawls oder Dworkin zeichnen sich dadurch aus, daß sie, auch darin in der Tradition von Rousseau, zwischen Freiheit und Gleichheit – anders als Theoretiker und Politiker in der Tradition von Locke und Nozick – kein Ausschließungs- oder auch nur Spannungsverhältnis sehen, sondern ein Verhältnis wechselseitiger Bedingtheit. Ihre Gerechtigkeitstheorien suchen also den Sozialstaat zu begründen. **23**

## 4. Kommunitaristische Gerechtigkeitstheorien

„Kommunitaristisch" gilt heute als Sammelbezeichnungen für sozialphilosophische Strömungen, die aus einer letztlich an Aristoteles, teilweise auch an Hegel orientierten Sicht im weitesten Sinn liberale Sozialphilosophien als zu „individualistisch" und zugleich aber zu „universalistisch" kritisieren[22]. Solche Sammelbezeichnungen stellen natürlich immer auch grobe Vereinfachungen dar, sie sind aber für einen ersten Zugang zu einem Streitstand durchaus von heuristischem Wert. **24**

Historisch ist die Kontroverse Liberalismus/Kommunitarismus natürlich nur eine aktuelle Ausprägung der gegenseitigen Verwie- **25**

---

[22] Wichtige Texte und Würdigungen finden sich bei *Honneth* (Hrsg.), Kommunitarismus. Eine Debatte über die moralischen Grundlagen moderner Gesellschaften; *Brumlik/Brunkhorst* (Hrsg.), Gemeinschaft und Gerechtigkeit, Frankfurt a. M. 1992; *Avineri/de Shalit,* Communitarianism and Individualism, Oxford 1992; *Zahlmann* (Hrsg.), Kommunitarismus in der Diskussion, Berlin 1992.

senheit von Sozialmodellen, die stärker an der Selbständigkeit des Individuums oder stärker an dessen Gemeinschaftsbezogenheit orientiert sind. Schon die „divisio rerum" bekam ihre historische Wirkung erst als Kehrseite eines *normativen* Verständnisses des „omnia communia" (dazu oben § 8.2) und die totale soziale Inklusion des Individuums geht der Frage voraus, inwieweit eben dieses Individuum sich durch eben das definiert, was dann noch übrigbleibt[23].

### a) „Sphären der Gerechtigkeit": Walzer

26 Eine in einigen Aspekten „kommunitaristische" Gerechtigkeitstheorie hat Michael Walzer vorgelegt[24]. Er wendet sich darin strikt gegen die Vorstellung, daß es für die Verteilungsgerechtigkeit *eine* einzige richtige Verteilungsregel gebe, nach der man alle heute begehrten Güter verteilen könne. Darin steht er im Widerspruch sowohl zum Utilitarismus als auch zu einer rechte-orientierten und einer „Fairness"-Gerechtigkeitstheorie, die sämtlich mit einem oder maximal zwei Gerechtigkeitsprinzipien auskommen. Walzer hingegen geht davon aus, daß es für jedes wertvolle soziale Gut (i. w. S.) unterschiedlicher Verteilungskriterien bedürfe: z. B. für Gruppenzugehörigkeit, für Sicherheit, für Geld, für Ämter, für Freizeit, Bildung oder politische Macht. So sollen etwa Sicherheit und Wohlfahrt – und das heißt auch ärztliche Versorgung – nach einem allgemein geteilten Verständnis von Bedürfnissen verteilt werden, Ämter nach Qualifikation bei gleichen Zugangschancen, politische Macht nach demokratischen Regeln[25]. Keines dieser Güter soll andere Güter dominieren dürfen, z. B. soll Geld kein Mittel sein dürfen, mit dem man Ämter oder politische Macht erhalten kann; zwischen den einzelnen Verteilungssphären

---

[23] Dazu *Luhmann,* Gesellschaftsstruktur und Semantik, Bd. 3, Frankfurt a. M. 1989, S. 149ff.

[24] *Walzer,* Spheres of Justice. A Defense of Pluralism and Equality, New York 1983, dt. Übers., Sphären der Gerechtigkeit. Ein Plädoyer für Pluralität und Gleichheit. Über ihn *Buchwald,* Die Kunst der Differenzierung. Über Michael Walzers „Sphären der Gerechtigkeit", Rechtsphilosophische Hefte 2–1993, S. 59ff.

[25] *Walzer* (o. Anm. 24) in der dt. Übers. S. 108ff., 195ff., 399ff.

(Sphären der Gerechtigkeit) soll es grundsätzlich unüberwindliche Grenzen geben. Walzer sieht darin eine Voraussetzung für die Gleichheit der Menschen, da nur so niemand Mittel in seinem Besitz halten könne, die es ihm erlaubten, über andere zu herrschen: nur durch eine solche Sphärenaufteilung würde es politischen, wirtschaftlichen und technischen Eliten verwehrt, alle sozialen Güter zu usurpieren[26].

Eine solche stark differenzierende Gerechtigkeitstheorie, die 27
praktisch alle Lebensbereiche zu erfassen sucht (bei Walzer sogar „Verwandtschaft und Liebe" sowie „göttliche Gnade") überschreitet – das wird wohl erst auf den zweiten Blick deutlich – eine Grenzlinie, die sowohl von einer rechte-orientierten als auch von der Rawls'schen Gerechtigkeitstheorie beachtet worden ist (insofern steht Rawls in der Tradition von Kant): die Grenzen zwischen „dem Gerechten" und „dem Guten". Für Rawls z. B. soll eine für alle verbindliche Theorie der Gerechtigkeit gerade jene Kriterien angeben, die angesichts gänzlich unterschiedlicher Anschauungen über ein „gutes Leben" gleichwohl Gegenstand eines Minimalkonsenses sein können[27]. Ja dieser Minimalkonsens über „das Rechte" und die Möglichkeit freier Entfaltung der unterschiedlichsten Auffassungen über „das Gute" bedingen einander nach dieser Tradition sogar. Wenn Kant, in Abgrenzung zu Aristoteles, Fragen des „guten Lebens" aus seiner Rechtslehre ausklammert, hat dies etwas mit Schutz der Freiheit und der Definitionsmacht des einzelnen über das „gute Leben" zu tun.

### b) Überschreitung der Grenze zwischen „gerecht" und „gut": genetischer und normativer Kommunitarismus

Eben diese traditionelle Grenze ziehen die „Kommunitaristen" 28
in Zweifel. Ihre Vorwürfe gehen – das hat die Diskussion der letzten Jahre herausgearbeitet – in zwei Richtungen: Dem Liberalismus wird ein „falsches Menschenbild" vorgeworfen (geneti-

---

[26] *Walzer* (o. Anm. 24), in der dt. Übers. S. 14ff.

[27] Besonders klar jetzt in *Rawls,* Der Vorrang des Rechten und die Idee des Guten, in *ders.,* Die Idee des politischen Liberalismus, Aufsätze 1978–1989, hrsg. v. Hinsch, S. 364ff.

scher Kommunitarismus) und man bezweifelt die These von der weltanschaulichen Neutralität des modernen Staates, ja hält diesen für gar nicht lebensfähig allein mit formellen Gerechtigkeitskriterien (normativer Kommunitarismus)[28].

**29** Ein „genetischer Kommunitarismus" dürfte schwerlich zu widerlegen sein, er formuliert eigentlich nur eine vergleichsweise triviale Einsicht[29]: Menschen sind nicht (weder individuell noch gattungsgeschichtlich) zuerst Individuen und treten dann erst in einem gesellschaftlichen Kontakt zu anderen, entscheiden dann erst über die Organisation ihres gesellschaftlichen Zusammenlebens. Sie sind historisch zuerst Mitglieder einer Gesellschaft, auch Mitglieder kleiner Gemeinschaften, und erst in diesen und durch diese entwickeln sie so etwas wie Individualität[30]. Soweit Gesellschaftsvertragstheorien (historische oder hypothetische) dies leugnen wollten, wären sie schon deshalb nicht haltbar. Wechselseitge Anerkennung ist philosophisch Bedingung von Selbstbewußtsein, psychologisch Bedingung zur Bildung von „Ich-Identität"[31]. John Rawls hat auf die Kritik von „Kommunitaristen" hin sein Modell der „original position" in den letzten Jahren auch tatsächlich dahingehend modifiziert, daß er dem „Schleier des Nichtwissens" noch mehr Durchsichtigkeit verschafft hat[32].

---

[28] Zur Unterscheidung dieser beiden Arten des Kommunitarismus *O'Hagan,* An Unsolved Dilemma of Liberalism, in: *Jung/Müller-Dietz/Neumann* (Hrsg.), Recht und Moral. Beiträge zu einer Standortbestimmung, Baden-Baden 1991, S. 53ff.; *Taylor,* Aneinander vorbei: Die Debatte zwischen Liberalismus und Kommunitarismus, in: *Honneth* (o. Anm. 22), S. 103.

[29] Von „Deskriptiver Trivialität" spricht *Kersting,* Liberalismus, Kommunitarismus, Republikanismus, in: *Apel/Kettner* (Hrsg.), Zur Anwendung der Diskursethik in Politik, Recht und Wissenschaft, Frankfurt a. M. 1992, S. 127, 142.

[30] Eine in der amerikanischen Literatur wirkmächtige Liberalismuskritik auf diesem Hintergrund findet sich bei *Sandel,* Liberalism and the Limits of Justice, Cambridge/Mass. 1982.

[31] Vgl. einerseits *Hegel,* Phänomenologie des Geistes (1807) B. IV. A., Werke Bd. 3, Edition Moldenhauer/Michel, Frankfurt a. M. 1971, S. 145ff., andererseits *Mead,* Geist, Identität und Gesellschaft, Frankfurt a. M. 1968, bes. S. 177ff.

[32] *Rawls* (o. Anm. 27). Zu einer Position mit Skepsis gegenüber dem „veil of ignorance" auch *Scanlon,* Contractualism and utilitarianism, S. 103ff.

Umstritten kann sinnvollerweise nur der „normative Kommunitarismus" sein, der, das wird zunächst einmal heute richtig gesehen, keineswegs automatisch aus dem „genetischen Kommunitarismus" folgt[33]. Ob man nämlich Individualismus im Sinne maximaler mit der Freiheit der anderen verträglicher Freiheit der einzelnen schaffen oder bewahren sollte, ist eine andere Frage als die nach der Genese des Individualismus. Daß der einzelne sich notwendig aus vorgegebenen sozialen Kontexten heraus überhaupt erst zum Individuum entwickeln kann, muß eben noch nicht bedeuten, daß er diese vorgegebenen sozialen Strukturen auch hinnehmen muß. Seine Vorstellungen vom „guten Leben" sind zu unterscheiden von der Lebenswelt, die ihn hervorgebracht hat. Falls der einzelne sich also für die Vorzugswürdigkeit einer Gesellschaft entscheidet, die Fragen des „guten Lebens" nur dem einzelnen überantwortet, als Gesellschaft aber sich auf die Garantie dieser Entscheidungsfreiheit beschränkt, so ist dies zu unterscheiden von dem Faktum, daß er selbst aus einer Gemeinschaft mit ganz konkreten Vorstellungen vom „guten Leben" hervorgeht. **30**

An dieser Stelle haken nun die Kommunitaristen mit zwei Einwänden ein: **31**

Sie weisen zunächst darauf hin, daß auch die Präferenz für eine Gesellschaft, die „das Gerechte" und „das Gute" trennt, eine Entscheidung für ein bestimmtes „gutes Leben" sei[34]. Diese Präferenz verschleiere damit eine individualistische Theorie des Guten. Das besagt aber nur, daß die Trennungsthese nicht irgendwie „neutral", sondern ihrerseits Ergebnis einer wertenden Entscheidung ist – eigentlich auch eine Trivialität. Es ist offensichtlich, „daß auch die liberale Demokratie von einem Einverständnis über letzte Dinge lebt"[35]. **32**

Sie weisen aber weiter darauf hin, daß eine Gesellschaft, die „das Gute" in die Verantwortung der einzelnen stelle, nur überlebens- **33**

---

[33] Vgl. die oben Anm. 28 Genannten.

[34] MacIntyre, After Virtue, 2. Aufl., London 1985, dt. Übers. v. Rhiel, Der Verlust der Tugend, Frankfurt a. M. 1987.

[35] *Höffe,* Politische Gerechtigkeit. Grundlagen einer kritischen Philosophie von Recht und Staat, Frankfurt a. M. 1989, S. 29.

fähig sei, wenn der Konsens in ihr auch bestimmte Aspekte des „Guten" umfasse. Sie bestreiten damit die völlige Trennbarkeit des genetischen vom normativen Aspekt des Kommunitarismus[36]. Solche Überlegungen können auch in der deutschen Diskussion reichen von der Vermutung, daß „ohne ein Mindestmaß an gemeinsamen, notwendig ‚metaphysisch' begründeten Wertüberzeugungen ... kein Staat, keine Rechtsordnung dauerhaft zu begründen und zu erhalten"[37] sei, bis hin zu der Überzeugung, daß gerade in einer Gesellschaft des „ethischen Pluralismus" dem Recht im Unterschied zu seiner früheren „dienende(n) Rolle" nunmehr eine „dominierende Funktion" zukomme", daß es gar „heute vielfach die Stelle der Moral vertreten müsse[38]. In diesem Zusammenhang genannte gesellschaftskonstituierende „Tugenden" sind Patriotismus und Wohltätigkeit. Beiden „Tugenden" kann jedoch nur im Rahmen des „Gerechten" eine verpflichtende Wirkung zukommen, will man nicht traditionelle Freiheitsverbürgungen aushebeln. Patriotismus als Sorge um die Rechtsordnung, als „Verfassungspatriotismus" ist nicht mehr als die (natürlich wertende, s. o.) positive Haltung zu einem System wechselseitiger Anerkennung als Rechtssubjekte. Und Wohltätigkeit, positive Zuwendung zum Mitmenschen, wird heute ohnehin in einem gewissen Umfang als rechtskonstituierend anerkannt, etwa im Beitrag des einzelnen zum Sozialstaat oder in der allgemeinen Hilfspflicht bei Unfällen o. ä. (oben § 3.2b). Darüber hinaus aber sind solche Tugenden nicht rechtserheblich, ja sie können im Fall des Patriotismus, etwa als ethnischer Patriotismus oder als Überhebung über andere Rechtsordnungen, sogar höchst gefährlich für eine Ordnung der Freiheit werden.

**34** Selbst wenn man aber einen weitergehenden Wertekonsens als Bedingung des Funktionierens pluralistischer Rechtsordnung ansehen wollte, so gilt doch, daß der pluralistische Staat gerade der

---

[36] So in der Tradition von Tocqueville u. a. *Taylor* (o. Anm. 28), S. 110ff.

[37] *Rüthers,* Das Ungerechte an der Gerechtigkeit. Defizite eines Begriffs, Osnabrück 1991, S. 34.

[38] *Hollerbach,* Stichwort „Rechtsethik" in: Staatslexikon, hrsg. v. d. Görres-Gesellschaft, Bd. IV, 7. Aufl., Freiburg i. Br./Basel/Wien 1988, S. 694.

Staat ist, der (um der Freiheit willen) darauf verzichtet, seine eigenen Existenzbedingungen zu kontrollieren[39].

Angesichts solcher doch sehr deutlicher Vorbehalte gegen den „Kommunitarismus“ als einer etwas unreflektierten Form von Neo-Aristotelismus bleibt gleichwohl die Frage, was denn, wenn nicht unmittelbar „das Gute“, alles zum „Gerechten“ als dem Gegenstand des Rechts gehören darf. 35

## § 11 Autonomie des Rechts?

**Literatur:** *Baruzzi,* Freiheit, Recht und Gemeinwohl. Grundfragen einer Rechtsphilosophie, Darmstadt 1990; *H. Dreier,* Rechtslehre, Staatssoziologie und Demokratietheorie bei Hans Kelsen, Baden-Baden 1986; *K. Günther,* Vernunftrecht – nach dem versäumten Augenblick seiner Verwirklichung. Kritische Anmerkungen zu Gerhard Haney, KJ 1992, 178; *Habermas,* Faktizität und Geltung. Beiträge zur Diskurstheorie des Rechts und des demokratischen Rechtsstaats, Frankfurt a. M. 1992; *Hösle,* Philosophie der ökologischen Krise, Moskauer Vorträge, München 1991; *Maus,* Die Trennung von Recht und Moral als Begrenzung des Rechts, Rechtstheorie 20, 1989, S. 191 ff.; *Rückert,* Autonomie des Rechts in rechtshistorischer Perspektive, Hannover 1988; *Smid,* Einführung in die Philosophie des Rechts, München 1991.

Die bei den „Kommunitaristen“ zuletzt registrierte Anreicherung der Gerechtigkeitsproblematik durch das „gute Leben“ führt zur Ausgangsfrage dieses Teils B zurück: Inwieweit *dürfen* nichtpositive Richtigkeitskriterien überhaupt in das Recht eingehen? Offensichtlich lassen sie sich nicht völlig aus dem Recht ausklammern: Selbst diejenigen, die im Gefolge Kants vernunftrechtlich den Vorrang des positiven Rechts vor dem Vernunftrecht begründen, stützen sich auf Vernunftrecht (oben § 5), und die Rechtspraxis kommt ohne solche nichtpositiven Richtigkeitskriterien schon wegen deren ausdrücklicher oder methodisch notwendiger Inkorporation nicht aus (oben § 6). 1

Damit ist aber noch nicht ausgemacht, ob es nicht doch sinnvoll oder gar geboten sein könnte, das Recht *in einem bestimmten Umfang* von solchen nichtpositiven Richtigkeitskriterien freizuhalten. 2

[39] *Böckenförde,* Staat, Gesellschaft, Freiheit, Frankfurt a. M. 1976, S. 60 ff.

Rechtsphilosophisch geht es hier um die Frage, welche begründbaren Normen und welche Gerechtigkeitsvorstellungen notfalls mit *Zwang* durchgesetzt werden dürfen. Offensichtlich sind dies nicht alle gut begründbaren Normen, sondern *Rechts*normen als potentiell *zwangs*weise durchsetzbare Normen bedürfen einer *besonderen* Legitimation. Wenn sie als Rechtsnormen notfalls gegen den Willen der Betroffenen sollen durchgesetzt werden dürfen, *ihre* Geltung also *nicht unmittelbar* aus der *Anerkennung* der Betroffenen beziehen sollen, müssen sie zum einen auf anerkannte und zumutbare (s. o. § 9.4) Normen *zurückgeführt* werden können. Muß ihr Kreis aber noch enger gezogen werden? Muß dem lediglich die Freiheit schützenden Rechtsstaat im Zweifelsfall ein Vorrang gegenüber dem an materiellen Interessen orientierten Sozialstaat und gegenüber ökologischen Zielen gegeben (2) sowie auf Einzelfallabwägungen soweit wie möglich verzichtet, also der Generalisierung im Recht der Vorrang vor der Individualisierung eingeräumt werden (3)? Zuvor soll aber die „Autonomiethese", die dieser Diskussion zugrundeliegt, noch einmal zusammenfassend formuliert werden (1).

### 1. Die „Autonomiethese"

3 Was hier als „Autonomiethese" bezeichnet wird, ist im Text schon mehrfach begegnet: inbesondere bei Kants Unterscheidung von Recht und Moral (§ 3.2a) und in Zusammenhang mit der Wertorientierung (§ 5.1). Die einzelnen Argumente dafür, daß sich das Recht auf den Schutz der äußeren Freiheit beschränken und *soweit wie möglich* auf die Verwirklichung *sonstiger* inhaltlicher Richtigkeitsvorstellungen verzichten solle, lassen sich wie folgt zusammenfassen:

#### a) Freiheitsargument

4 Ein Recht, das sich an inhaltlichen Richtigkeitskriterien orientiere, schränke Freiheit unnötig ein, d. h. mehr als zur Wahrung gleicher Handlungsmöglichkeiten der anderen nötig. So mache z. B. die positive Zuwendung anderen gegenüber, die Wohltätig-

keit, freiheitsschädigend von den Zwecksetzungen anderer abhängig[1].

**b) Rechtssicherheitsargument**

Dieses Argument ist bei der Abgrenzung von Recht und Moral 5
bereits in der Erscheinungsform des Spielraumarguments angesprochen worden (oben § 3.2b): Ein Recht, das in Orientierung an inhaltlichen Richtigkeitskriterien Pflichten auferlegen wollte, müßte vielfach mit *Ge*boten arbeiten, was die Feststellung eines Pflichtverstoßes sehr erschweren würde. Dieses Spielraumargument läßt sich zugunsten der Rechtssicherheit noch ergänzen durch das Widerstandsargument: Würden die Adressaten des Rechts das Recht an inhaltlichen Kriterien messen und von Fall zu Fall als nicht geltend aussondern, so müsse dies „als die ganze gesetzliche Verfassung zernichtend gedacht werden"[2]. Ein Recht, das sich selbst an inhaltlichen nichtpositiven Kriterien messen wollte, würde aber den einzelnen geradezu herausfordern, es ihm gleichzutun.

**c) Demokratieargument**

Ein weiteres Argument gegen eine mehr als unvermeidliche 6
Verwendung nichtpositiver Richtigkeitskriterien insbesondere des Rechtsanwenders könnte das Demokratieargument sein: Der Rechtsanwender soll so wenig wie möglich die demokratisch legitimierte Entscheidung des Gesetzgebers konterkarieren können[3]. Die Auffassung, dieses Argument würde nur gelten, wenn man auch bereit wäre, eine verfassungsgerichtliche Kontrolle der Gesetzgebung zu verwerfen[4], ist nicht schlüssig, da diese verfassungsgerichtliche Kontrolle in ihrer Orientierung an der Verfas-

---

[1] S. o. § 3, Anm. 26.

[2] *Kant,* Metaphysik der Sitten (1785), Metaphysische Anfangsgründe der Rechtslehre, Werke Bd. 4, Edition Weischedel, Darmstadt 1956, S. 440.

[3] *Maus,* Die Trennung von Recht und Moral als Begrenzung des Rechts, Rechtstheorie 20, S. 191 ff. (193). Zum Demokratieargument bei Kelsen vgl. *H. Dreier,* Rechtslehre, Staatssoziologie und Demokratietheorie bei Hans Kelsen, S. 278 ff.

[4] *Alexy,* Begriff und Geltung des Rechts, S. 97 f.

sung keine *zusätzlichen* nichtpositiven Richtigkeitskriterien einführt.

#### d) Pluralismusargument

7 Zunehmend bedeutsam wird das Pluralismusargument: In einer religiös und weltanschaulich pluralistischen Gesellschaft, deren kulturelle Pluralität sich durch Zuwanderungen sogar noch vergrößern wird, wäre die Durchsetzung *eines* Wertesystems nicht nur freiheitsgefährdend (Freiheitsargument oben a), sondern auch friedensgefährdend. Ein friedliches Nebeneinander der Anhänger verschiedener Weltanschauungen ist nur gewährleistet, wenn das Recht sich darauf beschränkt, das friedliche Miteinander der Weltanschauungen zu gewährleisten und wenn es sich folglich einer Stellungnahme zu deren Richtigkeitskriterien enthält. Recht darf danach auf keine anderen Werte bezogen sein als die seiner eigenen Existenzmöglichkeit[5].

Betrachten wir diese „Autonomiethese" nun näher anhand ihrer praktischen Auswirkungen in den beiden schon genannten Bereichen.

### 2. Inhaltsforderungen an das Recht

#### a) (Formeller) Rechtsstaat und (materialer) Sozialstaat

8 Für ein Recht im Sinne der „Autonomiethese" scheint es zunächst naheliegen, daß es sich aller Versuche der Herstellung materialer (insbesondere ökonomischer) Gleichheit enthält: Außerrechtliche Ungleichheit scheint die nötige Folge von rechtlicher Gleichheit zu sein, außerrechtliche Ungleichheit wäre durch rechtliche Gleichheit geradezu legitimiert[6]. Die Herstellung außerrechtlicher Gleichheit würde nämlich rechtliche Ungleichbehandlung – etwa zur Herstellung gleicher Chancen (z. B. Förderung sozial Benachteiligter in Schule, Ausbildung und Beruf) – gerade erfordern; rechtliche Gleichbehandlung würde danach solche Kompensationen verbieten.

---

[5] Ausführlich *Smid,* Einführung in die Philosophie des Rechts, insbes. S. 51 ff.

[6] *Smid* (o. Anm. 5), S. 149.

Dem wird heute gerade unter Berufung auf den der „Autonomiethese" zugrundeliegenden Freiheitsbegriff vehement widersprochen: Die Wahrung rechtlicher Gleichheit erfordere geradezu ökonomische Kompensationen durch den Staat. Das Prinzip rechtlicher Freiheit könne unter veränderten Bedingungen nur durch die Materialisierung von Rechten durchgesetzt werden. Diese dem Sozialstaatsgedanken zugrundeliegende Überlegung, die man schon bei Lorenz von Stein mit den Worten „Noth ist Unfreiheit für den, der sie leidet"[7] finden kann, läßt sich etwa wie folgt begründen: rechtliche Freiheit sei ohne faktische Freiheit wertlos, faktische Freiheit aber stelle sich in modernen Gesellschaften nicht von selbst, über den Markt her; dieser produziere vielmehr gerade gewichtige soziale Unterschiede. Hier bedürfe es staatlicher Eingriffe in Gestalt von Recht, das *rechtlich ungleich* handle, gerade um reale Ungleichheiten auszugleichen[8]. Beispiele dafür sind das Miet- oder Arbeitsrecht, deren Kündigungsvorschriften z. B. für Mieter und Arbeitnehmer deutlich günstiger ausfallen als für Vermieter und Arbeitgeber, oder, noch einfacher, die staatliche Sozialhilfe, die offensichtlich ungleich, nämlich nur an die Ärmeren, verteilt wird. 9

Man sollte diese Problematik nicht vorschnell in historische Verlaufsmodelle nach dem Motto „vom individualistischen zum sozialen Recht"[9] einordnen. Die Berücksichtigung sozialer Ungleichheiten ist *im Prinzip* unter dem Gesichtspunkt der „Ungleichbehandlung des wesentlich Ungleichen" ein Gerechtigkeitsproblem seit der Antike (dazu oben § 7.1). So gesehen ist rechtliche Kompensation außerrechtlicher Ungleichheit kein neues Thema für das Recht. Was sich immer wieder ändert, ist aber das Verständnis dessen, *was genau* als außerrechtliche Ungleichheit vom Recht noch Beachtung findet und wovon – d. h. von der 10

---

[7] *L. von Stein,* Handbuch der Verwaltungslehre und des Verwaltungsrechts, Stuttgart 1870, S. 411.

[8] *Habermas,* Faktizität und Geltung. Beiträge zur Diskurstheorie des Rechts und des demokratischen Rechtsstaats, bes. S. 483 ff. mit Nachweisen.

[9] So der Titel einer Schrift von *Radbruch,* aus dem Jahr 1930, wieder abgedruckt in: *ders.,* Der Mensch im Recht, Göttingen 1957, S. 35 ff.

Beachtung welcher Unterschiede – durch das Recht abstrahiert werden soll. Dies sind im wesentlichen Fragen der Gerechtigkeitsdebatte, über die oben § 10 berichtet worden ist. Allerdings dürfte wohl richtig sein, daß die Neigung inzwischen wächst, auch die Freiheit im Sinne der Kantischen Rechtsdefinition als Argument für eine gewisse materielle Grundausstattung aller anzuführen[10], die unter dem Sichtwort der „Daseinsvorsorge" inzwischen durchaus über die bloße Abhilfe von Not hinausgeht. Der „Autonomiethese" wird also durch den Sozialstaatsgedanken keineswegs widersprochen.

11 In Kollision mit der „Autonomiethese" gerät man allerdings dann, wenn man dem Recht abfordert, neben einer in der Kantischen Tradition stehenden „Moral der Gerechtigkeit" eine „Moral der Fürsorge und Anteilnahme" seinen Zielsetzungen zugrundezulegen [11]. Dann wird nicht mehr der Versuch unternommen, sozialstaatliches Handeln aus dem Begriff der äußeren Freiheit herzuleiten, sondern es wird im Gedanken der Solidarität und Mitmenschlichkeit ein von Freiheit eigenständiger Grund für menschliche Zuwendung *im Recht* angesetzt. Diese Vorgehensweise steht einerseits in der Tradition der Rechtskritik (oben § 1) und ist andererseits auch in „kommunitaristischen" Strömungen (oben § 10.4) zu bemerken.

12 Hierin liegt eine zentrale Herausforderung für ein allein an Freiheit anknüpfendes Autonomieprinzip des Rechts. Wer in kritischer Anknüpfung an Kant eine Begründung für die Zulässigkeit einer solchen Ergänzung sucht, kann sie aber bereits bei Hegel finden. Danach gehört es zur spezifischen Art *rechtlicher* Anerkennung zwischen Personen, auch die Bedürfigkeit der Individuen zu ihrem Inhalt zu haben – gerade (auch), wenn man den Ausgang von einem Kantischen Prinzip des freien Willens

---

[10] Eindringlich M. *Köhler,* Iustitia distributiva. Zum Begriff und zu den Formen der Gerechtigkeit, ARSP 1993, 457.

[11] So *Stratenwerth,* Wie wichtig ist Gerechtigkeit? in: Strafgerechtigkeit, FS für Arthur Kaufmann, Heidelberg 1993, S. 353ff. (361) im Anschluß an *Gilligan,* Die andere Stimme, dt. Übers. v. Stein, 1. Aufl., München 1984, S. 93ff.

nimmt[12]. Hegel sieht – bei aller Achtung, die er diesem Prinzip des freien Willens, etwa im Verhältnis zu einer bloßen Glückseligkeitsethik, entgegenbringt – darin doch einen entscheidenden Mangel: Im Abstrahieren von allem Vorgefundenen, von allen Inhalten, affirmiere diese Art von Allgemeinheit des Willens gerade die Besonderheit – sie stehe eben den Inhalten ihrerseits als etwas Besonderes gegenüber. Als Abstrahierenwollen vom Besonderen müsse sie konsequenterweise auch von dieser ihrer Besonderheit abstrahieren wollen und wirke so selbstzerstörerisch. Hegel bringt mit diesem leeren Freiheitsbegriff deshalb die Schrecken der französischen Revolution in einen Zusammenhang[13].

Gibt es somit auch in der Hegelschen Tradition keinen überzeu- **13**
genden Grund dafür, eine Bedürfnisorientierung des Rechts abzulehnen oder diese allenfalls über den Freiheitsbegriff restriktiv zuzulassen, so differiert Hegels „Gegenmodell" im praktischen Ergebnis doch nur in Nuancen von den erwähnten modernen Versuchen, unmittelbar über Kants Freiheitsbegriff die Verteilungsgerechtigkeit zu begründen. Die Bedürftigkeitsorientierung des Rechts, die „Besonderheit des Willens", ist für Hegel kein letztes Wort, sondern muß unter dem Gesichtspunkt der Bedürfigkeit *aller* gerade die Begründung dafür geben, daß der jeweils andere und seine Bedürftigkeit aus einem *allgemeinen Grundsatz* heraus bestimmt werden[14]. Recht muß für Hegel als *allgemeines* Geltenlassen von besonderen Bedürftigkeiten verhindern, daß eine außerrechtliche Ungleichheiten kompensierende Staatstätigkeit ihrerseits zu einer Gefahr[15] für die Freiheit aller werden kann. Die Grenze dazu wäre jedenfalls dann überschritten, wenn ein fürsorglicher, Lebenschancen zuteilender Staat durch eine solche Kompensationstätigkeit die Individuen faktisch entmündigen würde. Wo die hier zu ziehende Grenze verläuft, ist freilich rechtsphiloso-

---

[12] *Hegel,* Grundlinien der Philosophie des Rechts (1820), §§ 4ff., Werke Bd. 7, Edition Moldenhauer/Michel, Frankfurt a. M. 1970, S. 46ff.

[13] *Hegel* (o. Anm. 12), § 5, S. 52.

[14] *Hegel* (o. Anm. 12), § 7, S. 54ff.

[15] Zu solchen Gefahren *Mestmäcker,* Der Kampf ums Recht in der offenen Gesellschaft, Rechtstheorie 20 (1980), 273 (282ff.).

phisch generell schwer anzugeben und in der historischen Entwicklung variabel.

## b) Ökologie und Recht

14 Zweifel an der Autonomiethese des Rechts und ihrem Freiheitsbegriff sind in den letzten Jahren auch von einer „ökologischen Ethik" her angemeldet worden. Der Ausgang des Rechts vom Freiheitsbegriff wird als ein ökologisch zerstörerisches Besitzen-und-Beherrschen-Wollen interpretiert und demgegenüber die Forderung an das Recht erhoben, die Gemeinschaft des Menschen mit der Natur und seinesgleichen zu fördern[16].

15 Hier sind zwei Fragen zu unterscheiden: Einmal, ob eine an den Prinzipien von Freiheit, Konsens, Anerkennung oder Interessenwahrung orientierte neuzeitliche Ethik – und folglich ein von ihr hergeleiteter Rechtsbegriff – überhaupt in der Lage sind, die Notwendigkeit des Fortbestehens der Menschheit und damit der Verhinderung einer ökologischen Katastrophe zu begründen. Zum anderen geht es darum, ob das Recht auf der Basis der Autonomiethese überhaupt in der Lage ist, ökologische Schäden mit Beeinträchtigung heutiger oder zukünftig lebender Menschen zu verhindern. Ausgeklammert bleibt hier die heute nicht selten zu hörende These, die Natur müsse „um ihrer selbst willen" geschützt werden. Ein solcher „Biozentrismus" dementiert sich selbst, da er ausgerechnet vom Menschen ein Zurückstellen *seiner* Interessen fordert und ihm damit eine moralische *Sonder*stellung einräumt[17]. Er ist im übrigen selten wirklich so gemeint, sondern eher als Kritik an einem bestimmten, eben allein freiheitsorientierten Rechtsverständnis (dazu gleich im Text).

16 Daß es zukünftig überhaupt noch Menschen geben soll, ist nur einer „klassischen", mit dem Wert des Seins objektiv-teleologisch

---

[16] *Baruzzi,* Freiheit, Recht und Gemeinwohl. Grundfragen einer Rechtsphilosophie, zusammenfassend S. 211 ff. und *Hösle,* Philosophie der ökologischen Krise, Moskauer Vorträge, bes. S. 69 ff., haben diese These bisher philosophisch am anspruchvollsten vertreten.

[17] *Höffe,* Animal morale. Über das Fundament einer ökologischen Politik, ZRP 1993, 394, 398.

argumentierenden Ethik zu entnehmen[18]. Wären sich alle lebenden Menschen einig, daß Nachwuchs gänzlich zu vermeiden sei, dann ließe sich bei einer konsequenten Verwirklichung dieser Entscheidung bei niemandem von einer Verletzung der Freiheitsrechte oder Interessen sprechen. Eine neuzeitliche Ethik könnte also die Notwendigkeit des Fortbestands der Menschheit nicht garantieren. Eine objektiv-teleologische Ethik, die dies könnte, wäre andererseits mit der „Autonomiethese" des Rechts offensichtlich nicht vereinbar, scheint aber für konsequente Ökologen unverzichtbar.

Die objektiv-teleologische Überlebens-Ethik sieht sich aber mit 17
zwei Einwänden konfrontiert: zum einen gerät sie, wie bereits zu sehen war (oben § 7.3), in dieselben Begründungsprobleme wie die Lehre von der „Letztbegründung". Zum anderen erscheint der Fall eines *einstimmigen* Beschlusses der Menschen, Nachkommenschaft zu verhindern, nicht nur extrem unwahrscheinlich, sondern in seinen Folgen nicht so lückenlos kontrollierbar, daß möglicherweise dissentierende künftige Individuen wirklich zu verhindern wären.

Relevant bleibt also allein die Frage, ob ein nur am Freiheits- 18
begriff orientiertes Recht die ökologischen Interessen heutiger und künftiger Generationen wahren kann[19]. Daß sich Beeinträchtigungen der Lebensbedingungen, die ein bestimmtes Maß überschreiten, als Freiheitsbeeinträchtigungen erfassen lassen, wurde mit dem Hinweis auf die Sozialstaatsdebatte (oben a) schon gezeigt. Die Einwände der Ökologen reichen an dieser Stelle aber weiter: Daß ökologische Schädigungen als Freiheitsverletzungen theoretisch *erfaßt* werden können, genügt ihnen nicht, wenn diese Schädigungen andererseits praktisch gerade in der *Konsequenz* eines bestimmten Rechtsverständnisses liegen.

---

[18] So *Steinvorth,* Klassische und moderne Ethik. Grundlinien einer materialen Moraltheorie, Reinbek bei Hamburg 1990, S. 62ff.

[19] Bejahend *Rawls,* A Theory of Justice, Cambridge/Mass. 1972, S. 324, dt. Übers. v. Vetter, Eine Theorie der Gerechtigkeit, Frankfurt a.M. 1975, S. 319ff.; zweifelnd *Stratenwerth* (o. Anm. 11), S. 359.

19 Will man einen solchen Vorwurf gegenüber dem Recht erheben und begründen, so genügt es nicht, nur *moralische Haltungen* zu kritisieren, nach dem Motto: „Zu wenig Gemeinsinn, zu viel Egoismus". Man muß dann am ausschließlich freiheitsorientierten Recht selbst Elemente aufzeigen, die dazu führen, daß es Umweltbelastungen zu wenig gegensteuert oder sie sogar begünstigt. Das wäre etwa der Fall bei einem Recht, dessen Freiheitsorientierung das Verbot inhaltlicher Sozialplanung und die Reaktion allein auf *individuell verantwortete* Schädigungen zur Folge hätte. Die Kritik an einem solchen Recht fiele aber wieder zusammen mit der bereits erwähnten Kritik an einem inhaltlich leeren Begriff von freiem Willen, der die Bedürftigkeit von Individuen nicht in Rechnung stellen würde (oben a).

20 Ein solches allein auf individuell verantwortetes Fehlverhalten reagierendes Recht würde in der Tat im Bereich der Umweltschädigungen leerlaufen, bei denen sich die Zurechnungsschwierigkeiten aufgrund von kumulativen und synergetischen Effekten, von betrieblicher Arbeitsteilung und rein statistisch erfaßbaren Zusammenhängen dem Zugriff klassischer Individualzurechnung weitgehend entziehen[20]. Zwar mag etwa im Strafrecht angesichts seines individualisierenden sozialethischen Unwerturteils ein Überschreiten der Individualzurechnung unzulässig sein – das ist aber ein reines Kohärenzargument und berechtigt eher zur Skepsis gegenüber den Erfolgsaussichten strafrechtlicher Bewältigung moderner Systemkonflikte. Generell aber hat das Recht, etwa in der Kombination von Gefährdungshaftung und Versicherungsrecht und bei etwas Kreativität im Bereich verwaltungsrechtlicher Gefahrenabwehr, durchaus die Möglichkeit, Umweltgefahren zu verringern. Voraussetzung ist nur, daß, wie in der Sozialstaatsdebatte, die prinzipielle Bedürftigkeitsorientierung nicht nur der Moral, sondern auch des Rechts, nicht für illegitim erklärt wird. Die Autonomiethese bedarf also auch aus diesem Grund der Einschränkung.

---

[20] Dazu und zum Folgenden ausführlich *Seelmann,* Atypische Zurechnungsstrukturen im Umweltstrafrecht, NJW 1990, S. 1257ff.

### 3. Generalisierung und Individualisierung im Recht

Eine weitere und noch grundsätzlichere Fragestellung in Zusammenhang mit der „Autonomiethese" lautet, ob das Recht sich so weit wie möglich aus Einzelfallabwägungen heraushalten solle, ob seine vornehmste Aufgabe also die Generalisierung sei. Gefragt ist damit nach der Bedeutung einer Gewährleistung von Orientierungssicherheit[21] durch ein durchgängig vorweg berechenbares Judizieren. 21

Nun ist heute niemand mehr so naiv, die *methodischen* Schwierigkeiten für ein solches Ideal zu übersehen, und nicht einmal im 19. Jahrhundert herrschte – entgegen einem lange verbreiteten Vorurteil – die Auffassung vor, der Richter sei ein bloßer „Subsumtionsautomat"[22]. Es geht in der heutigen Auseinandersetzung also nur um die Frage, ob *im Rahmen des methodisch Möglichen* stärker das Ideal der Generalisierung oder stärker das der individualisierenden „Einzelfallgerechtigkeit" angestrebt werden soll. Falsch wäre allerdings das Verständnis, in dieser Frage stünden sich nun endlich „Rechtspositivismus" und „Naturrecht" normativ gegenüber. Auch wenn sich für die Befürworter einer Individualisierung das Problem des Angewiesenseins auf nichtpositive Richtigkeitskriterien deutlicher stellt, hat dies noch nichts mit der genannten Grundsatzunterscheidung zu tun. Auch und gerade diejenigen, die eine Generalisierung vorziehen, berufen sich dafür auf einen bestimmten Freiheitsbegriff, und die „Individualisierer" wären durchaus zufrieden mit einem Recht, das ausdrücklich durch Standards und Generalklauseln dem Rechtsanwender noch mehr Gestaltungsfreiheit einräumen oder Entscheidungen stärker an die „Betroffenen" delegieren würde. 22

Die Anhänger des Generalisierungskonzepts sehen durch ein Recht der Einzelfallabwägung die Allgemeinverbindlichkeit des 23

---

[21] Dazu *Freund,* Über die Bedeutung der „Rechts"-Folgenlegitimation für eine allgemeine Theorie juristischer Argumentation, JZ 1992, S. 993ff. (996).

[22] *Ogorek,* Richterkönig oder Subsumtionsautomat? Zur Justiztheorie im 19. Jahrhundert, Frankfurt a.M. 1986; *Rückert,* Autonomie des Rechts in rechtshistorischer Perspektive, S. 62ff.

Rechts, ja überhaupt das Denken in allgemeinen Kategorien in Frage gestellt[23]. Sie befürchten eine Beeinträchtigung von Freiheit mangels Berechenbarkeit der Einzelfallabwägung und angesichts der Willkürlichkeit bloßer Zweckmäßigkeitsentscheidungen von Fall zu Fall[24]. Sie sehen aber auch eine Gefahr für den Rechtsfrieden angesichts der mit Abwägungen notwendig verbundenen Wertorientierung (vgl. oben § 5), weil so im Einzelfall eine moralische Kommunikation entstehe, die immer nah am Streit und damit an der Gewalt angesiedelt sei[25].

**24** Auch die Befürworter eines Individualisierens im Recht argumentieren auf verschiedenen Ebenen. Da ist einmal die grundsätzliche Erwägung, die schon in der Alternativendiskussion begegnet ist (oben § 1), daß ein Abstellen auf die konkrete Situation, den konkreten Konflikt, die konkreten Menschen, eher geeignet sei, Konflikte inhaltlich zu lösen als sie nur formalisiert zu verarbeiten[26]. Daneben steht die Vorstellung, daß die mit der Einschaltung des Rechts immer verbundene Androhung oder Vollziehung von Gewalt[27] minimiert werden könne durch den Einbau diskursiver Elemente in die einzelne Rechtsentscheidung, was ebenfalls auf Einzelfallabwägungen hinausläuft. Derzeit dürfte allerdings unter den „Generalisierungs"-Skeptikern am häufigsten die Auffassung vertreten sein, daß das Recht sich, um überhaupt Wirkungen zu entfalten, auf eine vorsichtige, und d. h. kontextangepaßte Steuerung beschränken müsse und sich deshalb an kooperativem Han-

---

[23] *Smid* (o. Anm. 5), S. 46ff.

[24] *Freund* (o. Anm. 21), S. 996; *Smid* (o. Anm. 5), S. 49; *Pawlowski,* Methodenlehre für Juristen, 2. Aufl., Heidelberg 1991, S. 20ff. („Kadijustiz").

[25] *Smid* (o. Anm. 5), S. 56. Vor diesem Hintergrund entstand das von *Carl Schmitt* übernommene, ursprünglich aber von *Nicolai Hartmann* stammende Wort von der „Tyrannei der Werte", vgl. *Böckenförde,* Zur Kritik der Wertbegründung des Rechts, in: *ders.,* Recht, Staat, Freiheit, Frankfurt a.M. 1991, S. 67ff. (78).

[26] In diesem Sinne *Radbruch* (o. Anm. 9) in der Tradition der Romantik und des jungen Hegel (dazu oben § 1.1c sowie § 1.2b und die dort genannten Autoren).

[27] Dazu *Benjamin,* Zur Kritik der Gewalt (1921), Gesammelte Schriften Bd. II 1, hrsg. von Tiedemann/Schweppenhäuser, Frankfurt a.M. 1977, S. 192 unter Hinweis auf „die Unterredung als Technik ziviler Übereinkunft".

deln, an Kompromißerzielung orientieren müsse[28]. Die Realität zeige dies, von Absprachen im Strafprozeß über Genehmigungsentscheidungen für den Bau technischer Großanlagen, die Subventionsvergabe und das Wettbewerbsrecht bis zur justiziellen Bewältigung von Mietsachen[29].

All diese Phänomene nur als „Verfallsgeschichte" des Rechts **25**
wahrzunehmen wäre sicher unreflektiert. Individualisierung als Errungenschaft des modernen Rechts zu preisen würde andererseits außer Acht lassen, daß Recht schon aus methodischen Gründen von jeher aus einem Zusammenspiel generalisierender und individualisierender Elemente bestand (dazu bereits oben § 3.3b), ein Zusammenspiel, das sich nur aus dem spezifisch rechtlichen Anerkennungsbegriff heraus (oben 2a) verstehen läßt. Freilich mag in letzter Zeit der Gedanke der Individualisierung etwas in den Vordergrund getreten sein. Das dürfte verschiedene Gründe haben: Zum einen läßt sich eine zunehmende Sensibilisierung gegenüber Zwang erkennen, die auch den legalen Zwang, den Zwang als Mittel für gerechtfertigte Ziele, mit erfaßt. Zum anderen gibt es jedenfalls in der allgemeinen Wahrnehmung eine anwachsende Komplexität sozialer Verhältnisse. Folgen von Folgen und Nebenfolgen von gesetzgeberischen Steuerungswünschen sind dann in ein viel zu komplexes Handlungsgeflecht eingebettet, als daß sie in der Mehrzahl der Fälle noch in ihrer Freiheitsrelevanz eingeschätzt werden könnten. Insbesondere bei sozialplanerischem Handeln wagt man so immer weniger die generelle Prognose, inwieweit es individuelle Freiheit ausweiten oder einschränken wird[30].

Wohl auch deshalb wird der Vorstellung, Individualisierung im **26**
Recht gefährde die durch Generalisieren garantierte Freiheit, mit Skepsis begegnet. Gefahren für den Rechtsfrieden und die Freiheit können aus den Folgen dieser Skepsis nur dann entstehen, wenn

---

[28] Vgl. die oben § 3.3b, Anm. 52 zitierten Autoren.

[29] *K. Günther,* Vernunftrecht – nach dem versäumten Augenblick seiner Verwirklichung. Kritische Anmerkungen zu Gerhard Haney, 178 (183).

[30] *K. Günther* (o. Anm. 29), S. 185; ähnlich *Ladeur,* „Abwägung" – ein neues Rechtsparadigma?, ARSP 1983, S. 463ff. (473).

an den jeweiligen „Schaltstellen“ diskursiv nicht überprüfbare Entscheidungen fallen. Dies zu verhindern ist aber die Aufgabe einer Praxis, die sich ihrer Verantwortung für eine *möglichst* rationale Diskussion nichtpositiver Richtigkeitskriterien bewußt ist, die sich rechtsphilosophisch informiert.

# Personenverzeichnis

# Sachverzeichnis

Die Angaben beziehen sich auf die Paragraphen (fette Zehlen) und Randnummern (magere Zahlen).

**Willoweit**

# Deutsche Verfassungsgeschichte

## Vom Frankenreich bis zur Teilung Deutschlands

Ein Studienbuch. Von Dr. Dietmar Willoweit, o. Professor an der Universität Würzburg

**2., durchgesehene Auflage. 1992**
XXXI, 377 Seiten. Kartoniert DM 48,–
ISBN 3-406-36529-9

Das Werk geht über den modernen Verfassungsbegriff und dessen historische Grundlegung weit hinaus. Seinen Gegenstand bilden vielmehr **alle rechtlichen Regeln und Strukturen,** die das Gemeinwesen und damit die politische Ordnung prägen. Um hierzu ein abgerundetes, umfassendes Bild aus historischer Sicht zu zeichnen, greift der Autor **weit in die Geschichte zurück.** Während andere Verfassungsgeschichten meist mit der Aufklärung beginnen, setzt der Verfasser bereits bei den Karolingern und **der Verfassung des Frankenreichs** an.

Der Band beschränkt sich nicht auf das geschriebene Verfassungsrecht, sondern beschreibt etwa auch die verfassungsbildende Kraft des **Gewohnheitsrechts.** Insgesamt zeigt er die wesentlichen Elemente und Faktoren auf, die für die Entwicklung des heutigen Gemeinwesens maßgeblich waren.

Damit gewinnen Studenten und Rechtswissenschaftler einen neuartigen Zugang zum heutigen Staatswesen und Verfassungsrecht. Auch für Politologen, Soziologen und Historiker ist der Band wegen seiner **interdisziplinär angelegten Darstellung** interessant.

**Verlag C.H.Beck · 80791 München**